袁世凱家族

【張永久　著】

目　次

第一章　望族新顯 1

　　1.命運・風水・積陰德・讀書 1

　　2.袁家祖墳冒起了青煙 6

　　3.一個人的崛起和一個家族的崛起 13

　　4.從袁寨走出的女子 19

　　5.五世同堂最後的幸福時光 24

第二章　公子正途 29

　　1.上馬殺賊，還是下馬讀書？ 29

　　2.人情練達即財富 33

　　3.迷茫中掉進了溫柔鄉 37

　　4.「慶」字營中的一把屠刀 43

　　5.一場兵變帶來的機遇 47

　　6.「捉放李」與「小欽差」 51

　　7.國事家事，事事煩心 56

第三章　發跡臺階 63

　1.十字路口的選擇：沉淪或崛起 63

　2.北洋軍閥的始祖 65

　3.官系網中的穿針引線功夫 70

　4.戊戌政變中的尷尬處境 76

　5.在山東巡撫的任上 90

　6.一個解不開的死疙瘩 95

第四章　禍福相倚 99

　1.落水的鳳凰不如雞 99

　2.隱不住的「隱士」 103

　3.「非袁不可」的大總統 116

　4.眾叛親離的滋味 120

第五章　政治聯姻 131

　1.相遠於跡，相契於心 131

　2.滿漢通婚開禁後袁家的幾樁婚姻 136

　3.晚清舊官僚和他們的兒女們 145

　4.黎家有女初長成 155

　5.樹倒「猢猻」仍未散 160

第六章　盤根錯節 171

　　1.扯不斷的紅絲線 171

　　2.原來是吞日的天狗 176

　　3.北洋有虎，此虎食素 180

　　4.姻婭之親：一匹駿馬來頭大 190

　　5.袁家班底小盤點 195

　　6.家庭財產・風水相術・生活習俗 200

第七章　太子夢魘 207

　　1.出洋考察憲政的隨員是玩票一族 207

　　2.袁大公子挖了一個巨坑 212

　　3.洋人教父和中國信徒 217

　　4.政壇退隱，後院起火 223

　　5.最難消遣是黃昏 228

第八章　名士韻事 231

　　1.滿肚子不合時宜的名士 231

　　2.怪味契友方地山 237

　　3.納妾好似走馬燈 240

　　4.柏拉圖的信徒太難當 246

　　5.文字遊戲和筆墨官司 251

6.大收藏家的行為藝術 255

7.四海之內皆兄弟也 257

第九章　寥若晨星 261

1.風吹動飄零的種子 261

2.胡適先生最得意的女弟子 264

3.兩顆行星的相遇 267

4.大西洋彼岸的事業與家庭 271

5.近鄉情怯又情深 275

第十章　白雲蒼狗 279

1.家族研究者及其研究對象 279

2.天行健，君子以自強不息 284

3.袁家後裔中的革命者 288

4.百年跨不過這道坎 290

5.袁林‧故宅‧沒有完結的故事 293

附錄一　袁氏家族世系簡表 299

附錄二　袁氏家族年表簡編 303

附錄三　主要參考書目 307

百年尷尬袁世凱（代後記） 309

第一章　望族新顯

1.命運 · 風水 · 積陰德 · 讀書

　　走進袁世凱故居，說不清心中湧動的是一種什麼樣的感受。

　　就是在這幢飽經風雨侵蝕、油彩已經蛻化剝離的老房子裏，一百多年前，一個嬰兒腳踢著藍花布的繈褓，發出了生命中的第一聲啼哭。隨著時間的流逝，這個人在歷史中的動作越來越突出，地位越來越顯赫，有人誇他是人才，有人罵他是奸雄，無論誇他的或者罵他的，都得附帶一句形容的話：「百年難得一遇」。一個無可爭辯的事實是：這個人生前能量巨大，不僅影響了中國近代史的行程，甚至一時間改變了其行進的方向。即使在他死後，其忽隱忽現的幽靈仍然在神州大地上遊蕩，久久不散。

　　袁世凱故居位於河南項城東南 17 公里處的袁寨村。顯然，這幢老房子經過了重新改造和修繕，院落裏鋪的青磚年代並不久遠，房屋的雕樑畫棟也還散發著淡淡的油漆味道，門簷下懸掛的一對紅燈籠上面的那個「福」字，更是透露出濃郁的現代氣息。據解說員介紹，袁世凱故居原占地 270 畝，建成具有明清特色和傳統風格的各式建築 248 間（現保存 50 餘間），周圍是 1800 米長、10 米多高的寨牆，六座炮樓和三道護城河。建築群由傳統磚瓦、木材、白灰等建築材料構成，整體按東、中、西軸線佈局，左右對

1

稱，從高處鳥瞰呈一個「富」字形狀。房屋頂脊處皆有獅、虎、豹、馬、猴等動物磚雕，四角挑簷高聳，飾有龍紋獸尖，氣勢恢宏，直指蒼穹。

　　來此參觀的人零零星星，整幢院落顯得十分冷清。此情此景，讓我忽然想起昨晚在項城街頭看到的一幕：一個穿著藍布衣衫的年輕人蹲在那兒，手掌上碼著一摞「袁大頭」，他捏起一枚放到嘴邊吹了吹，然後放到耳邊靜默聆聽，似乎有無限的秘密隱藏在那枚銀元之中。有個看上去和我一樣的外地旅遊者上前問他：「多少錢？」年輕人伸出一個巴掌晃了晃。旅遊者又問：「真的還是假的？」年輕人瞇縫著眼睛笑了笑，臉上露出了河南人常有的那種憨厚的狡黠：「當然是假的啊，真的『袁大頭』五塊錢會賣給你？這裏是項城，是袁世凱的老家，來一趟不買個紀念品回去，說不過去的。你看，這玩藝雖說是假的，做工卻很精細。」經過一番討價還價，旅遊者用兩元錢一枚的價格買了兩枚，解嘲地笑笑，說要帶回家給他的女兒玩賞，從假銀元中找點歷史的滄桑感。

　　話中隱含的冷幽默，讓我不由得啞然失笑。笑過之後，心中不免多了一絲酸澀。袁世凱，一個影響過中國歷史的人物，已經隨著時間一起沉寂了。有人至今記得他，不是因為他對國家的功罪，而是因為以他頭像為標誌的「袁大頭」能賺錢。

　　民國三年（1915），袁世凱籌備當洪憲皇帝，拍馬屁者從四方雲集而來，環繞在他身邊。有些御用文人考證「龍脈」之來源，認定其遠祖是三國時代的袁術，近祖是明末名將袁崇煥，在效忠信中獻計獻策，請求袁世凱每年要祭祀袁氏先祖，以保「龍脈」興盛。袁世凱看了這些效忠信，沒點頭也沒搖頭。那陣子他正在籌畫坐龍椅的大事，沒功夫操心這些雞零狗碎。何況有人在他耳邊嘀咕，那兩個姓袁的大人物在歷史記載中並不怎麼光彩。

　　袁寨村的人告訴我，多年前袁氏祠堂牆壁上有一塊鐵鑄的牌匾，上面刻印著族譜，據說，這塊牌匾是清朝咸豐年間袁世凱的生父袁保中所主修，被當地人稱做「袁氏鐵板家譜」。上面一共排列了袁家譜系 80 代人的輩分，依次是「志三耀九，保世克家，啟文紹武，衛偉國華……」。相傳這份族譜是清道光十五年（1835）有個叫袁道渙的人撰寫的，後來到了民國三十七年（1948），袁家後代又將這份族譜重修了一次。現在我們能夠看到的，多半是這份重修的族譜。

　　在現存的《項城袁氏家集》中，有文字可考的袁氏先祖名叫袁九芝，生活在清代乾隆盛世，是個私塾先生。其子袁耀東，從小跟隨父親讀書，長大後子承父業，也以在蒙館教授學童為立身之本。追溯起來，到了袁耀東這一代，袁家的光景仍然不好過，但是父子兩代教書匠卻在項城遠近鄉鄰中贏得了一些清正的好名聲，提起袁家父子塾師，人們都認為那是很有學問的兩代人。以至於淮寧富戶郭如玭也不嫌棄其家境清貧，心甘情願地將小女郭氏嫁給了聲名鵲起的袁耀東。

　　誰知道郭氏剛嫁到袁家後不久，公爹袁九芝就病不起，沒過多少日子竟一命嗚呼了。袁家有人背地裏嘀咕，認為是郭氏帶來了霉運。郭氏出身富家，是知書達禮的大家閨秀，哪裡受過這種窩囊氣，和當塾師的夫君一商量，決定搬出來另立門戶。

　　河南項城是個窮地方，這裏土地貧瘠，經濟落後。袁家此時剛剛脫離貧困線，不再租種地主的土地，頂多只能算是「下中農」。過慣了富家生活的郭氏，現在知道了清貧的滋味不好受。不過，這個有教養的女子堪稱優秀，她身上沒有世代富家子女那種懶散習氣，相反，貧寒的處境更是激起了她要幫助這個家族出人頭地的決心。袁耀東是個庠生（庠生，科舉制度下府州、縣學生員的別稱），肩不能挑重擔，手不能幹農活，郭氏鼓勵夫君，唯一的出路就是發奮讀書。

這個活了 90 多歲的郭老夫人，她的一生簡直就是一部傳奇。

郭氏身上具備中國傳統婦女的許多優點，她不僅勤勞、勇敢、善良、吃苦耐勞，而且能生育，會治家。

先說她的能生育。她和袁耀東一共生了四個兒子和一個女兒，長子袁樹三，次子袁甲三，第三子袁鳳三，第四子袁重三，女兒排在第五，姓名不詳。子女一個接一個出生，家庭中的經濟收入卻並沒有增加，這樣一來，家境越發顯得窘迫。郭氏毅然辭退了家中唯一的一個婢僕，凡事皆事必親躬，白天下田忙活路，還要圍著鍋臺轉，夜晚稍有點空隙就紡紗織布。附近的人家見郭氏這般能幹，無不伸出大拇指誇讚。

中原一帶有句古諺：「一命二運三風水，四積陰德五讀書」。命運、風水和積陰德這些屬於玄學，簡單幾句話說不清楚，這裏暫且不論。讓我們看看袁家先輩是如何看待讀書的。郭氏是個心性很高的女性，她自從嫁到袁家後，將全部希望寄託在丈夫袁耀東身上，除了承擔所有家務活外，還一門心思要幫助丈夫參加科舉考試。在中國古代，這類故事成千上萬，只不過歷史學家一般不會注意這些細節，任其淹沒在浩如煙海的方志、筆記中了。

誰知道袁耀東到了 40 歲光景，不僅科舉考試沒有成功，反倒因為用功過度，不幸染上了癆病。用今天的醫學觀點來看，癆病並不是什麼大不了的病症，醫學上叫做肺結核，打幾針青黴素就能解決問題。但是 100 多年前，癆病同今天的癌症一樣是不治之症。每天，郭氏看著丈夫袁耀東在書桌前佝僂著身軀咯血的情景，心中如同刀割般難受。為了治癒丈夫的病，她經常出入於典當鋪和中藥鋪之間，當掉從娘家帶來的金銀首飾，抓來一副副中草藥，殺掉家中正在下蛋的老母雞，燉煎雞湯端到丈夫跟前，伺候他喝下去。可是袁耀東的身體依然一天天繼續消瘦，癆病到了晚期，咯血的狀況越來越嚴重，直到最後身亡。

　　丈夫的葬禮結束之後，郭氏望著幾個尚未長大成人的孩子，悄無聲息地抹掉眼淚。袁耀東的去世，使這個家庭失去了棟樑和主心骨，靠一屋子的孤兒寡母，還能將袁氏家族這一系支脈支撐起來嗎？尚未脫掉孝服，剛成新寡的郭氏拿起丈夫用過的教鞭，在袁耀東的靈牌前給幾個兒子訓話：「如果誰不發奮讀書，就不是他爹的兒子！」幾個兒子眼裏噙著眼淚，一邊跪著朝父親的靈牌磕頭，一邊聆聽母親的教誨。

　　跪在地上的幾個兒子都還很小。老大袁樹三 14 歲，次子袁甲三 10 歲，老三袁鳳三和老四袁重三分別是 5 歲和 3 歲。幾個年齡尚小的兒子看著母親鐵青色的臉，似懂非懂地點頭，14 歲的袁樹三和 10 歲的袁甲三已經開始懂事，忽然遭遇了這一場父親去世的變故之後，他們似乎在一夜之間長大了許多，他們向母親的承諾，是從心底裏發出來的。這之後，袁樹三和袁甲三果然很爭氣，每天聞雞起舞，用功讀書。

　　為了給幾個兒子請個好塾師，郭氏不僅自己辛勤勞作，還三番五次去向娘家求援。在郭氏的費心操持下，幾年後，袁樹三、袁甲三相繼考入縣學，成為秀才，並以優異成績獲得了「廩生」的榮譽稱號，官方定期發給廩餼，用今天的語言解釋，叫做困難補助金。

　　在古代，對於所有想有所作為的人來說，科舉之路是他們唯一的途徑。然而這條路又是那麼狹窄、擁擠和艱難。歷史學家唐德剛先生在談到袁世凱先祖們的科舉之路時，感慨萬千地將科舉考試比喻為買彩票，買的人不計其數，中獎的幸運兒只有少數幾個。他舉例說，在他祖籍安徽的唐氏家族中，歷大清 268 年，只考取了一個秀才，由此可見科舉考試之不易。「屢試不第，才是士子之常情；榜上有名，那才是意外。」（唐德剛語）考進士是皇帝在全國範圍內選拔人才的方式，每四年才一次，榮登紅榜的僅有百餘人，用今天的參照係數比較，遠不亞於考取一個博士後的難度。

讓人稱奇的是，原來數百年間默默無聞的項城袁家，忽然好運連連，道光十四年（1834），袁甲三中了舉人，次年赴京應試，又中進士。紅榜發出，報喜的人馬排了一里多地，袁甲三身披大紅綬帶，騎在高高大大的大洋馬上遊鄉串村，著實風光了一回。十幾年後，袁家再傳捷報，這一回給袁家帶來榮耀的是袁甲三的大兒子袁保恒。道光三十年（1850），袁保恒考中進士，此時袁家的家境已經擺脫了先前的窮困，袁保恒考取進士後的喜慶活動，要比他父親當年隆重很多。

一門兩進士，一時間在項城這個窮鄉僻壤成了爆炸性的新聞。在舊時官宦升遷制度的影響下，聚族而居的大家族，扶植聰穎子弟，讀書上進，參加科舉，是合族的事業。一人得道，雞犬升天，僅在短短的幾十年間，袁氏家族就成了家喻戶曉的顯赫人家。

2.袁家祖墳冒起了青煙

如果細心探究的話，一個家族的興衰，必定有其自身運行的規律。

在袁氏家族最初的一輪崛起中，郭老太太絕對是個功不可沒的人物。在她含辛茹苦的操持下，家庭境況逐年好轉，蒸蒸日上。更為可喜的是，幾個兒子不僅用功，而且團結，有的會當官，有的能賺錢，不管會當官還是會賺錢，所有兄弟都是一門心思想著這個大家族。這個傳統一直影響了幾代人，直到袁世凱這一輩的早期，袁家子孫仍然像群星圍繞太陽轉似的，整個家族都以郭老太太為中心運轉。

這是後話，按下不表。先來說說郭老太太四個兒子以及一群孫子的情況。

大兒子袁樹三，年輕時異常用功，人也聰明，曾經以優異成績考取縣學，並且破例成為享受困難補助金的「廩生」。然而長子的

地位，決定了他必須得比其他兄弟多承擔一份家庭義務，郭老太太雖然能幹，但畢竟是個女人，家庭大事上遇到難題，往往是同老大袁樹三商量。翅膀上繫了包袱就難以飛高，也許因為這些原因，袁樹三的科舉之路並不通順，後來他在陳留縣署理訓導，兼涉教諭事宜，相當於今天的縣教育局局長。

不過在為人處世方面，袁樹三堪稱楷模，言談舉止，進退有度，成為袁家兄弟的一面旗幟。袁樹三之妻王氏，也是個通情達理的賢內助，孝敬婆婆，侍候丈夫，撫養子女，均為鄉鄰們所稱道。袁家兄弟幾個從小以大哥袁樹三為榜樣，對他十分敬重。在《項城袁氏家集》中有這麼一則記載：有一次，袁樹三偶遇風寒臥床不起，請來遊醫捏脈吃藥仍不見好轉，聽說四十里外有棵神樹，跪拜許願特別靈驗，幾個弟媳婦商量之後，提著祭品專程前往跪拜祝禱，沒過幾天，袁樹三的病果真好了。

次子袁甲三是袁家由平凡轉為榮顯的重要一環，情況特殊，下節專敘。

第三個兒子袁鳳三，年輕時也試圖走科舉之路，無奈時運不佳，幾次應試都沒能考中舉人，不免有些灰心。家裏人鼓勵一番之後，袁鳳三繼續拼搏，結果仍然不中。於是，袁家人決定捐納，用銀子為他買頂官帽。

捐納，又叫貲選、開納，或者稱捐輸、捐例，通常是由政府根據國庫的財政情況和官場上的潛規則，將官位品爵定出價格，公開出售，並成為制度。捐納制度始於秦漢兩代。每逢國家有征戰、災情等大事，財政出現重大危機，就會採用捐納的方式，拿出官帽子公開兜售。此後歷朝歷代，國家到了緊要關頭無不開辦捐例。千百年來，官場上形成了一個不成文的規矩，捐納制度和科舉、蔭襲、保舉一起，成為登仕升官的四大途徑之一。

　　從經濟上看，捐納是一樁效益奇佳的買賣，一次投資，一輩子受益，而且所花成本和收益比較起來，並不算大；從仕途上看，捐納比通過科舉正途得到官帽子要容易許多。正因為此，清朝從康乾盛世到光緒年間，報捐者眾多，一些官宦門第、殷實人家以及有錢的商人財主都樂意為子弟捐官，美其名曰「討飯碗」，用今天的觀點看，也就是找份好工作。

　　那時候袁甲三還未考取進士，袁家的經濟狀況正處於上坡起步的初期，郭老太太將幾個兒子聚在一起召開家庭會議，說明了要為老三捐官的實情，兩個兄長十分支持，爭相解囊相助。據史料記載，捐官銀兩不足，兩個嫂嫂（袁樹三的妻子王氏和袁甲三的妻子陳氏）立即取出私人釵釧等貴重物品，拿到當鋪去典當。袁鳳三捐官後，得到了個禹州訓導的頭銜。太平天國運動興起之後，此人以平定撚軍守城有功，獲賞五品銜，以知縣候選，但那只是個掛名的官，一直沒有補缺。

　　袁家老四袁重三，年輕時也曾考過科舉，幾次應試不中，遂打消了這一念頭，一直在家當鄉紳。雖說袁重三沒有出外做官，卻也是個相當重要的人物，提起袁家的發家史，怎麼也離不開他。

　　原來，袁重三這個人讀書不怎麼樣，然而很有經濟頭腦，尤其善於治家理財，在三個兄長離家出外當官期間，袁重三是支撐整個家族的重要支柱。袁重三斂財的辦法有很多，三個兄長按月寄回幫襯家用的銀兩，他都儘量節省下來，拿去購買土地田畝，然後租給農戶耕種，到了年底穩收租金。除此之外，袁重三還在縣城開了好幾家典當鋪，偶爾也放放高利貸。十幾年的功夫，袁家來了個天翻地覆的變化，由清貧之家一躍而成項城首富。

　　精明強幹的袁重三如果活在現代，大概是個各方面素質都優秀的複合型人才，袁氏家族男女老少幾十口人，在他的管理下井井有條，這種大家族的日常管理貌似簡單，其實並不容易，看過《紅樓

夢》的讀者就會心知肚明。如果說袁甲三是袁氏家族最初一輪崛起的發動機，那麼他的四弟袁重三則是這輪崛起的掌舵人。許多年以來，袁重三都是影響袁氏家族的一個重要人物，在少年袁世凱的身上，依然還能看見他這個四爺爺的影子。

項城袁氏家族由郭老太太發端、四個兒子齊心協力共創的紅火家業，到了他們下一代「保」字輩頭上，仍然保持著一種蓬勃發展的態勢。

老大袁樹三，娶妻王氏，生子袁保中、袁保慶；老二袁甲三，娶妻陳氏，生子袁保恒、袁保齡；老三袁鳳三有一子，名袁保頤；老四袁重三有四子，姓名分別為袁保晉、袁保純、袁保恬和袁保皖。

正應了一句俗話：「栽什麼樹苗結什麼果」。大概因為袁家老大、老二當年勤奮苦讀的緣故吧，在「保」字輩的這九個兒子中，真正能為袁家爭得榮耀的，還是袁樹三、袁甲三生下的四個兒子。

袁保中是一代梟雄袁世凱的親生父親，少年時兩次應試科舉不中，遂斷了這個念頭，一生也沒有入仕做官。在郭老太太孫子這一輩裏，袁保中是老大，順理成章地留在家中幫助四叔父袁重三操持家務，即使後來太平軍佔領了清朝半壁江山，袁家子弟辦起了團練，紛紛奔赴疆場效命殺敵之時，袁保中依然沒有邁出鄉關一步，盡心盡力幫忙主持家政。他曾經走過捐納之路，以附貢生的資格捐過一個同知，不過那只是個掛名的官銜，並無實際意義，相當於名譽副縣長之類虛職。有了這塊金字招牌，袁保中與人打交道時多了一個籌碼。

袁保中生有六子三女。先是娶妻劉氏，劉氏病故後納了個姿，又是姓劉。原配妻子劉氏生有二子，長子袁世昌早夭，次子名為袁世敦，自持嫡傳，血統正宗，與父親後娶繼室小妾所生的袁世廉、袁世凱、袁世輔、袁世彤諸兄弟素來不和。即使後來袁世凱當上了

民國大總統，權勢極重，他們之間的關係仍未能改善。這是後話，下邊的章節還將敘述。

袁保慶是袁樹三的二兒子，也是袁世凱的嗣父。咸豐八年（1852），袁保慶考中舉人，此後再考進士，初試未中。太平軍興起，朝廷暫停科舉，天下讀書人斷了做官的正途，袁保慶收拾起書袋，跟隨叔父袁甲三南北征戰，建立功勳。由於平亂有功，也由於叔父在官場上的照應，袁保慶得到了皇帝的嘉獎，奉旨候補知府，赴山東濟南補用，後調赴南京署理江淮鹽運道——這是天下官人全都羨慕的一個肥缺。袁保慶走馬上任，帶著正室妻子和新納的美妾金氏，以及過繼來的 10 歲的嗣子袁世凱。

官運亨通的袁保慶，私下裏卻有一個難言的遺憾。原配夫人牛氏出身大戶人家，知書達禮，夫妻間感情一直不錯。不幸的是，她生了兩個兒子均因病早夭，牛夫人傷心欲絕，從此鬱鬱寡歡，再也沒有生育。從繁衍後代的想法出發，袁保慶先後續納了小妾王氏、陳氏，可惜兩個小妾的肚子並不爭氣，生下三個女兒後，便再也沒有了動靜。

一晃袁保慶年齡過了 40 歲，官運財運樣樣都很通暢，就是未能有一個兒子，心頭時常泛起斷後之憂。妻子牛氏見丈夫整天如此鬱悶，想到了一個兩全的主意。原來，她在生下頭胎時，正巧袁保中的繼室劉氏也生下了袁世凱，當時劉氏奶水不足，而她的奶水極為充足，於是經常將兩個嬰兒放在一起哺乳。後來牛夫人的孩子不幸早夭，而袁世凱卻健康地活了下來，在牛夫人的眼裏，她一直將袁世凱視為己出。袁保慶無子，袁保中卻有六個兒子，牛夫人所出的主意是，將袁保中家的老四袁世凱過繼為子。

袁保慶聽了這個主意，也表示贊同。他先去向郭老太太請示，郭老太太一心巴望袁氏家族早日興旺發達，沒有不同意的。袁保慶再去找他哥哥商量，袁保中也十分豪爽地滿口應承，挑個吉祥的日

子，把過繼的儀式從簡辦了，從此以後，袁世凱就始終跟隨在他的嗣父身邊，過著一種輕裘肥馬、錦衣玉食的公子哥兒生活，直到同治十二年（1873），袁保慶因霍亂死於江南鹽運道任所，那年袁世凱 14 歲。

袁世凱處世的八面玲瓏，與嗣父袁保慶的教育和少年時的生活環境有很大關係。據史料記載，袁保慶到南京署理江南鹽運道時，新娶了一房漂亮的姨太太金氏，此人是南京城裏有名的交際花，憑藉花容月貌，恃寵而驕，經常和正室牛夫人爭吵，鬧得家中硝煙彌漫。此時才十一、二歲的袁世凱卻能調停其間，既可博得牛夫人歡心，又可逗得金太太開懷大笑，兩個女人往往看在袁世凱的分上，暫停了她們之間無休止的「戰爭」。

袁保恒是袁甲三的長子，也是袁氏家族中一個舉足輕重的人物。此人字小午，道光三十年（1850）考中進士，時年 25 歲，經館選為翰林院庶起士，授職編修。之後不久，太平軍起事，他離職隨父從軍，從此開始了他的軍旅生涯。

袁保恒在與撚軍的作戰中，是一名彪悍威猛的戰將。因為平撚的戰功，於咸豐七年（1857）被封侍講學士銜，並賜頂戴花翎，次年又被加封伊勒圖巴圖魯封號，這個滿語封號的意思是「勇士」。這之後，袁保恒在宦海中幾經升遷沉浮，先是在李鴻章麾下差遣任用，後來隨陝甘總督左宗棠赴陝西，擔任幫辦，專管西征糧草，功績卓著，贏得贊聲一片。

據說，袁保恒之所以深得左宗棠賞識，是因為一件國寶。隨左宗棠西征途中，有個偶爾的機會，袁保恒聽說了一則傳聞，陝西岐山有個破落的大戶人家想賣掉一尊大盂鼎，因無人識貨無法出手。袁保恒聽後興致盎然，專程秘密前往，以 700 兩白銀的價格買下那尊價值連城的國寶。這事後來傳到了左宗棠耳邊，他圍著大盂鼎足足看了兩個時辰，連聲稱讚袁保恒慧眼識寶，獨佔大運。袁保恒來

了個順水推舟：「所有的好運氣都是左大人帶來的，當初買下這件寶貝，原本就想送給大人。」左宗棠一聽眉開眼笑，並不謙讓，當場笑納。

不知道這則傳聞是否帶有一些演義成分，但是袁保恒在官場上為人豪爽、出手大方的特點確實比較突出。至於袁保恒是否愛拍長官的馬屁，據筆者所看到的史料分析，此論並沒有多少根據。事實倒是恰恰相反，袁保恒為人耿直磊落，遇事敢於直言，在顢頇衰頹的清朝官場中，算得上一個口碑不錯的好官。大概正是因為這個緣故，袁保恒像一顆冉冉升起的政治新星，光緒元年（1875）入京任吏部侍郎、刑部侍郎等職，成為正二品朝廷大員，也是袁氏家族中功名僅次於其父袁甲三的二號人物。

在袁世凱成長的道路上，袁保慶、袁保恒是兩個極其重要的人物，他們的言傳身教深刻影響了袁世凱的一生。關於袁保慶、袁保恒的故事，在本書以後的章節中隨著主要人物袁世凱的出場還將提到，此處暫且略過。至於袁家「保」字輩中的其他人物，相比袁保慶、袁保恒而言要遜色許多，事蹟乏善可陳，此處也不多敘述。

中國有句古訓叫做「盛極而衰」，還有句老話叫做「富不過三代」。袁氏家族因為袁甲三、袁保恒父子連捷考中進士而光宗耀祖，那時候鄉鄰里所有人都說：老袁家的祖墳開始冒青煙了。但是祖墳冒過青煙之後又將如何，卻是一個沒人願意提及的話題。任何一件事物，過了鼎盛時期之後都難以逃脫逐漸下滑的命運。隨著政治和經濟地位的上升，項城袁氏家族的人變得囂張跋扈起來，有的人甚至依仗權勢，肆意干預地方事務，鬧得縣太爺毫無辦法。官員們私下議論時個個搖頭，認為「項城官難做」。項城袁氏家族是沿著興盛的路繼續往下走，還是由盛而衰轉向滑落？這個暫時成了一個誰也說不清的謎團。

3.一個人的崛起和一個家族的崛起

　　項城袁家能在短短的時間內迅速崛起，成為中原望族群中的耀眼新星，主要靠的是小時候並不怎麼出眾的袁甲三。

　　袁甲三不是特別聰明，但是也並不笨，關鍵一條是他有個既嚴厲又慈愛的優秀母親，一手舉著鞭子，一手拿著香饃饃，誘導兒子們靜心讀書，走科舉之路。袁甲三一連參加了九次鄉試，均與舉人頭銜擦肩而過，可他毫不氣餒，反而愈戰愈堅，終於在道光十五年（1835）考中進士，授官禮部主事。

　　這是袁氏家族發跡的開始，也是袁甲三人生旅途的第一步。

　　在由皇帝直接主管的六部中，每個部的一把手均由滿人擔當，是為尚書；下設左、右侍郎，相當於副部長，分別由滿人和漢人擔任。禮部主事是僅次於尚書、侍郎的官銜，類似於今天的秘書長。在袁甲三任禮部主事期間，擔任禮部左侍郎的曾國藩是他的頂頭上司，這兩個漢人出身的官員氣味相投，成天湊在一起研討宋儒之學，結下了深厚的私人情誼。沒想到後來一場太平天國起義，硬是將曾國藩推到了風口浪尖上，成了支撐大清王朝的棟樑之材。袁甲三在官場有這麼一個過硬的奧援，他的發達之路便指日可待了。

　　袁甲三的迅速躥紅，與太平軍的興起有重大關係。苦命天子奕詝，在皇帝的龍椅上屁股還沒有坐熱，就有人來搶奪他的位置，洪秀全、楊秀清在廣西紫荊山區起事，僅僅用了兩三年便奪走了清朝的半壁江山。咸豐皇帝連連派出多名欽差大臣，試圖止住大清崩潰的頹勢，然而那些暮氣沉沉、貪鄙庸懦的八旗武臣所帶領的綠營兵根本不堪一擊，紛紛望風而逃。既然正規的軍事機構和力量不能對

付，驅使皇帝尋找新的輔助辦法，於是，地方性的團練武裝應運而生，迅速形成一支能夠左右清王朝局勢的重要力量。

這一時期，曾國藩、李鴻章、胡林翼、左宗棠、江忠源等文職出身的官員都紛紛走出書齋，返回鄉梓籌辦團練武裝，成為著名的團練首領。袁甲三聞風而動，連夜給皇帝寫了奏摺，主動請纓殺敵，他的願望很快得以實現，道光三十年（1850），袁甲三被調任江南道監察御史，兵科給事中，從此開始了他的戎馬生涯。

咸豐三年（1853），袁甲三奉朝廷之命，前往皖北幫辦團練，防剿撚軍。

在這之前，負責安徽團練防剿事務的是周天爵。提起此人，大有一番來頭，他是山東東阿人，起家縣令，早在洪秀全、楊秀全起事之初，周天爵就以廣西巡撫的身份參與對太平軍的圍剿，與上司李星沅、同僚向榮之間的關係相處得極不融洽。他是個有名的酷吏，為政剛烈暴戾。據李伯元在《南亭筆記》中說，他在擔任湖廣總督時定下了幾條嚴酷的規矩：做訟師的，砍手指；行盜竊者，挖眼睛；抽鴉片煙的，剪嘴唇。真不知道人被剪了嘴唇以後會是什麼模樣。周天爵還獨創了許多刑具，如逍遙橋、太平凳、安樂床、英雄架等等，名字聽起來美妙，其滋味想必不是一般的難受。

這麼一個難相處的老官僚，袁甲三卻同他相處得十分融洽。究其原因，並不是袁甲三為人圓滑，而是他們之間的共同點太多，所謂「物以類聚、人以群分」也。比如說，周天爵在宿州「殺人遏亂，河水盡赤，斷殘塞道，豺虎厭肉，岸無不懸頭之樹，樹無不懸頭之枝，遠望離離，驟馬望之返奔」，連咸豐皇帝也看不過去，在奏章上批答，叫周天爵不要動輒亂用極刑。在「酷」字上，袁甲三並不亞於周老前輩，攻破臨淮關後，他曾下令將撚軍凡 70 歲以下、15 歲以上的全部殺掉，結果，已降的數千撚軍無一倖免。

　　再舉個例子來說明一下。周天爵作為辦理皖北團練防剿的欽差大員，從各地各團調集團練鄉勇，直接掌控。同時在宿州等地招募壯勇，得舊撚張鳳山部1200餘名，組成了一支以練勇、壯勇、舊撚為主的武裝。按照朝廷關於基層社會「低度軍事化」的思路，這支武裝應該是臨時性的，戰事一結束即應遣散。周天爵是個心憂天下的大臣，他深知剿撚是長期任務，一段戰事的結束並不意味撚軍消亡，如果手中失去兵權，撚軍再起就只能坐以待斃，為此他大傷腦筋，苦惱不已。袁甲三看出了周天爵的這塊心病，主動上門交心談心，對老人家進行精神按摩；另一方面，又積極活動京城官場的內線，奏准皇帝，讓周天爵統領部分兵權。關鍵時刻皇帝果然站出來說話了：「皖省兵力尚單，他省亦難徵調，惟周天爵帶領兵勇可以移緩就急」（《清文宗實錄》）。捧讀一紙聖旨，周天爵老淚縱橫，這個一貫看人難入法眼的老官僚，從此對手下這個「幫辦」袁甲三視為心腹知己，另眼相看了。

　　周天爵自告奮勇辭去地方政職、專心辦理防剿事務時，已是80多歲的高齡，在任上沒幹多久，就因病死於軍營。這麼一來，袁甲三的機會來了。朝廷一紙詔書，命他接手周天爵的職位，代領其眾，擔當皖北團練防剿的主辦官員。袁甲三乘勢出擊，很快掌控了這支原屬於周天爵的以練勇、壯勇、舊撚為主的武裝，後又在征戰中不斷調勇募勇，充實擴大隊伍，關鍵時刻不失時機地「摻沙子」，令長子袁保恆將其原來在河南本籍倡辦團練而得的三千餘名鄉勇帶入軍中，使之成為了這支雜牌軍的骨幹力量。

　　在對撚軍的防剿事務上，袁甲三確實有他的一套辦法，大概正因為此，久而久之，漸漸顯露出權力膨脹、尾大不掉的端倪。他經常越俎建言，指手畫腳地教訓地方官應如何防堵撚軍，甚至對皇帝的詔令有時候也婉拒執行。對這一切，皇帝的耳目早已一一奏報上去了，皇帝手中有許多張牌，在這個時候，皇帝打出的一張牌是派

出欽差大臣和春、安徽巡撫福濟，藉以削弱袁甲三的力量。咸豐皇帝毫不客氣地在奏章中批道：袁甲三遇事應與和春、福濟妥商具奏。

袁甲三自持剿撚勞苦功高，並沒有把皇帝派來的欽差大臣和春、安徽巡撫福濟放在眼裏，依然我行我素，恣意張揚。官場做官有內在的潛規則，不按這個潛規則辦事，即使再有能耐，經常也會碰得頭破血流。沒過多久，和春和福濟聯名上了一道奏摺，彈劾袁甲三粉飾軍情，擅截餉銀，冒銷肥己。咸豐皇帝一見這個袁甲三終於惹事了，氣不打一處來，狠狠地在上頭批了幾個字：交部嚴加議處，來京候旨。

袁甲三遭到撤職降級處分，安徽地方上的老百姓不幹了。雖說袁甲三治軍嚴酷，愛對地方官指手畫腳，但是他敢於任事，愛恨分明，在老百姓心目中是個清正廉明的好官。每打完一次仗，他都要給上司寫報告，疏請獎勵那些帶領練勇殺敵立功的族紳邑紳，對於捐助糧餉錢財的富紳大戶，也多次疏請「優敘官職，以資激勵」。因此，基層社會各階層的民間組織對他都擁戴有加，當袁甲三遭到彈劾，交部議處，赴京候旨時，成百上千的軍民跪在路邊哭泣攔阻，以至於道路被堵塞，車馬難於通過。

那個場面想起來是能讓人感動的。更加讓人感動的還有一件事：安徽懷遠有個叫胡文忠的鄉民，聽說袁甲三遭貶的消息後，氣憤難耐，決定上京城告狀申訴。這個人家境並不富裕，為了湊足路費，竟然狠心賣掉了自己的兒女，徒步走到京城，擂響了都察院門前那面大鼓，大放悲聲，泣血喊冤。都察院的幾個官員被這場面震住了，他們面面相覷，不知道該怎麼處理。鄉民胡文忠舉著狀紙投訴無門，一幫官員們將這樁棘手的案子當做一個皮球踢來踢去，幾天痛苦的等待後，胡文忠見始終無人出面說話，遂抱了必死的念頭，一頭朝都察院的牆壁上撞去，滿地血跡斑駁，當場氣絕身亡。

　　咸豐皇帝聽說了這件事情，怔了半天沒說話。他沒有想到，袁甲三竟然會博得鄉民的如此愛戴，原先內心裏對袁甲三的那點小小不滿慢慢冰釋雪化，取而代之的是賞識。

　　咸豐六年（1856），清廷終於再次起用了袁甲三。接到聖旨，他迅速率領團練鄉勇三千餘人，隨同當時的河南巡撫英桂開赴作戰前線。沉寂之後的再度出山，也極大地鼓舞了袁氏家族子弟們的士氣，袁甲三的長子袁保恒、次子袁保齡、侄子袁保慶均投入軍營，同袁甲三一起轉戰皖北豫南。從此，這個原來以讀書為本的家族，變成了一個軍功之家。

　　袁甲三的一生，軍功卓著，聲名顯赫，看上去很風光，實際上有滿肚子委曲。他先後被人彈劾兩次，遭貶罷官，淒涼地坐在冷板凳上，內心之寂寞難與人言。

　　袁甲三的第二次遭彈劾是在咸豐八年（1858），這次彈劾他的人名叫勝保。

　　勝保是個在官場上名聲狼藉的人，朝廷派他督師皖北，所過州縣，非索饋千金或數千金，不能過境。他的侵佔軍餉也是有名的，那時的軍餉多靠各省支援，稱為「協餉」，朝廷規定了數目，實際上「協餉」的多寡遲速，要看封疆大吏與欽差大臣之間的私人交情。勝保驕恣狂妄，與各省督撫多不和睦，所以「協餉」經常不能按時收到。偶然有筆款子到了，也總是被他揮霍無度，剩下的部分才劃撥軍隊使用。尤其劣名昭彰的是勝保的好色。凡行軍打仗所到之處，看到略有姿色的女子，都要順手牽羊帶回軍營玩耍取樂。他的隨軍侍妾就有 30 多個，每逢隊伍行軍，美妾眷屬的大轎都有數十乘，據說其中最為美貌迷人的一個寵妾，原來是太平軍「英王」陳玉成的妻子，被勝保搶奪後占為己有。

　　他彈劾袁甲三的原因是淮南失守。本來，這個事實十分清楚，由於勝保耽溺於女色和享樂，很難把心思用到戰事上，淮南在他

手中失守是遲早的事。然而在給皇帝的奏章中，勝保卻把責任一股腦兒全部推到了袁甲三的頭上，一口認定淮南失守的原因是袁甲三不能與他合力抗擊，有意拖延時間，貽誤戰機。最讓袁甲三鬱悶的是，咸豐皇帝偏偏聽信了勝保那些鬼話，下令讓他進京陳述情況。

這一次進京，袁甲三的心情十分糟糕。兩次遭參劾，他深切體會到為官不易，尤其是這一次勝保的上疏參劾，純屬空穴來風，卻被皇帝如此看重，更使他感慨萬千。因為勝保是滿人，因為勝保與皇室有千絲萬縷的聯繫，皇帝就無條件地一屁股坐在了那一邊。現在袁甲三從內心裏感受到，漢人要想在滿清的官場上站穩腳跟，如果沒有點根底，那只是一個空想。面對咸豐皇帝的十餘次召對，袁甲三慷慨陳辭，詳細奏明瞭皖北豫南軍事方面的情況。在最後幾次召對中，他有些意志消沉，痛哭流涕地講起了家中高齡的老母親，希望皇帝答應他的請求：解除兵權，回籍養親。

十多次的召對，皇帝不僅對袁甲三印象深刻，而且加深了理解。這次進京召對後不久，皇帝命其署理漕運總督，兼籌剿防事宜。袁甲三到任之後，又接署了欽差大臣，督辦安徽軍務。旋即實授漕運總督、欽差大臣。繼而督師攻克臨淮關，進取鳳陽。朝廷因其調度有方，賞穿黃馬褂。

咸豐十一年（1861），咸豐逝世，同治繼位。新皇帝登上龍椅，嘉獎天下，朝廷頒賞袁甲三咸豐帝遺念御冠一頂，青狐皮袍一件，金錶一隻，玉扳指一個。面對這些罕見之物，袁甲三再一次感動地流下了眼淚，他對身邊的幾個兒子和侄子說，皇恩浩蕩，無邊無涯，唯有鞠躬盡瘁，才能報答天恩。

同治二年（1863），袁甲三疽發於背，病逝在陳州防所，時年57歲，諡曰「端敏」。據說，在他生命的最後時刻，仍然同他生前所說的那樣，在「鞠躬盡瘁」——在病榻上與手下將士商量防剿撚

軍事宜。袁甲三之死在清廷朝野轟動極大，當時的陳州、臨淮、淮安等地，都設立了祭祀的紀念堂，前來送行的人成千上萬。

4.從袁寨走出的女子

袁甲三在外廝殺疆場、建功立業的幾十年，項城袁氏家族也一榮俱榮，在袁老四（袁重三）的操持下，成為名聲遐邇的望族新顯。

太平軍在南方興起以後，北方中原一帶也接踵而來鬧起了撚軍。有個叫王庭楨的人，原本是一名無業遊民，糾集了一班人馬，打出「殺富濟貧」的旗號在項城舉事。這一場騷亂，雖說住在城郊張營的袁家沒受到什麼損失，卻大大虛驚了一次。騷亂過後郭老太太與主持家政的袁老四商量：如今兵慌馬亂，得趕緊搬家！

家大業大的袁家要搬家，當然不能馬虎從事，袁重三恭恭敬敬請來風水先生寬五爺，請他踏勘地勢地形。寬五爺手托羅盤，看了看袁氏祖先墳塋，不由大驚，一改踞張之態變得謙恭起來：「兩龍走勢，一鳳後翔，鍾昆前峙，形似太極之圈，狀如蓮花開放，塋城收山川大地靈氣，貴不可言！」未等袁重三細問，又附在他耳邊說道，「天機不可洩露，袁家需要選擇一個極吉的陽宅，以應此陰宅，便可大貴。」

三天後，寬五爺選中了張營東面 20 里處的石腰寨，提議此地為修築袁寨之所，並吟詩一首：「洪河撼河相傍形，背山面水稱人心。山如虎踞昂神威，水有來龍雙抱回。地廣路寬大富貴，遠在京城壘重金。戎機相長正光明，門庭巨旺第一人。」據說這首詩中蘊藏了多重玄機，洪河意喻「洪憲」之制，「大富貴」是說袁家有陰陽兩宅之福佑便會如日中天，「壘重金」暗示金鑾殿和金龍

椅，「第一人」更不用解釋，預示著後來袁世凱當大總統稱皇帝，等等。總之，袁寨是塊極好的風水寶地，龍虎鳳齊全，陰陽五行相生相輔，和袁家墳塋形成一陰一陽，庇佑袁家走上了一條「大富貴」之路。

　　僅僅用了半年多的時間，袁寨便修築完工。這是一個具有典型的戰亂時期特點的城堡式建築風格的寨子，週邊挖了一條長長的護城河，堅固厚實的城牆繞寨而築，拐角處壘起六座高高的炮樓，供家丁鄉黨放哨望風之用。城牆以內，幽深的院落款曲相連，重重疊疊的瓦簷錯落有致，形成了一片別具風格的建築群。袁家男女老少四五十口和幾十個傭人家丁，以及幾十戶佃客倚寨而居，統共相加有近二百人。逢有零星匪賊騷擾，寨子裏所有男丁持刀執槍登上城牆，鳴槍放炮，聲勢喧天，匪賊往往望風而潰。遇到較大的戰事，則相鄰各寨互為犄角，彼此策應，集中兵力聯合作戰。據史料載，當時中原河南一帶這種自衛式的寨堡相當普及，僅項城一地就有一百多處，而袁寨是其中最大也最為風光的一個。

　　以郭老太太為整個家族的精神維繫、老二袁甲三為榮耀招牌和重要經濟來源、老四袁重三（後有袁保中協助）為家政主管，袁氏家族四五十口人在剛修築的袁寨中開始了新的生活。這是袁家第一輪崛起時的鼎盛時期，人丁興旺，財源茂盛，科舉考場捷報頻傳，一門共出了兩個進士、兩個舉人、四個廩（貢）生。除此之外，袁家在官場上也好運連連，袁甲三、袁保恒父子先後榮獲二品頂戴，光道台、知府以及知縣以上的官員就有八位。

　　如此一個規模龐大的家族，其中必定少不了有許多故事，熟悉小說《紅樓夢》和《金粉世家》的讀者，也許能夠想像出一些細節。一般而言，過去這類家族中，男子都在外邊做官或經商，為生活而奔波。家族裏留下的多是一些女子，即便間或夾雜幾個男子，要麼是耄耄老者，要麼是弱冠幼童。別小看了留守的這些女子，在整個

家族的興盛過程中，她們經常起著舉足輕重的作用，一個家族的興盛與這些女子關係甚大，那些看上去柔嫩的肩膀，往往擔當起的是整個家族的大樑。

這裏先講述一下與袁世凱身世以及他幼時成長經歷有關的幾個女子。

5歲左右光景，袁世凱過繼給嗣父袁保慶為子。如前所述，袁保慶的元配妻子牛氏生了兩個兒子不幸早夭，此後再也無子，但她先前還生有兩個女兒。這也是袁世凱過繼後家中的兩個姐姐。為了生兒子，袁保慶納妾王氏、陳氏，兩個小妾沒給袁保慶帶來兒子，卻一連生下三個女兒，這就是袁世凱在家中的三個妹妹。

以前看《紅樓夢》，總是感歎公子哥兒賈寶玉成天生活在女兒國中，很難看見一個男子的身影。翻開一部袁氏家族史，幼時的公子哥兒袁世凱也是如此？兩個姐姐三個妹妹，加上嗣父的元配夫人、續納的小妾、姨太太以及為數眾多的丫鬟、女傭，二三十個女性一天到晚包圍著他，袁世凱就是在這麼一個粉脂堆的環境中長大的。

袁世凱大姐早年嫁人，男方是河南商城一戶姓楊的世家，丈夫名叫楊壽岩，說起來也曾是豪門顯貴，祖父考中過進士，官至禮部右侍郎、吏部左侍郎。然而到了楊壽岩這一輩，家道已經衰落，處境並不比一般殷實富紳強多少。可悲的是心高氣傲的丈夫並沒有清醒地認識自己的現實處境，反而要強撐家族的那點顏面，擺闊裝出浪蕩公子的派頭，而且還是個抽鴉片煙的「癮君子」。千金散盡不復來，銀子花光了便拿老婆出氣，經常佯裝酒瘋撒潑。這樣的日子沒過多久，大姐又不幸染上癆症，鬱悶身亡了。

二姐名叫袁讓，是袁家有名的節婦孝女。

她的孝女名聲是用兩節指頭換來的。14歲時，她母親牛氏得了一場大病，久醫不癒，袁讓拿起一把小刀，試圖在自己屁股上割

一小塊肉，在中藥罐裏煲湯以進。割來割去，只在屁股上劃了一道紅印，二姐跑進廚房，拿起菜刀，當場截下兩節小指，放入罐中煎熬。從此她的孝行傳遍四方，聞者無不歎異。

說到二姐的婚事，先得談談她父親袁保慶年輕時的一段經歷。太平軍、撚軍興起之後，河南許多名門望族以防剿的名義扯旗辦理團練，其中有個毛姓大戶，毛昶熙、毛亮熙兄弟都是進士出身，名頭甚是響亮。袁保慶被毛家延請充任幕僚，幕主和幕客之間因此結下深厚的情誼。在此任職時，袁保慶和毛家兄弟商定了結為兒女親家的事情：袁家二女許配給毛亮熙家的大公子。

這本來是一樁完滿的婚姻，卻不料忽然的變故將婚姻變成了一幕悲劇。

有一天，父親袁保慶回到了家裏。和每次回家不同，這一次父親神色異樣，目光躲閃，似乎有什麼詭秘之事瞞著她。二姐是個悟性極高的女子，她終於慢慢弄清楚了，原來是那位還未當新郎的夫君在京城病逝了。得知確切消息後，二姐一個人躲在樹林中大哭了一場，再回家時她咬緊牙關，不願多說一句話，成了個沉默寡言的人。

父親袁保慶把她叫到廂房裏談話，徵求她的意見，二姐斬釘截鐵地回答：「活是他毛家的人，死是他毛家的鬼。」袁保慶見女兒矢志守節，滿意地點了點頭。

袁保慶一生受程朱理學影響深重，認為女子守節事大，關係到家族的臉面和榮耀，萬萬不可掉以輕心。他有個外甥女幼寡守節，袁保慶一方面表示同情，另一方面又在談話中對她講，倘若能以身殉夫，那就更好，可以為其請求旌表。父親的這些觀念，毫無疑問影響了兒女們將來的人生觀。

經過袁家與毛家雙方商議，決定讓二姐到婆家抱著未婚夫的木頭牌位成婚。具體的過程細節頗為繁瑣：第一天過禮，毛家送衣冠服裝等物給袁家；第二天袁家將女兒的日用器皿和被褥簾帳等

物送到毛家；第三天毛家派遣執事、綠轎、官銜牌到袁家，鑼鼓家什一應俱全，但不能敲打奏樂，新娘子裝束停當，上轎抬到毛家，抱著未婚夫的木頭牌位舉行婚禮；入室稍作休息，換上補服朝珠，拜見雙親尊長。第四天穿元青服；第五天回門；第六天回婆家，守孝三年。

雙方已將所有細節都商議好了，中途卻有人甩來一記橫錘，說「不」的人是毛氏家族的老祖母——毛家名義上的掌舵人。她認為孫子已逝，毛家傷心至極，新過門的未亡人不能沾染任何喜慶的色彩，不能敲鑼打鼓，不能放鞭放炮，不能穿戴鳳冠霞帔，等等。於是雙方家庭只好再議。偏偏這個時候遇到同治皇帝駕崩，國喪期間不能搞喜慶活動。次日，毛家派出一乘藍轎，兩名女傭，將二姐袁讓悄悄接了過來。袁讓黑衣白裙，坐著小轎直奔廟宇，在停放她夫君的棺材前哭祭一番，一椿人生大事就這麼匆匆結束了。袁讓這年17 歲，她此後再也沒有嫁過人，從女人的角度看，她的一生並不算完美，既可憐也可悲。但是在當時的人們看來，袁讓堪稱是一個了不起的節婦，在冷清淒涼中舉行那個婚禮時，她的心中也許還會蕩漾起一絲虛無縹緲的崇高感。

二姐的災難還沒有結束。光緒八年（1882）毛昶熙因病去世，婆家最後的頂樑柱也垮掉了。從此毛家迅速敗落，像秋風中飄零的黃葉，只給人們留下世事無常的感歎。二姐本是個心性極高的女子，現在也只能眼睜睜地看著家境衰敗。後來她收養了一個女兒，又過繼了一個嗣子，帶著簡單的行裝，回到袁家幫助操持家務。

長期壓抑使她的性格被扭曲，顯得孤傲乖張。回到娘家後，她斷了所有念想，把全部希望都寄託在了弟弟袁世凱身上，嚴厲督促他用功學習。後來袁世凱長大了，無論是出門求學、從軍還是做官，二姐都全力以赴地支持。袁世凱對這個命途多舛的二姐也非常尊敬，袁世凱寫的許多家書，收信人都是這個二姐。擔任直隸總督時，

曾將她接到天津一起居住。他對兒孫們說：「你們二姑奶奶這輩子真不容易，不知吃了多少苦頭！」每當二姐心情不暢發脾氣時，袁世凱都不忘叮囑身邊的人不要頂撞：「連我都讓她一頭呢。」在袁家的家人中流傳著這麼一句話：「四大人怕二姑奶奶。」

二姐袁讓活了 55 歲。民國初年，死於河南彰德袁世凱的養壽園中。這時候，她多年來一直寄以厚望的弟弟終於有了「出息」，當上了民國第一任大總統。她是在一種無限風光的體面中慢慢閉上眼睛的。

5.五世同堂最後的幸福時光

90 多歲的老婆婆還能穿針引線、縫補衣裳，觀者無不稱奇。在袁家，就有這麼一位特長壽的人瑞，她是袁世凱的曾祖母郭老太太。

如果把崛起的袁氏家族比喻作一座大廈，郭老太太則是大廈的奠基人。她生於乾隆四十三年（1778），光緒元年（1875）七月去世，按中國傳統計歲方法，包括閏月算在內，她整整活了 100 歲。郭老太太歷經乾隆、道光、嘉慶、咸豐、同治五朝，從 36 歲喪夫守寡，到百歲老人兒孫繞膝，一生榮辱在她看來都是過眼雲煙。

嫁到袁家之初，她懷揣的是一個女人普通的夢想，生兒育女，相夫教子，為夫君當好賢內助。誰知天公不作美，半途上活生生拆散了一對夫妻。丈夫去世時留下五個兒女，最大的 14 歲，小的還在餵奶，六口之家的擔子壓在肩頭上，她咬緊牙關硬是挺過來了。那是她一生中極其艱難的十幾年，表面上看起來是一個剛強的女強人，枕邊上不知抹過多少眼淚。只有當她看著幾個特別用功的孩子時，心裏才會爬上一絲安慰。

　　經過十幾年的煎熬與磨礪，終於苦盡甘來。平地裏一聲春雷，二兒子袁甲三中了進士，猶如一個人熬過嚴冬後看見原野上綻放的第一朵迎春花，耀眼的金黃色給她心頭增添了無限暖意。這之後袁氏家族進入了黃金時期，捷報頻傳，喜訊翻飛，一門兩個進士、兩個舉人、四個廩（貢）生，八個知縣以上級別的官員……無數羨慕的眼光紛紛投向這個新崛起的項城第一顯貴之家，郭老太太也因此贏得了人們的尊崇和敬重。在咸豐和同治兩朝，朝廷曾經四次給她賞賜御書匾額、紫檀、玉如意、江南絲緞衣料等物，賜壽一次。到同治年間，袁家已是一個近百人的大家庭，郭老太太不僅有了孫子、曾孫子，連曾孫都有了兒子，方圓幾百里提起項城五世同堂的袁家，沒有人不伸大姆指的。

　　看著袁家從平淡駛入榮華，郭老太太心裏充滿喜悅。但是榮辱相連，福禍相倚，生活的打擊常常在人們猝不及防時忽然來到你的面前。道光二十四年（1844），大兒子袁樹三病逝，時年44歲，白髮人送黑髮人，郭老太太扶棺大哭，再一次感覺到了命運不可抗拒的力量。同治九年（1874），袁甲三的病逝加速了這個大家族的崩潰。這之後死神成了袁家的常客，隔幾年跑來光顧一下，袁鳳三、袁重三先後去世，「保」字輩的孫子袁保慶、袁保中也相繼病故。接二連三降臨的災難，似乎使原來以剛強聞名的老人變麻木了，她沉湎於佛陀的一片樂土中，求佛向善，經常伴著聲聲木魚度過綿綿長夜。

　　在項城袁氏故里，至今仍流傳著郭老太太樂善好施的故事。家族興旺發達以後，每年她都要施捨棉衣數百件，施粥施藥若干。咸豐六年（1856），項城發生了一場百年不遇的災荒，郭老太太令家人將族中無法舉火的五十多戶人家逐一登記，按月發放糧食、衣物，使他們不再受凍挨餓。又令袁保慶在南北村莊開設粥場，散發大米麵粉，每天數千人排隊，每人一盂，從冬天直到次年春夏之交，

沒有一天中斷，從而使無數村民保住了性命。這樣的例子在郭老太太的一生中有好幾次，在鄉民們心目中，晚年的她已經漸漸褪去了女強人的光環，轉化成一個仁厚的大善人。

一個家族在衰落的過程中，也有清醒者能看出其中已露敗相。

最早覺察這一點的是袁保齡。他是同治年中的舉人，最大官銜是直隸候補道，一生沒有擔任實職，空閒時間自然會多點，在袁家出外做官的那幾個人與故里袁寨的聯繫中，他是個穿針引線的人物，尤其是他跟隨哥哥袁保恒做事的那幾年，經常穿梭來往於京都與項城之間，對潛伏在這個大家族中的危機看得十分真切。

當時袁氏家族的真實情況是：近百口人居住在袁寨裏，卻沒有相應的財政支撐，經濟來源基本上依靠他和哥哥袁保恒做官積攢的銀兩，原來家中還有個理財高手袁重三，袁重三病逝後，接任他主持家政的是袁保中，雖說此人勤勉正派，在投資理財上卻沒有什麼天賦，袁氏家族的家境每況愈下，日見窘迫。更加糟糕的是，多年的顯赫已經寵壞了袁家的一些後代，「保」字輩中的老五袁保誠（袁甲三的第三子）、老六袁保頤（袁鳳三的獨子）、老八袁保純（袁重三的第二子）吸食鴉片成癮，是不可救藥的敗家子，其他子孫有的嗜賭，有的愛嫖，有的翹課，也沒幾個爭氣的。

回到京城，他將心頭憂慮對哥哥袁保恒合盤兜出，兩個人商議一陣，認為這個家族氣數將盡，即便傾盡全身之力，恐怕也難挽回頹勢。權衡利弊，只有分家一條路可走。他們的分家方案是：效仿古代計口授田之制，將家中所有田地物產分為十二股，確保「保」字輩十個兄弟每人一股，剩餘兩股，作為郭老太太餘年的供給和宗族公用。袁保恒、袁保齡二人還高姿態地將他們名下的兩股自願獻出，交給郭老太太享用。

分家方案醞釀成熟了，卻長時間沒有人敢對郭老太太提出來，少年時代記憶中殘留的對老祖母的一絲懼怕，使這個大家族又延續

了幾年。直到同治十三年（1874），這個分家方案才得以實施。次年，郭老太太壽終正寢，一個世紀老人，一個延續了八十多年的家族，在經歷了絢麗至極以後慢慢地歸於平淡。

　　郭老太太逝世那年，袁世凱 15 歲。在壁壘森嚴的袁寨，袁世凱聽著鐵鎚將最後一枚釘子敲進棺木的聲音，並不清楚那意味著什麼，透過深宅大院的縫隙看出去，有幾隻鳥兒在天空中飛翔。送葬出殯那天，他看著一鍬鍬土朝下扔去，直到整個墓穴填滿，袁世凱長長出了一口氣，他在心裏對自己說：新的時期開始了。

第二章 公子正途

1.上馬殺賊，還是下馬讀書？

　　袁世凱的幼年時代，有這麼兩件事值得一提。

　　他出生之時，二爺袁甲三在剿撚前線打了個大勝仗，取名世凱，有凱旋而歸之意，不僅寓意祝福，希望捷報頻傳，也寄託了曾祖母郭老太太對兒子的一片思念之情。

　　相傳袁世凱幼時膽識過人。據《容庵弟子記》載，5歲那年，袁寨遭遇撚軍襲擊，全寨男丁全都登上城牆禦敵，袁世凱趁亂溜到哨樓，像看戲一樣觀看戰爭全景，面無懼色，讓人讚歎不已。

　　在袁世凱成長的道路上，袁保慶是第一個對他發生重大影響的人。

　　5歲多時，袁世凱被過繼給袁保慶為子。袁保慶以知府身份發往山東補用，攜帶家眷到濟南上任。為了管束好這個寶貝兒子，袁保慶特意聘請了一位頗有名望的舉人擔任啟蒙老師。這個人叫王志清，是個熟讀經書不識麥稗的老夫子，授課全無趣味，讓人昏昏欲睡。對於剛從偏僻鄉村來到繁華都市的袁世凱來說，這種「面目可憎語言無味」的迂腐先生實在不對脾胃，加上嗣母牛氏的溺愛，更不把王志清放在眼裏。袁世凱想到的戲弄老師的辦法帶有濃烈的鄉野氣息：夜黑時分，捉了無數隻螢火蟲放進玻璃瓶裏，埋伏在王志清下館必經的路上，等老夫子走近，憋著嗓子弄出幾聲怪叫，嚇得

王志清魂飛魄散。搞清楚是學生的惡作劇後，王志清憤然辭館，再也不願意教這個刁頑的孩童了。

袁世凱小時候不愛讀書，是個事實。告別袁寨來到濟南，周圍喧鬧的一切都讓這個孩子感到新奇，鬥雞、滾鐵環、玩蟋蟀……這些以前從沒接觸過的遊戲，魔法似的吸引著他，使他猶如掉進了一個瘋狂任性的漩渦。嗣母牛夫人對這個好不容易得到的兒子寵愛有加，更是助長了他的玩興。稍大一點以後，又結識了一幫浪蕩少年，整天混在一起鬥毆掐架。這個時期的袁世凱迷上了騎馬、拳術和摔跤，幻想中的英雄偶像是水滸兄弟，一套拳腳闖天下，替天行道，愜意人生。過了幾年，嗣父袁保慶調任江南鹽巡道，遷居南京，一個更讓人眼花繚亂的花花世界，馬上成了袁世凱粉墨登場演出的舞臺，縱馬清涼山，練拳雨花臺，盪槳秦淮邊，年紀輕輕也玩起了偷食禁果的出格遊戲，成天出入於怡紅院、銷金樓，學著大人模樣吆喝起了么二長三，沉醉於紙醉金迷的綺麗夢鄉。後世人們的傳說中，袁世凱儼然成了一個紈絝子弟的形象，其原因也與他在濟南、南京兩地的孟浪生活有關。

嗣父袁保慶去世以後，三叔袁保恒看到袁世凱無人管束得住，出於栽培袁家子弟的考慮，作出了一個決定：讓袁世凱進京讀書。

說到讀書，四叔袁保齡對他有個評價：「資分不高而浮動非常」。這句評語背後透露的資訊是，幾個叔父對袁世凱這個侄子摸得相當透徹，他們要對症下藥，對侄子實行嚴格的家庭教育。有能力的長輩資助子侄讀書，往往採取的是設立私家學堂，聘請賢能的辦法，袁保恒又格外加了一條：吩咐袁保齡親自監督，促其成材。為了抓好袁世凱的學業，袁保恒、袁保齡這兩個叔叔煞費苦心，聘請了三個家庭教師，一個是講解詩詞歌賦的周文溥，一個是教習書法的張星炳，另一個是傳授八股制藝的謝廷萱，並特意把他的書桌

安排在幾個老師的書案旁邊，以管束其「囂浮之氣」，每天清晨雞一叫就起床晨讀，晚上 10 點鐘熄燈就寢，隔三差五進行檢查，等等。這是他一生中讀書最為用功的幾年。袁世凱的學問底子，與這一時期的勤勉讀書關係甚大。經過嚴格調教和痛苦磨礪，袁世凱對讀書的興趣比以前濃厚了，人生志向也高遠了許多。

光緒二年（1876），17 歲的袁世凱第一次參加科舉考試。

從牢籠般的考棚裏走出來，袁世凱臉上露出了舒心的笑容。初試鋒芒，自我感覺還不錯，據史料記載，袁世凱的這次科舉考試成績驕人，名列陳州府前十名。（據劉成禺：《世載堂雜記》），但是一個意外，袁世凱卻落榜了。

這是一個對袁世凱影響深遠的事件：湖南長沙人瞿鴻禨考中進士之後，外放河南學政，這是個臨時性的職務，官銜不大，權力不小，舊時官宦富家子弟以考取功名為正途，自然要格外巴結主考官，因此當一回學政就成為讓人豔羨的發財機會，「一任學政官，十年花不完」，可見權力尋租的無窮魅力。瞿鴻禨在山東督考期間，充分享受到了賓至如歸的待遇，地方官像供奉祖宗似的招待。到了陳州，偏偏遇到了個知府吳重憙，這是個廣東人，出身望族，又在官場上混了多年，壓根沒把當時才是個六品編修的瞿學政放在眼裏。他向手下交待，降低瞿學政的接待規格，不僅如此，還發檔通知屬下各縣一律按小棚規格接待。瞿鴻禨無端受到這種侮辱，心頭的忌恨不言而喻，以至於遷怒到吳重憙管轄下陳州的考生身上。過了幾年，瞿鴻禨再放河南學政，終於尋到了報復的機會，凡陳州生員一律不取。剛巧袁世凱是這一年參加的科舉考試，儘管他成績優良，瞿、吳二人在官場上玩的那一把火，還是殃及了這一條「魚」。

這個典故中出現的兩個人物，後來都與袁世凱的生活有過關係。晚清政壇上有場著名的政治風波，史稱「丁未政潮」，瞿鴻禨

和袁世凱分別是雙方陣營的主角,也不知道其中夾帶了多少當年恩怨的痕跡?

這是後話,按下不提。

再說袁世凱初考科舉失利之後,隔了三年,又考了一場,然而第二次的失利使袁世凱對考科舉取功名之路徹底絕望了,一氣之下他燒毀了過去的全部詩文,發誓不再參加科舉考試。以至於多年以後,他當了民國大總統,提到讀書人嘴裏還是十分尊敬,掛在嘴邊的經常有句口頭禪:「這比做文章容易多了。」清朝晚期,袁世凱與張之洞聯手出擊,奏請朝廷停止科舉考試,推廣新式學堂,被清廷採納,從而使延續千年的科舉制度在中國終結,晚年憶及往事時,袁世凱始終認為這是他一生中得意的一筆。

袁世凱曾經有一段在陳州安居逗留的歷史。

袁氏大家族分家以後,袁世凱自立門戶,成了一家之主,娶妻于氏,生了長子袁克定。這座大宅院原是祖父袁甲三生前購買的,袁甲三忙於剿撚,四處漂泊,居無定所,大宅院一直沒派上什麼用場,還得託人幫忙照看,實際上是一幢閒置資產。這份家產分到了袁世凱名下,他便動了搬出項城袁寨的念頭,隨家遷居的還有嗣母牛夫人,以及嗣父留下的幾個姨太太。

在陳州,袁世凱過了幾年詩酒文人的生活。小時候跟隨嗣父袁保慶在濟南、南京過的那幾年好日子,養成了他行俠仗義的性情。沒過多久,袁世凱身邊就聚集了一批文人雅士。詩詞歌賦,曲觴流杯,高雅和情趣是需要經濟基礎做後盾的,袁世凱確有不同凡響之處,即使與那些自命清高的小知識份子們相處,也能一躍而成領袖。不久,由他出資創辦了兩個文社,一名麗澤山房,一名勿欺山房,並主動承諾承擔文社所需的一切費用。從此,陳州的騷人墨客定期到這裏聚會,吟詩作畫,談天說地。

2.人情練達即財富

在袁世凱後來的政治生涯中,就有他當年在陳州結交的那批文人朋友的影子。其中有兩個重要人物:一個是吳重憙,一個是徐世昌。

當時,吳重憙是陳州知府,地方父母官,又是袁世凱的「受知師」(科舉考試中對自己主考官的尊稱),由於這重特殊關係,袁世凱對他很尊敬。前邊說過,吳重憙得罪了朝廷派來的學政瞿鴻禨,袁世凱無辜遭殃,吳重憙心裏隱隱還有一絲對袁世凱的歉意。因此陳州府的文社聚會,吳重憙經常光顧,興趣來了也一起吟詩聯句。知府是一個地方的最高長官,居然撥冗參加閒雲野鶴般的聚會,對於文社主持人來說,也是一種榮耀,袁世凱對此始終心懷感激。

後來袁世凱官場得意,出掌北洋,成為朝廷要員,沒有忘記當年的「受知師」,讓其擔任直隸布政使。在袁世凱回鄉葬母期間,吳重憙還代理了 40 天的直隸總督、北洋大臣。此後他一直是袁世凱北洋系列中的重要一員。吳重憙早年仕途蹉跎,在陳州十年未得升遷,在袁世凱的眷顧下,官場亮起了一路綠燈,升遷甚速。光緒二十八年(1902),袁世凱在電報、鐵路收歸官辦的旗號下,乘盛宣懷丁憂守制之機,擠掉了其電報局督辦職務,袁世凱向清廷推薦的住滬會辦電政大臣,就是吳重憙。

在袁世凱的提攜下,吳重憙先後擔任過江西巡撫、郵傳部侍郎、河南巡撫等職,直到清帝遜位,吳始解職,寓居於天津。即使退出了官場,袁世凱仍以公府顧問名義,每月發給他八百元補助金,由此可見二人交情之深。

袁世凱在陳州結交的另一個文人朋友是徐世昌。這個人出身於河南輝縣,祖父、曾祖父都是天津鹽商,家境寬餘,到他父親這一

代開始敗落。徐世昌7歲那年，父親病故，寡母隱忍持家，對兒子管教甚嚴。徐世昌也懂事早熟，不到20歲就出外謀生，在洛陽、安陽、扶溝、淮寧等縣衙充任文案，後為陳州官宦人家李覲候看中，聘為家庭塾師。在袁世凱創辦的文社中，徐世昌是一名熱心的成員。

青年時期是他一生中最為窮困潦倒的日子，滿腹經綸，一臉窮酸相，袁世凱慧眼識金，不僅不嫌棄，還和他義結金蘭，兩人經常在一起秉燭夜談，打得火熱。有一天，徐世昌吞吞吐吐說出了他的心事：意欲進京赴考，無奈阮囊羞澀，難以啟程。袁世凱一聽大笑：徐兄為何不早說？這有什麼難的，金錢事小，前途事大。於是慷慨解囊，資助一筆資金，以壯行色。

這是一筆使袁世凱終生受益的投資。光緒十二年（1886），徐世昌考中進士，授翰林院編修，在後來的歲月裏，這名京官成了袁世凱深入官場的重要內線；再後來，隨著袁世凱政治地位的上升，徐世昌又成了他在仕途上的得力助手。

從袁世凱早年處理他與文友吳重憙、徐世昌的關係上看，此人雖然年紀輕輕，已是人情練達。

官場規則眾所周知，一靠關係二靠錢，沒有這兩件金鋼鑽，別攬那個瓷器活。而袁世凱恰恰對這兩樣甚為精通，不是刻意求之，而是性格使然，幼年時的家庭教養和成長環境使他無師自通地學會了洞察世事，許多事情做起來只需率性而為，便能水到渠成。

這麼說來，嗣父袁保慶當年的努力總算有回報了。

同治九年（1870），袁保慶調江蘇補用，署理鹽法道。這是個讓人豔羨的肥差，袁保慶能升遷到這個位置，與他的好友馬新貽有關。

馬新貽是回族人，出生於山東菏澤的一個官宦世家，道光年間與李鴻章是同榜進士。擔任合肥知縣時，曾隨欽差大臣袁甲三剿撚，在此期間，袁保慶得以相識，進而相知，兩人結為至交。官場

上有同榜李鴻章做奧援，馬新貽升遷迅速，沒有幾年便當上了兩江總督。袁保慶署理鹽法道，就得力於他的推薦。

南京歷來是精英薈萃之地，進入近代以來，江浙一帶士紳得沿海地區開放風氣之先，吐故納新，更是加速了該地經濟和文化的發展。袁保慶攜家帶口來到這個金粉舊都，自然免不了躊躇滿志。同時，他還有意識地加強對兒子的培養，多次帶袁世凱參加官場上的逢迎酬酢，社交往來。閒暇之餘，袁保慶還寫了一本書，名為《自刈瑣言》，將他十幾年在官場上摸爬滾打的心得感悟歸納總結，其中全是為官之道的經驗談。後來有人說袁世凱善於演戲，看看袁保慶書中這段話，就能明白其中的道理：「人言官場如戲場，然善於做戲者，於忠孝節義之事能做得情景畢見，使聞者動心，睹者流涕。官場若無此好角色，無此好做工，豈不為伶人所笑乎？」

官場的耳濡目染以及嗣父的耳提面命，對於幼年袁世凱的影響不可低估。在他成人後的幾十年政壇生涯中，翻雲覆雨，縱橫捭闔，像一頭潛伏在深海中的巨鯨，無論沉下還是浮起，都會捲起一排排滔天巨浪。

袁保慶在南京做官那幾年，日進鬥金，大富大貴，一貫性格古板嚴謹、尊崇程朱理學的他，也有在冷板凳上坐不住的時候，偶爾跟隨其他官宦去逛逛妓館，吃吃花酒。有個姓金的姨太太，就是在他南京期間續納的。誰知此婦娶進門後，碰翻了元配牛夫人的醋罐子，兩人三天一小吵，五天一大吵，鬧得不可開交，袁保慶緊皺眉頭，如坐針氈。

這道誰也插不上手的難題，卻被袁世凱輕鬆化解了，以嗣子身份夾在中間，竟然能巧妙地加以調和轉圜，使這場兩個女人的戰爭化解終結，確實需要有點處理人際關係的本事。看著夫人和姨太太放下爭鬥圍著袁世凱笑眯眯的場面，袁保慶像吃下了一塊蜜餞，他在心裏說：兒子的「小考」又過關了。

類似的「小考」袁世凱經常遇到，而且每次成績都很不錯。

袁世凱軼事中的一則故事很能說明問題，其中牽涉到一樁撲朔迷離的疑案——兩江總督馬新貽遇刺案。刺殺馬新貽的兇手叫張汶祥，原是太平軍將領，交戰中活捉過馬新貽，蒙不殺之恩，二人交好。後來太平軍戰敗，張汶祥又被馬新貽擒獲，自然也不能殺，不僅不殺，兩人還歃血為盟，拜成兄弟。不知道怎麼鬼使神差，在馬新貽乘轎去檢閱士兵的途中，有人持一把匕首刺來，馬新貽斷骨穿心，當場斃命。行刺後，兇手立在橋上，並不逃跑，眾人睜眼看時，卻是馬總督結拜的兄弟張汶祥。

案子發生後眾說紛紜。有人說張汶祥是為失敗的太平軍復仇，有人說此案與湘軍有關，也有人說是因為一樁桃色事件——馬總督搶佔人妻，張義士打抱不平。朝廷對這件命案十分重視，命大臣張之萬主持審理工作，袁保慶充承審員。在審案中，張汶祥一味閃爍，刁狡異常，沒有確供，袁保慶是馬新貽的好友，主張以大刑伺候，逼張汶祥開口，但是主審官張之萬擔心重刑之下兇犯斃命了不好向朝廷交待，力主不可。定案後，袁保慶不肯在審理書上簽字，並當場放言：此案不審理清楚，則棄官歸田。

這件事在袁保慶心頭縈繞，久久難以排遣。一日，袁世凱、袁世敦、袁世廉等幾兄弟聚於一室，袁保慶提及此事，順便出了個題目，命子侄們各抒己見，談談自己的看法。袁家幾兄弟面面相覷，說不出個所以然來，唯獨袁世凱侃侃而談，應對如流，認為嗣父袁保慶堅持不簽字的氣節固然可佳，但是使氣說出辭官歸甲之類的話，不是一個在官場上歷練多年的人應該說的，即使弄丟了官帽子，也於事無補。

袁世凱的話讓袁保慶大出望外，多年的培養教育終於有了成效，兒子袁世凱心智已開，他在「人情練達」這一關上初步成熟了，需要去經更多的風雨，見更大的世面。

3.迷茫中掉進了溫柔鄉

　　袁世凱兩次參加科舉都鎩羽而歸，精神上有種挫敗感。他燒了以前的全部文稿，不再夢想從青燈黃卷中博取功名。通過捐納，得了個中書科中書的虛銜，詩酒酬酢，歌舞相伴，在陳州過了幾年悠閒的神仙日子。

　　他的正室妻子于氏是河南沈丘一個土財主於龕的女兒，有幾個錢卻沒什麼文化，也沒有受過良好的家庭教育，和袁世凱缺少共同語言。于氏生下長子袁克定以後，夫妻間的關係有所改善，接著發生的兩件事，使他們的感情再一次瀕臨破裂的邊緣。

　　第一件事是因為文化差異。有一天，袁世凱看見于氏喜歡繫一條紅色繡花的緞子褲帶，笑著開玩笑說：「看你的打扮就像個馬班子。」這句話惹惱了于氏，發火頂撞說：「俺不是馬班子，俺是有佬佬家！」現在的讀者看這兩句話，只會感到有種冷幽默，可是在當時的袁氏夫妻看來，卻是比天還要大的事。「馬班子」是方言土語，意指四處漂泊的妓女，于氏回答她有佬佬家，意思是她有娘家，是明媒正娶抬進袁家門的。不料于氏這句話使老公火冒三丈，原來袁世凱生母正是「沒有佬佬家」的小妾出身，老婆當場揭短，無異於在他傷口上撒了一把鹽。從此以後，他們的感情更加淡漠了。

　　袁世凱在陳州的幾年，坐吃山空，分得的家產眼看揮霍殆盡，遂決意北上，去京城謀一個差使。為籌措進京的川資，他到處找親友借錢，還是不夠，只好厚著臉皮找老婆，叫她去娘家想想辦法。誰知老婆的幾個兄弟聽了消息不僅不借錢，反倒將袁世凱狠狠臭罵一頓，罵他是讓老婆倒貼的窩囊廢，還說了特別難聽的話：「沒本事就在家裏待著！」這讓袁世凱感到自己倒楣極了。所謂倒楣就是

自尊心受傷，猶如當頭一棒，十分丟臉。多年以後他發跡了，老婆有個兄弟進京找袁姑爺想謀份差事，袁世凱招待小舅子好吃好喝幾天，什麼差事也沒給他安排，臨走時還送了一句話：「沒本事就在家裏待著！」一報還一報，在這類家庭矛盾上，袁世凱從來都是個記恨心強烈的人。嚴格意義上說，這第二件事也怪不著於夫人，但是在經歷了長時間的夫妻冷戰之後，袁世凱還是把怨恨遷怒到了于氏身上。

袁世凱在給老婆的一封家書中寫道：進京後正巧逢上三叔袁保恒往熱河公幹，雖有嫡母殷勤招待，仍不免心情鬱悶，又遇到天公不作美，連日陰雨，獨坐書齋，一顆發愁的心幾乎要被屋簷下的雨水滴碎了。四日後天氣放晴，遂往琉璃廠散步溜達，途中遇見一人，親熱地同他打招呼，袁世凱感到奇怪，他與那人素昧平生，「不覺視其面而作呆想」。那人解釋說，他姓倪，昔日曾做過袁保慶的幕客，見過少年時的袁世凱。袁世凱摸摸後腦勺，似乎恍然大悟。倪某邀請他上酒樓，要為剛到京城的他接風洗塵。

兩隻酒杯一碰，袁世凱滿腹心事活絡了。此次進京的目的之一是報捐功名，急欲尋一政界人士詢問京中納粟之例，於是開口就問倪官人如今在哪裡高就。倪公謙虛地回答說，他在吏部跑腿。袁世凱想，吏部乃執掌權衡者，必然詳悉賣官鬻爵的情況，當即向他詳細諮詢。倪某口若懸河，滔滔不絕，袁世凱一聽，全屬官場經驗之談，於是乘著酒興，將報捐功名的想法合盤托出，並與之相商，該捐何職為目前最佳捷徑。

倪某沉吟片刻說：根據足下情況，應當報捐實缺小京官最實惠。足下既有叔父（袁保恒）在京供職，不妨暫時投靠，遇到好機會再謀外放，事半而功倍。說著將聲音一頓，低壓嗓門繼續說，足下如想納捐，倪某願助一臂之力，安徽最近就有個機會，因為賑災，要

優惠供應一批官帽子，銀兩只需要原來的六成，正好家母舅在安徽做官，可以託他幫這個忙，唯一的遺憾是得破費手續費三百，因為賑災捐例已於上月停止，如今欲填以前的時間，得給具體經辦人打點。

袁世凱一聽衝口說道：「哪有什麼問題！」

兩人當場約定，第二天下午先將手續費送去，再談交易。次日，袁世凱雇車前往羊肉胡同，迎面果然看見倪公館的招牌，投刺（遞名片）而入，倪某欣然領他入室就坐，告知已經獲得母舅許可，援皖賑例報捐工部營繕司主政，共需銀一千五百兩。袁世凱遞上帶來的三百兩銀子，倪某略作猶豫，吞吞吐吐說道：「我也是託人幫忙，對方要求一次收足捐銀。」袁世凱懇求再三，倪某改口答應先預收一半，餘款等拿到捐照後再一併繳納。袁世凱回到寓所，取銀三百，交到了倪某手中，約定後天來取捐照，同時繳納剩餘的銀子。

哪知泥牛入海，杳無音訊，三天後袁世凱依約前往羊肉胡同，倪公館的招牌已經摘除，房中傢俱物品蕩然一空。急忙找到房東一問，卻被告知，姓倪的房客昨天早晨挈帶行李搬走了。再問房東，那位房客是否在吏部供職？房東一臉茫然，想了一會才告訴他：「不會吧，我聽說那人是個古董販子。」

過了幾天，袁保恒從熱河公幹回到京城，袁世凱吃了啞巴虧，也不敢對三叔說。

袁保恒問他可曾遇見徐世昌，袁世凱答不知地址，無從投謁。袁保恒說，往翰林院探訪，應該有人知道。袁世凱雇了輛馬車直奔翰林院，果然找到了徐世昌。兩人從陳州一別至今，見面後有無數話。袁世凱說了他被騙的經過，徐世昌笑著責怪他說，京城既有令叔，又有老友，捐納何至於如此之急迫？損失六百金，尚屬不幸中之萬幸，倘若以一千五百金換張假官照，更是麻煩事情。

徐世昌在京城翰林院生活了幾年，官場關係網已初步建立，他說有個同年摯友叫張佩綸，很為當朝大臣李鴻章賞識，收做了東床

快婿，不妨走張的門路，進入直隸總督的幕府中謀碗飯吃。袁世凱一聽求之不得，心中暗想，剛受一次騙，馬上就撞上大運，真所謂「塞翁失馬，焉知禍福」。

興沖沖乘車趕到天津參謁李鴻章，延見後略問數語，李鴻章便舉起了手中的茶杯。這個官場規矩袁世凱很熟悉，是通知下人送客的意思，不免意悻悻，壯志全無。徒步走回旅館，借杯中物澆胸中塊壘，正獨自喝酒，忽聞張佩綸來答拜，二人坐下寒暄幾句，袁世凱即以參謁時的冷淡情景相告。張佩綸一聽，哈哈大笑，說道：「兄弟誤會了，家岳接見來賓，器重其人者不作敷設語。近日北洋事務繁多，家岳正當用人之際，如果不信，三天內必見委札。」袁世凱將信將疑，結果第二天，李鴻章的聘書就到了，委請袁世凱佐理文案，職位是機要科二等文牘員。

官場中充滿了矛盾和鬥爭。袁世凱沒幹多久，被提升為一等文牘員，本想攀著這根繩索青雲直上，然而他的升遷擋了別人的仕途，幕府中的同僚因嫉生恨，事事掣肘，以至於群起而攻之。有人當著他的面說：督署幕僚都是翰林進士，從未見過以生員而廁身其間者，不知老弟走了什麼門路？袁世凱滿臉通紅，猛地想起三叔袁保恒的教誨：「不覓得一榜出身，不可進入政界。」悔意頓生。

仕途上的相互攻訐經常不擇手段，目的是把對方搞臭搞垮，要把一個人搞臭搞垮的不二法寶是桃色新聞。正巧前幾天來了個朋友，是以前南京城風月圈中的故交，袁世凱招飲妓寮，重溫昔日之綺麗春夢。這一情報被人偵探到了，成了炮轟袁世凱的重磅炮彈。張佩綸本是清流出身，眼睛裏容不得半粒沙子，聽到這個桃色傳聞，將袁世凱狠狠訓斥了一頓。

灰頭土臉的袁世凱，擔心若再戀棧，後來之構陷將較今日更甚，名譽毀盡，以後反而不好相見，遂生激流勇退之意，寫了份辭職信，來找張佩綸。

　　張佩綸大為驚訝，趕緊對昨天的訓斥表示歉意。已經學會了在官場演戲的袁世凱笑著說：「小弟這次辭職與此無關，實為家母病危，昨晚收到電報，催我速歸。」說著袁世凱掏出事先準備好的電報紙，遞給張佩綸看，託張在李鴻章面前美言，代他請假半月。

　　袁世凱辭去李鴻章幕府中的職務後，再也沒有回來。所謂「母親病危」本來就是他編的一個謊話，金蟬脫殼後，袁世凱感到前途迷茫。讀書考科舉這條路他已死了心，報捐功名之路也是如此艱難，袁世凱深深感到自己猶如汪洋中飄搖的一葉小舟，不知明天的風會把他帶到什麼地方。

　　順便說一下張佩綸。這個人是晚清著名的清流少壯派領袖，史稱「翰林四諫」之一。其父張印塘，曾官居安徽按察使，在與太平軍作戰中與李鴻章有生死之交，結下了友誼。張佩綸一生有三次婚姻。前兩任妻子去世後，李鴻章把女兒李經璹（小名鞠耦）許配給他，其中既有欣賞的成分，也有籠絡的意思。張佩綸比李經璹大17歲，不過這對老夫少婦感情倒也融洽，經常一起吟詩作文，尤其熱衷於談論政治。幾十年後，張家出了個有名的孫女，叫張愛玲，給中國文壇帶起了一陣強勁的旋風，這已經是題外話了。

　　出了北京城，袁世凱茫然四顧。

　　灰溜溜回老家陳州，不是大丈夫所為，將會遭到世人恥笑。思量再三，決定先到上海叩訪以同知官居上海水利廳的王雁臣老師，去碰碰運氣，看能否謀份差事。哪知到上海後，還沒找到王雁臣，卻掉入了溫柔鄉，在煙花柳巷中遇到了一個紅顏知己。

　　此妓女姓沈，身世頗具傳奇色彩，原是揚州妓女學堂培養的一匹「瘦馬」（妓女的別稱），為上海某鹽商看中娶為如夫人。誰知進門不到半年，鹽商不幸患病身亡，沈姑娘才上岸鞋子還沒乾，又只好再下海，回到堂子裏重張豔幟。她從小受過很好的藝妓訓練，琴

棋書畫樣樣都行，伺候男人也有一套辦法，袁世凱見了，驚為天人，神魂顛倒，樂不思蜀。

一個是落難公子，一個是癡情佳人，纏綿悱惻的愛情故事千古演唱，演到袁世凱這一輩也沒增添多少新意。據說袁世凱為沈氏贈有一聯：「商婦飄零，一曲琵琶知己少；英雄落魂，百年歲月感懷多。」也許是袁世凱身上的霸氣和英雄魅力起了作用，沈姑娘被這個身材矮胖的男人徹底俘虜，女子一戀愛就犯傻，她心甘情願作犧牲，要拿出自己辛苦賺來的血淚錢，傾其所有資助袁世凱尋求前程。

為了和沈姑娘多廝守幾天，袁世凱花光了身上所有的旅費，又賣掉了隨身所帶的兩個古玩鼻煙壺。鼻煙壺為其叔祖袁甲三的遺物，壺長三寸，口徑半寸，瑪瑙質，色澤鮮豔，隱隱透現龍鳳花紋。這是件價值 2000 金的寶物，袁世凱託一個朋友以 500 金的價格典押給上海陸巡道。事有湊巧，這位陸巡道是王雁臣的親戚，一天在一起時，陸巡道拿出鼻煙壺給王雁臣看，王雁臣一驚，馬上認出這是袁家寶物，追問來歷，陸巡道將經過說了。

王雁臣這才知道袁世凱已到滬月餘，急急派人把袁找來，嚴詞責問。掉進了溫柔鄉的袁世凱處境艱難，一聽老師的訓辭句句在理，不禁潸然淚下。王雁臣見這個弟子有悔改之意，便拿出銀子幫他贖回了那對鼻煙壺，叮囑袁世凱努力用功，不要自艾自棄。袁世凱幡然醒悟：大丈夫志在四方，豈能鬱鬱久困於紙醉金迷的生活之中，任由歲月蹉跎？

後來袁世凱投奔淮軍統領吳長慶，開始建功立業之路，等到在朝鮮站穩了腳跟，馬上將這個沈姑娘接來做了當家的如夫人。在袁世凱此後一生中，他對這個姓沈的姨太太始終寵愛有加。沈氏一生無子，將二子袁克文過繼給她做了嗣子，後院中的家事也一概交她處理（袁世凱後期又娶了天津楊氏為五姨太，此女相貌一般，但是持家才幹突出，遇事有決斷，遂將家務事管理移交給她了）。袁世凱

搞洪憲帝制，穿上皇帝龍袍，沈氏也著了皇后裝，有人戲作一聯諷刺：「流氓皇帝，婊子皇后」。這副戲聯表達了人們心中憤慨的情緒。

　　袁世凱的上海之行還有一個收穫：在旅棧中，他認識了準備進京會考的阮忠樞。此人字斗瞻，祖籍安徽合肥，出生於淮軍將領家庭。袁世凱遇見阮忠樞時，正是他阮囊羞澀、倒楣透頂的時候。二人住在簡陋的旅館裏，心憂天下大事，促膝交談十分投緣。聽說袁世凱意欲北上青島投奔吳長慶，想成就一番事業，阮忠樞慷慨解囊資助了一筆盤纏。袁世凱發跡後，對這段感情念念不忘，聘請阮忠樞為北洋總文案，成了他最為信任倚重的心腹之一。在多個場合袁世凱這麼說過：袁就是阮，阮就是袁。可見兩人感情之深。

4.「慶」字營中的一把屠刀

　　清末有「三屠」：張之洞花錢如水，稱做屠財；袁世凱好行殺戮，稱做屠人；岑春煊性好彈劾，稱做屠官。其中袁世凱屠人，應是說他任山東巡撫期間殺了不少義和團，也與他在吳長慶營中以及後來在朝鮮嚴厲治軍有關。

　　吳長慶（1833～1884），字筱軒，安徽廬江人，是李鴻章門下重要的淮軍將領。

　　這個人與袁世凱的嗣父袁保慶關係甚好，有一則掌故是這麼記載的：當年吳長慶的父親吳廷襄籌辦團練，在廬江被太平軍圍困，託人火速帶信請求袁甲三援救，長子袁保恒認為，泥菩薩過江自身難保，此時不能分兵救援，侄子袁保慶則認為，孤城垂危，不可不救。終因援兵遲遲不到，廬江城淪陷，其父吳廷襄殉難。經歷了這件事，吳長慶對袁保恒恨之入骨，不再與他來往，對袁保慶則態度友善，結拜成了兄弟（事見劉厚生著《張謇傳記》）。

　　有同袁保慶的這麼一層關係，吳長慶對前來投軍的袁世凱熱情非常，不過在職位安排上並未委以重任，每月給 10 兩銀子，叮囑他安心讀書，並特地指派張謇、朱銘盤等江南名士輔導袁世凱的學業。在吳長慶看來，總角之年的袁世凱尚需要歷練，目前的任務是讀書增長學問；而在袁世凱看來，吳軍門對他大材小用，感到滿肚子委曲。

　　不過袁世凱在結交關係上有他特殊的本事，很快便獲得了老師張謇的好感，沒多久，張謇向吳長慶推薦這個新收的門生擔當了慶字營營務處幫辦，每月支餉銀 30 兩。但這也是個虛銜，沒有什麼實際權力，讓袁世凱高興的是，現在他手下有二名勤務兵供使喚了。

　　在吳軍門的手下，袁世凱對自己要求十分嚴格，任勞任怨，嚴以律己，看著這個年輕人一天比一天有出息，吳長慶也相當滿意。

　　慶字營是剿防太平軍、撚軍時臨時拼湊起的一支武裝，人員成分複雜，加上吳長慶本身是個儒將，以仁愛寬厚治軍，致使營務日漸廢弛，官兵聚眾賭博的現象經常可見，更有大膽嫖客甚至將妓女公開帶入營中，輪流享樂。

　　這年春節，正月初二夜晚，睡在軍營帳蓬中的袁世凱忽然被一陣叫喊聲驚醒，起床披衣一看，原來又是聚眾賭博的雙方在爭執。但是這一次比以往鬧得更加嚴重，數百人各執刀槍密密匝匝圍成了一座小山，早已有血氣方剛的軍人動了傢伙，袁世凱趕到時，地上已經躺了兩具屍體，四周到處濺滿污黑的血漿。

　　由於正值春節，軍營放假五日，吳長慶也不在營中，面對有可能兵變的情況，需要有足夠的智慧和應變能力。和袁世凱一同來到現場的還有老師張謇以及護衛隊三十餘人。張謇是個文人，試圖採取秀才遇兵的方式解決問題，那是很難奏效的。袁世凱首先喝散眾兵，讓其各回軍營，緊接著以迅雷不及掩耳之勢逮捕了四個帶頭鬧事的頭領，軍法處置，處於斬首極刑。此事在慶字營中引

起了極大震懾，袁世凱在給他老婆于氏的一封家書中說，前來觀看行刑的兵丁「摒息而散」，軍營中平日常見的張狂囂浮之氣蕩然無存。

春節假期結束，吳長慶回到營中，聽說袁世凱處死四人的消息，心中不悅，把袁世凱叫來訓責。多虧老師張謇在旁邊坦言，要不是袁世凱處理果斷，恐怕會有嘩變之憂，現在軍營中早已是血流成河了。聽張謇這麼一說，吳長慶才幡然覺悟，當面對袁世凱給予嘉獎，三天後官升一級，委任為勞務處提調。為此，袁世凱在給妻子的家書中感歎道：余與姓張的人為何如此有緣！在天津時得一張佩綸熱心襄贊，現在又得一張謇鼎力相助。

有一種說法，認為袁世凱處心積慮，心機太重，先是設法削弱吳長慶的兵權，取得李鴻章的信任，爾後取而代之。據說，因為這個原因，吳長慶的後代提到袁世凱，至今仍然怨恨不已，等等。

袁世凱在慶字營中整束軍紀，操練新法，老弱者裁汰之，頑固者革除之，使得暮氣沉沉的慶字營氣象煥然一新，深為吳長慶所賞識。但是正如他的四叔袁保齡在家書中所指出的，「你以少年得重名，不患不富貴，但患不穩重。」果然過了不久，有謠言傳來，說袁世凱心懷叵測，意欲取吳長慶職位而代之。哪知事情也真湊巧，中法戰爭打響，朝廷派遣了劉永福前往抗禦，仍嫌兵力單薄，在張佩綸的建議下，李鴻章決定派吳長慶率兵馳援廣東。這麼一來，正好印證了謠言所傳不虛，袁世凱百口難辯。就連吳長慶臨行之前，也神情悻然，朝袁世凱投來了憤懣怨恨的目光。

其實這實在怨不得袁世凱。當時袁世凱官職五品，位卑言輕，根本不可能在掌控北洋大權的李鴻章面前說得上話，即使託人說上話了，李鴻章又怎麼可能聽其安排？清朝的兵力虛弱是有名的，中法戰爭爆發之時，縱觀清朝能夠領兵打仗的將領，也還真的只有吳長慶是最合適的人選。看來袁世凱這次被冤背了一口黑鍋。

再說一說袁世凱與張謇的關係。

進入慶營以後，袁世凱處處得力於恩師張謇，兩人感情融洽，目標一致，都是在吳長慶手下討飯碗，一心輔佐吳軍門治軍打仗，度過了一段「政治蜜月」。隨著袁世凱地位的不斷升遷，兩人的心態發生了很大變化，尤其是到朝鮮以後，袁世凱「總理營務處，會辦朝鮮防務」，一躍而成駐朝清軍的重要人物，與之對照的是吳長慶政治上的失勢。張謇認為，其中袁世凱一定做了手腳，加上袁世凱對他前恭後倨的態度變化，更是讓張謇對自己以前薦袁的舉動而懊悔。他寫了一封長達千言的信給袁世凱，措詞尖刻，指責袁的狂妄無行（袁先前稱張為老師，後來改口叫仁兄），調侃道「足下之地位越高，則鄙人之稱謂越小。」袁世凱看完這封信十分氣惱，兩人斷絕了往來，這一斷就是十年。

辛亥革命前夜，這一對師生重新聚合到了一起，不過彼此間關係有了極大變化。

張謇是清末狀元，一生致力於實力救國，工廠辦了一個又一個，形成了一個龐大的資本集團，上世紀初，這個人是中國知識界的精神領袖，自視頗高的胡適也稱他為「很偉大的失敗英雄」。在政治上張謇主張君主立憲，這與清末時袁世凱的政治觀點相吻合。宣統三年（1911）五月，張謇北上赴京途中，專門到彰德拜訪了被清廷斥黜的袁世凱，兩人訂立了政治上的攻守同盟。當時的三種政治勢力（舊官僚、立憲派和革命黨）既相互纏繞又激烈爭鬥，而在這三種勢力中，張謇放棄孫中山，選擇了袁世凱，他希望通過一場不流血的政變來完成政權的更迭，這一方面是因為他務實的人生態度，另一方面也是基於他對中國社會現實的把握。

透過清末民初這兩個大人物糾纏在一起的恩恩怨怨，我們看到了中國社會現實異常複雜的一面，讓人扼腕歎息。

5.一場兵變帶來的機遇

　　光緒八年（1882）清朝藩屬國朝鮮發生了一場兵變，史稱「壬午事變」。朝廷派吳長慶率兵前往彈壓，歷史將一次機會擺在了袁世凱面前。

　　事情得從朝鮮王哲宗去世說起。哲宗無子，立 12 歲的李熙為王，其生父大院君李昰應監國攝政。李昰應是個守舊派人物，對一切變革都看不順眼，對日本維新尤為不滿，僅僅因為日本大使在拜見他時穿了一套西服，就下令斷絕朝日兩國通商，韓人與日人交往者處死。日人以為受辱，遂有「征韓論」。

　　李昰應有個內侄女叫閔慈英，美麗異常，且又知書達禮，在高牆深鎖的王宮後院裏，這一朵嬌豔的花分外引人注目，於是被李昰應收為兒媳婦，成為王妃。

　　誰知道事與願違，閔氏成為王妃後，並不是按照預定的治國方略行事，攝政王的指揮棒不靈了，這讓李昰應大為光火。事情還在進一步發展，這個王妃閔氏，上帝在賜予她漂亮外表的同時，也賜予了她智慧和才幹，她利用太后趙氏厭惡大院君專擅的心理，慫恿閔奎鎬、趙寧夏以及李昰應的長子載冕等人，逼迫李昰應讓開位置，讓國王李熙親政——李熙性格軟弱，閔氏是鐵腕女人，實際上是閔氏自己當政。

　　掌握政權後的閔氏開始了一系列改革，由仇日變為親日，聘請日本軍官訓練「別枝軍」，以代替李昰應的「親軍營」。在改革軍隊的過程中，大批士兵被裁汰，留下來的士兵又經常領不到軍餉，矛盾日積月累，終於釀成了一場兵變。駐紮在朝鮮京城的五千士兵因軍餉拖欠太久，多次向政府懇求發餉，政府迫於壓力發

了一個月的軍餉，可發下的糧食裏面居然摻雜了沙石，憤怒的士兵再也忍不住了，一哄而起，殺死了日本軍官。大院君李昰應乘機煽動，七月初，士兵包圍了王宮，欲殺閔氏。閔氏見勢不妙，趕緊換了套衣服倉皇出逃，帶著幼小的兒子跑到族人閔應植家中避難。

遭遇兵變後的王妃閔氏向清政府求援。其時李鴻章回籍丁憂，署理北洋的是張樹聲，經請示清朝廷後，派慶軍入朝鮮援助國王李熙和王妃閔氏。

隨後上演了一場驚險生動的「鴻門宴」，袁世凱在戲中擔當了重要角色。慶軍抵達漢城南郊，駐師屯子山，吳長慶輕車簡從，只帶了幾個貼身侍衛造訪李昰應。賓主相見，略作寒暄，李昰應愉快地答應第二天到慶營回訪。

次日，李昰應如約前來，他的扈從侍衛卻被擋在了軍帳之外。

二人坐下沒談幾句，李昰應似乎感到情況有異，意欲起身，吳長慶使了個眼色，久候一旁的袁世凱立即上前，半扶半挾，沒等李昰應反應過來，將他塞進了一個事先預備好的二人小轎，星夜上路，在馬山浦登上兵船，經天津塘沽港，轉道送往保定軟禁。

之後，清軍又找到了因兵變流落民間的王妃閔氏，由袁世凱護送回了王宮。

在處理朝鮮問題上，明顯可以看出清廷當權者思維邏輯的混亂。王妃閔氏有排華親日傾向，被清廷當做了幫扶對象；大院君李昰應親華仇日，卻遭到清廷的軟禁。政治和外交上的糊塗舉動，使朝鮮後來的局勢變得更加錯綜複雜。不過在朝鮮的這次兵變中，袁世凱是最直接的受惠者，事後論功行賞，吳長慶稱袁「治軍嚴肅，調度有方，爭先攻剿，尤為奮勇」，經回到直隸總督兼北洋大臣任的李鴻章奏請，袁世凱以同知補用，賞戴花翎。

這一時期袁世凱聲名鵲起，另一個因素是他的嚴格治軍。

　　清末的軍隊，腐朽是有名的，無論八旗還是綠營都不堪一擊。慶營的兵丁基本是臨時徵募而來，軍紀鬆弛，作風敗壞，醫治這樣一個重症病人，非得下重藥方能有效。

　　由於袁世凱被定性為千古歷史罪人，關於他的正面史料十分鮮見，即便偶爾有零星細節，也被淹沒在唾罵之中。《容庵弟子記》是袁世凱的弟子早年寫的一本書，其中記錄了袁世凱在朝鮮的一些事蹟，披露了不少有價值的資料。

　　剛踏上朝鮮這塊土地時，袁世凱聽到一條舉報：有人姦淫了朝鮮婦女。他嚴令追查，很快抓獲了那個人，毫不留情地斬首示眾。最讓人吃驚的是，有一次吳長慶巡視軍營，見城牆前有無數人在哪裡圍觀，趨前一看，城牆上掛著七顆血淋淋的人頭。吳長慶感到納悶，回到營中，忽聽袁世凱來稟報，城牆上七顆人頭是他所為，為嚴肅軍紀先斬後奏。

　　袁世凱手下有個武弁，平時打仗賣力，很被賞識。一次行軍中，從他身上掉下了塊紅綢巾，眾人覺得奇怪，袁世凱追問他也不答。結果第二天有個朝鮮富紳來告狀，家中美妾遭人姦污，經指認正是那個勇敢的武弁。許多人來為武弁求情，袁世凱心情也很矛盾，躊躇再三，還是得斬首示眾。準備行刑之前，吳長慶也來替那人說情，「乞貸一死，坐久不去」。袁世凱久久沒有說話，忽然起身，手捂著肚子要去上廁所，順手從桌上翻出一本書讓吳長慶閱讀。不一會兒，袁世凱回來時朝吳長慶拱手請罪：「武弁已殺，大人寬恕。」吳長慶面部表情瞬息萬變，終於大笑：執法應該如此。

　　袁世凱的聲名日益漸增，潛伏的危機也就越逼越近。光緒十年（1884）四月，李鴻章奏調吳長慶率兵三營回國，駐防奉天金州，加強東北防務，其餘三營仍留漢城。以與吳長慶相商，任命記名提督吳兆有為三營統領，袁世凱提拔為總理營務處，會辦朝鮮防務。兩人之間的種種矛盾找到了一個噴泄口，像火山一樣爆發了。

　　吳兆有是二品總兵，又是駐朝鮮清軍的最高統領，袁世凱只是個五品同知銜，照規矩該是吳兆有的副手，但是袁世凱頤指氣使，專橫跋扈，大有淩駕於最高統領之上的態勢，連朝鮮國王李熙和王妃閔氏都分不清他們究竟誰指揮誰，哪個人的官大。

　　袁世凱素來與朝鮮官員過從甚密，為了撫慰戰爭中的殉國犧牲者，他曾經從軍餉中撥出部分經費作為烈士家屬的撫恤金。吳兆有借此大做文章，一封狀紙將事情捅到了李鴻章那兒。更加讓人氣悶的是，李鴻章居然聽信讒言，叫他自己掏腰包賠償。

　　內憂加上外患，一直將袁世凱視做一大心病的日本人乘勢作亂，向清廷狠狠告了一狀，指責袁世凱挑釁，威脅說中日衝突隨時都有爆發的可能。弱國無外交，清朝末年，凡有外交上的糾紛，清政府必定嚇得屁滾尿流，經軍機處幾個大臣緊急磋商，奏報朝廷，決定派吳大澂、續昌前往朝鮮調查。

　　出兵朝鮮對於袁世凱來說本來是個機會，現在機會忽然變成了一連串煩惱，更有人落井下石，看到袁世凱失勢，紛紛告刁狀，控告他貪污軍餉，蓄養官妓，販賣煙土。面對一系列打擊袁世凱傷心極了。在給妻子的一封家書上，他憤懣地寫了四個字：「官運惡極」，「當時擬拔劍自刎，幸被幕僚所勸阻。」在極度倒楣的時候，連自殺的心都有了。

　　在最倒楣的時候，命運之神為袁世凱派來了一顆福星。

　　這顆福星是吳大澂。

　　在清廷派出的調查人員中，吳大澂擔任組長角色，因此調查剛一開始，他還能與袁世凱保持一定距離。隨著調查的深入，掌握的材料越來越多，吳大澂慢慢感到，面前這個矮胖的男人真的是受委曲了。

　　出生於江南的吳大澂是個清流健將，在他擔任陝西學政的時候，就曾大膽上疏請求停止議修圓明園，對同治皇帝奢華的大婚，

他也敢於疏請裁減慶典費用。這樣的舉動，無論放到哪個時代都需要勇氣。更難能可貴的是這員儒將對社會抱著一種務實的態度，對勇於任事的袁世凱尤其欣賞，瞭解到事情的真相後，吳大澂不僅沒有責備袁世凱，反而認為他勞苦功高，百倍安撫，這讓袁世凱大受感動。

在異國他鄉的酒樓上，這兩個情投意合的官場中人喝得酩酊大醉。他們談論人生經驗，講述官場趣聞，抒發生活感悟，發千古之幽思，歎世間之炎涼，成了一對契合的摯友。吳大澂曾給袁世凱贈有一聯：「凡秀才，當以天下重任；求忠臣，必於孝子之門。」

他們還結成了兒女親家：吳大澂將女兒許配給袁世凱的長子袁克定為妻。關於這門婚事，後邊的章節還會細說。

回到天津後，欽差大臣吳大澂找到李鴻章，將袁世凱著實讚美了幾句，稱之為「天下奇才」。回到京城複命，又說了一番袁世凱的好話。在吳大澂的大力斡旋幫助下，袁世凱的處境漸漸好轉，像一艘穿過驚濤駭浪歸來的船隻，重新贏得了人們讚賞的目光。

6.「捉放李」與「小欽差」

在北洋大臣李鴻章眼裏，此前的袁世凱只是他棋盤上一枚微不足道的棋子，甚至不記得那人長得什麼樣，印象中似乎見過面，但這種五品官他一生中不知見過了多少。吳大澂從朝鮮歸來後的重點推薦，讓李鴻章對袁世凱發生了興趣，另一個人在特殊場合下的特殊提醒，則使李鴻章對袁世凱開始刮目相看。

這個人叫伊藤博文，日本內閣總理，著名的改革派首領。光緒十一年（1885）二月，伊藤來華訪問，重點談到了雙方都很敏感的朝鮮問題，席間伊藤談到要懲辦袁世凱，言語中隱含試探。李鴻章的表情卻很木然，他對袁世凱的情況並不熟悉，隨口支吾應付了幾

句。這讓伊藤大為驚訝，不禁說道：「放著這樣的人才居然不重用，看來貴國人才真多啊。」李鴻章尷尬地笑了笑，當場不便說什麼，心裏卻牢牢地記住了這個名字。懲辦當然不可能，口頭應諾卻是外交場合必要的靈活手段，李鴻章答應伊藤，以私人名義對袁世凱警告。

送走吳大澂和伊藤博文後，李鴻章一道命令發到朝鮮，要召見袁世凱。

針對朝鮮局勢，袁世凱侃侃而談：從中日雙方在朝鮮的勢力優劣這個角度看，以前朝鮮是清廷藩屬，百依百順，現在情況有所變化，國王李熙性格懦弱，被親日派王妃閔氏控制，形成了中日在朝鮮勢力均衡，北方的俄國又要從中插一槓子，爭奪勢力範圍。打個形象的比方，朝鮮就像是一頭人人眼饞的羚羊，中、日、俄三方為爭奪這頭羚羊急紅了眼，而羚羊卻狡猾地在其中周旋，拼命要逃脫任人宰割的地位。談完了局勢，再說人物的關係：國王李熙徒有虛名，不必多說；王妃閔氏頗有心計，不得不防，在中、日、俄三國的利益中她誰也不想得罪，經常還玩弄一下以一方制約另一方的小把戲，像雜技中的走鋼絲。根據實際情況，非得由朝廷派遣一位大臣駐鎮漢城，親臨監督，防止出現變故。袁世凱還幫李鴻章出了個主意：閔氏看樣子靠不住了，不如放回軟禁在保定的大院君李昰應，此人固然保守，但他忠實於清朝，又能制約李熙和閔氏，放這只虎歸山，對中國朝鮮兩國都有好處。

後來，李鴻章果然是依照袁世凱的辦法實施的。

這次召見結束後李鴻章仍令袁世凱回朝鮮供職。袁世凱懇求說：「不是我不聽從中堂大人的安排，實在是家中老母親病重多日，一再來信催促我回家探視……」袁世凱演技高超，說著眼淚嘩嘩流淌下來，李鴻章剛經歷了喪母變故，袁世凱的淚水觸動了他的心頭之痛，一時間看得眼眶濕了，於是答應了他的請求，還半開玩笑地說了句：「王八肚裏一桿槍──你真是歸心似箭哪！」

　　過了不久，李鴻章派人把李昰應接到天津，要對朝鮮以前的攝政王進行考察。親自交談一番後，他感覺到正像袁世凱所說的，李昰應其人雖說保守，但是很忠實於清朝，於是決定放虎歸山。

　　在李鴻章心目中，護送李昰應回朝鮮的最好人選是袁世凱。他多次問來天津辦事的袁保齡：「你侄子還會不會出來做事？什麼時候能出來？」袁保齡回答說：「小侄多年來有個心願，要以科舉正途為念，為叔父的也不便多加阻攔。」李鴻章遺憾地晃動腦袋，說出了他心中真實的想法，認為只有以袁世凱的應變之才，才能擔當起護送李昰應回朝鮮的大任。說罷眼巴巴地看著袁保齡，眼神中流露出幾分期待。袁保齡看到此情此景，內心有些感動，答應催促袁世凱出山，當場表態說：「即使有千難萬阻，也不能躲避。」

　　幾乎是在同一天，袁世凱收到了四叔的家書和朝廷催促他出山的電報，展讀過後心潮澎湃。他吩咐車夫備車，不顧正在下著的滂沱大雨，星夜啟程，從陳州直奔天津。

　　看到袁世凱從天而降，李鴻章喜不自禁，一改往日的嚴肅面孔，話語中洋溢出幾分詼諧：「台已搭好，客也請到，只等你來登場了。」

　　按照原來議定的方案，為了震懾李熙、閔氏，還需委派一名高級武將隨同前往。李鴻章告訴袁世凱，方案有所改變，只有袁率水師小隊數十人執行任務。袁世凱欲問其故，李鴻章笑著反問道：「聽說袁大將軍到，歡聲雷動，誰敢抗拒？」

　　事實上這是個兩邊都不討好的行動。對於朝鮮國王李熙和王妃閔氏來說，清廷將李昰應護送回韓，等於在他們身邊安了顆定時炸彈，隨時都有爆炸之憂，只不過迫於清廷的威力不敢公開反對罷了；對於李昰應來說，在他登臨權力頂峰之際忽然被活捉到保定軟禁幾年，對清廷的怨恨不言而喻，尤其是對執行那次任務的袁世凱，一提到名字就咬牙切齒。

　　儘管情況相當棘手，袁世凱仍費盡口舌，兩邊做工作，圓滿完成了這次任務。

　　袁世凱回天津復命，李鴻章聽了彙報，對他更為器重，立馬向朝廷上了一道奏摺：「袁世凱膽略兼優，能知大體，前隨吳長慶帶兵東渡，久駐漢城，壬午、甲申兩次定亂，情形最為熟悉，朝鮮新舊黨人，咸相敬重。若令其前往接替駐朝商務委員陳樹棠，當能措置裕如……擬請以知府分發，俟補缺後以道員升用，並賞加三品銜。」

　　沒過多久，朝廷批文下發，袁世凱賞加三品銜，接替陳樹棠擔當駐朝商務委員。

　　光緒十一年（1885）底，袁世凱攜帶新娶的美妾沈姑娘以及一幫親信隨員赴漢城上任，這一年他才 26 歲，正是英氣逼人的年齡。袁世凱所擔任的商務委員一職，簡稱為總理交涉通商大臣，這個官職是北洋大臣的屬吏，地位或許稍遜色於各國駐朝鮮公使，權力卻在其上。此後 9 年袁世凱在朝鮮大權獨攬，做了藩邦實際上的「監國」，頤指氣使，縱橫捭闔，小欽差逞大威風，不但使朝鮮朝野大為懾服，環伺朝鮮的日、俄、英、美、法五大帝國，也為之瞠目結舌。

　　袁世凱在朝鮮八面威風，靠的是兩項政治資本：其一，朝鮮成為中國的藩邦已有數百年歷史，天下共知，這是使得袁世凱腰杆子粗壯最根本的一條；其二，受國王李熙之請，袁世凱幫朝鮮訓練了五千親兵，德式操法，歐美裝備，這種現代武裝使朝鮮軍容大振，國王李熙在閱兵後大為讚賞，要封袁世凱為全國陸軍大統領，只不過因為李鴻章怕袁太招搖會引起國際社會的反感，此事才算作罷。為了答謝袁世凱，國王李熙還是獎賞給袁世凱四個宮廷美女，一人早死，餘下三人被袁世凱收做了姨太太，袁世凱的次子袁克文，就是一位姓金的姨太太所生。

　　對於袁世凱一手遮天的這種格局五大帝國自然不滿意，紛紛在朝鮮國內培植各自的勢力，各種政治派別明爭暗鬥，或保守或激進，形成了錯綜複雜的局面。日、俄、英、美、法五大帝國相互之間雖說也有矛盾，但此時他們有一個共同點：要把清朝的小欽差袁世凱趕出朝鮮。

　　在這個人生的關鍵時刻，四叔袁保齡再一次寫信為袁世凱指點迷津。四叔在信中說，至人生當大任，須將生死禍福置之度外，認定道理去做就是了，猶如寡婦守節，守一年眾望相孚，守三年大功告成。四叔在信中還說，如今的天下事很難辦，內有政府，外有北洋，大家都在敷衍了事，以穩定為大局，沒有幾個人真正在為國家著想的。你（袁世凱）辦事鋒芒太露，免不了會得罪一些人，今後切記要謹慎從事，「專靠才智做事而不濟之以學問，自古及今未有不敗者，戒之慎之！」

　　袁世凱在朝鮮專橫跋扈的姿態，最終還是引起了國王李熙、王妃閔氏的極度反感，乘這個小欽差三年期滿之機，請求清廷撤換袁世凱。儘管清廷駁回了李熙、閔氏的請求，但是袁世凱的日子仍然每況愈下，一天比一天不好過了。久而久之，他見不能駕馭朝鮮局勢，身心疲憊不堪，再拖延下去甚至會有性命之憂，遂起了逃離苦海的念頭。

　　經過多次懇求，李鴻章最終還是被他說動了。光緒二十年（1894）七月，袁世凱脫掉清朝官服，換了套平民百姓的服裝，在一乘綠呢小轎的簇擁下倉促逃離朝鮮。登上平遠號艦艇時，他回頭看了一眼岸上稀疏的幾個送行者，心裏頭百感交集。12 年的朝鮮歲月，袁世凱堪稱功不可沒，風光無限，然而離開這個國家時卻如此淒涼。

　　半個月後，清政府正式對日宣戰，中日甲午戰爭爆發。

7.國事家事，事事煩心

袁公子落泊的時候，結識了色藝俱佳的沈姑娘，這位蘇州名妓成了袁世凱的最愛。因為這一段患難之交，袁世凱對沈氏尤其寵愛，到朝鮮任官時，將她接到漢城做了如夫人，不但讓她管理家務，撫養長子袁克定，還讓她以正室夫人的身份頻頻出席重要的外交場合。

沈姑娘的肚子也懂得知恩圖報，到朝鮮沒幾年，終於有了身孕，袁世凱對她更是恩愛，想起往後黃金般燦爛的日子，沈姑娘整天笑瞇瞇的。可惜天不遂願，一場大病從天而降，差點奪去她的性命。通過經心調養，病是好了，肚子裏的孩子卻沒有了。沈姑娘哭得昏天黑地，抱著腦袋嚷嚷覓活尋死，袁世凱往床頭一坐，安慰她說，留得青山在，不怕沒柴燒，孩子以後還會有的。沈姑娘止住哭聲，將希望再一次寄託在未來。哪知這場大病毀了她的前程，使她變得弱不禁風，從此喪失了生育能力。

這個最受袁世凱寵愛的沈氏，一生再也沒有生育。不過，在袁世凱的安排下，將次子袁克文過繼給了沈氏，無論是同僚故舊聚會，還是在各種外交場合，沈姑娘總是抱著繈褓中的那個孩子，以至於許多不明真相的人誤以為袁克文是沈氏的親生兒子。

美妾沈姑娘的煩心事剛結束，家裏其他的矛盾又來了。

袁世凱的嗣父袁保慶生前有幾個姨太太，其中一個是王氏，另一個是陳氏，小時候她們都對袁世凱不錯，隨著袁保慶以及正室夫人牛氏的相繼去世，王氏和陳氏的矛盾逐漸顯露出來，經常發生口角之爭，最後鬧到了分開住的地步。袁世凱本來是個有孝心的人，到朝鮮任總理交涉通商大臣後，想把兩位姨奶奶接到漢城贍養，陳

姨奶奶滿口答應，王姨奶奶卻死活不肯離開陳州老家，說起來原因太過荒唐：她害怕被嗣子袁老四騙了。不僅如此，王姨奶奶還仗著她先被娶進袁家的緣故，非要擔當家長角色，掙一個正室夫人的名分。袁世凱大為光火，在給二姐袁讓的家書中憤懣地寫道：「（她）自比先太夫人，宛以上人自居，大謬矣。我為家長，何能反為奴才耶！」

袁世凱的生父袁保中，一生多子，除過繼給袁保慶做嗣子的世凱外，還有五個兒子：世昌、世敦、世廉、世輔、世彤。

大哥袁世昌一生沒有出外做官，留在老家經商務農，日子過得不富裕，但也不算太差。袁世凱在朝鮮任總理交涉通商大臣時，他不知從哪兒聽到消息，說袁世凱在朝鮮當大官，榮華富貴享受不盡。袁世昌的心事活絡了，開始了他平生以來最長的一次旅程，買張車票趕到天津，然後乘坐海輪輾轉來到漢城，見到袁世凱張口就要 1800 元，這不是小數目，袁世凱問要那麼多錢做什麼。袁世昌回答，準備將來娶兒媳婦用。袁世凱一聽火冒三丈，袁世昌的兒子才六七歲，要結婚少說得等十年，哪有這麼早預備娶兒媳婦錢財的道理？見袁世凱不理不睬，袁世昌鼻子都氣歪了，一味胡攪蠻纏，嘴裏罵罵咧咧，情急中忍不住還推了袁世凱一把。袁世凱是練過武術的人，順勢還了一掌，袁世昌被推搡得坐到了地上。這一場兄弟糾紛鬧到幾乎要動武的地步，經過周圍的人勸說，雙方才勉強收手。袁世昌回到了老家，仍然對這件事不依不饒，破口大罵袁世凱忘恩負義不是東西，不僅不給錢，還動手打人。二姐袁讓寫信問袁世凱怎麼回事，袁世凱只好忍住心頭的憤懣，耐心作了一番解釋。

在袁氏幾兄弟中，袁世昌死得最早。有子二人：袁克暄，袁克明。

袁克暄受袁世凱影響較大，一生從事外交事務，清末曾為駐美使館參贊，民國後回國在外交部任職，後置理參事。

　　袁克明長年居住鄉間，守著父親留下的那點田產過日子。少年時愛好習武，曾拜衡陽龍佐才為師學習劍術。袁世凱稱帝後，他認為有封侯之望，千里迢迢從家鄉來到京城，住在老表張伯駒家中，等待袁世凱給他一頂官帽子。帝制失敗後，袁克明無心戀棧，灰溜溜地回到老家項城，再也沒有離開過這塊土地。

　　兄弟輩中，袁世凱與袁世廉的關係最為密切。

　　袁世凱從小過繼給袁保慶。及至年齡稍長，嗣父去世，袁世凱又隨吳長慶去了朝鮮，家中留下嗣父的幾個妻妾年齡已老，長年無人照應，袁世廉就從項城遷到陳州，幫助操持家務，侍奉飲食、起居、湯藥外，還為嫡母按摩捶背，儼如親生兒子一樣孝順。袁世凱到朝鮮任總理交涉通商大臣，嗣母牛氏放心不下，囑袁世廉、袁世輔前往朝鮮去輔佐袁世凱。

　　袁世輔是個混混，整天吃喝玩樂，一生沒做什麼正經事，因為賭博，在老家欠了一大筆債，他來朝鮮的目的只有一個：找「做了大官」的袁世凱弄些銀子去還賭債。袁世凱自從在京城被人矇騙以後，平生最恨的就是「賭博」二字，對袁老五向他借錢的請求不僅沒答應，還狠狠訓斥了他一頓。袁世輔窩了一肚子火，又不好發作，在漢城待了半個多月，只好悻悻離開朝鮮回了老家。這事過去了許久，袁世凱仍不解恨，在給二姐袁讓的一封家書中他寫道：「人既無兄弟之情，我何必有手足之誼，不相聞問可也，可恨，可恨！」清朝末年，袁世輔通過納捐在江蘇獲得了一個小官，民國以後在家賦閒，直到 1927 年去世。

　　其子袁克莊，年輕時才華過人，可惜科舉考試廢除了，只好在京津一帶做幕僚，通過袁世凱的關係，認識了不少政壇要人，段祺瑞便是其中之一。湊巧的是，袁克莊和段祺瑞的太太差不多同時懷孕，於是兩家約定，只要一家生男一家生女，就成為夫妻。不久，

袁家生子袁家鼐，段家生女段式巽，兒女成年後，兩家選擇了一個
黃道吉日，段式巽嫁到了河南彰德袁府。

袁家鼐、段式巽結婚後不久，年方 28 歲的袁克莊就去世了。
通過袁世凱與段祺瑞的安排，這對小夫妻搬到天津，住在日租界須
磨街的段府。段家小姐段式巽一生無子（只有一個獨生女兒），偏
又個性要強，將她大姐夫李國源家的兒子李家暉「借回家玩幾天」，
卻是劉備借荊州，再也不肯歸還，改名叫袁緝輝，收做了養子。李
國源和繼配夫人陳琪玉有幾個兒子，嘴裏也不便多說什麼，只好依
了這位么妹。這個段式巽年輕時身體羸弱，人們都認為她活不了多
大歲數，誰知卻活到了 92 歲高齡，1993 年病逝於上海。

袁家鼐、段式巽的獨生女兒叫袁迪新，這個小女孩從小跟在外
祖父段祺瑞身邊長大，天生麗質，冰雪聰明，抗戰勝利後的 1946
年，袁迪新在「軍調處北平執行處」下屬的新聞處工作了 6 個月。
當時，根據國共停戰協定，由周恩來代表共產黨，張治中代表國民
黨，馬歇爾代表美國，成立「三人軍事小組」並設立「軍事調處執
行部」，負責實施停戰協定。「北平執行處」的三方代表是葉劍英、
蔡文治和馬丁。袁迪新是跟隨國民黨代表蔡文治的。她從小受過良
好的教育，英語基礎非常好，周圍又都是耀眼的政壇人物，於是順
理成章成了一顆矚目的明星。建國後袁迪新當了幾十年的中學英語
教師，直到 1979 年退休後，仍然被聘請到上海財經大學、中華職
業學校等院校教授英語。

話題扯遠了，回頭再說袁世廉。

在生父袁保中家裏，袁世凱排行老四，袁世廉排行老三，兩個
人年齡相當，志趣愛好也有許多相同之處，因此在兄弟輩中，袁老
四和袁老三的關係最為密切。

袁世廉初到漢城時，身份是給袁老四當管家。其時袁世凱家中
除了大姨太太沈氏外，又娶了朝鮮王宮的三個女子為妾，長子袁克

定也被送到了朝鮮，另有五六個前來投親靠友的河南老家人，以及侍候袁家的侍女家丁保鏢等等，男女老少加起來有二十多人，已經初具大家族的規模。

袁世廉原來通過納捐，買了頂候補知府的官帽子，一直沒有擔任實職。到朝鮮後，眼看著袁家老四在官場上翻雲覆雨，也跟著長了不少見識，心中躍躍欲試，想在官場上歷練歷練。光緒十二年（1886），終於讓他逮住了一個機會：中朝簽訂了釜山電線條約後，架設漢城到釜山的官員由中方電報局選派，袁世廉聞訊而動，讓袁老四幫他謀取這樁美差。起初袁世凱心有不捨，但又考慮，此次是袁世廉出頭的絕佳良機，不能因自己的家事耽誤了兄弟的前程，於是靠著北洋這條關係線，為袁老三謀了個電報局幫辦的職位。

官場有官場的規矩，看起來容易的事，做起來往往難過登天。袁世廉上任電報局幫辦沒幾天，就深切感受到了這一點。架設電線，需經受日曬夜露之苦，和工人們同吃同住，這些都還好說，關鍵的是如果餉銀不能按時發放，還得忍受諸多辱罵——而餉銀是由上頭劃撥的，經常拖欠，一拖欠就是一兩個月。這讓袁世廉兩頭受氣，經常感歎自己裏外不是人。幹了半年多，他深知虎口奪食不易，又請袁世凱幫他另謀差事，此時正好有湘人李興銳被任命為出使日本大臣，李興銳原是曾國藩的幕僚，委辦糧台事務，後來當過兩江總督，袁世凱通過周馥的關係說通了李興銳，讓袁老三隨同去日本任領事。誰知事到臨頭風雲忽變，李興銳忽然患了一場大病，出任日本大臣的計畫被取消了，袁世廉想當領事的美夢自然也泡了湯。他只好打起精神，硬撐著幹完了督修電線工程的苦差事。

在袁世廉任電報局幫辦期間，他的妻子攜帶小女來到了朝鮮，居住在袁世凱府中。不速之客的到來，無疑加重了袁府的負擔，對於這件事，袁世凱心裏不樂意，但是嘴上也不好多說什麼，既來之則安之，只好聽之任之。

誰知這件家務小事，卻引起了兄弟間的一場大誤會。袁世廉從朝鮮辭官回到河南老家後，聽到一些莫名其妙的謠傳，說他指使妻子女兒赴漢城打秋風，讓袁世凱很感難堪，甚至有人說他是騙取了袁世凱的錢財後逃跑回了老家。這些謠傳使袁世廉十分傷心。他對天發誓，今生再也不到朝鮮去了。

袁世凱從二姐袁讓的來信中得知了這些情況，心裏也是相當難受。幾十年的兄弟情誼，決不能輕易讓它毀於一旦。在給二姐袁讓的家書中，袁世凱詳盡剖白了自己的心跡，託二姐幫忙制止那些閒話，並親自給袁世廉寫信，釋去袁老三心中的憤懣。

此後袁世凱與袁世廉哥倆的感情修好如故。從朝鮮回國後，袁世廉謀得了徐州兵備道一職，上任不久即患了風痹症，半身麻木，連走路都感困難，只好辭掉了徐州兵備道的職務。其時正遇到光緒皇帝和慈禧太后先後病逝，3歲的溥儀登上了皇帝的寶座，攝政王載灃拿袁世凱開刀，下令讓他「著即開缺回籍養屙」，袁世凱灰溜溜地回到了彰德洹上村隱居。他將正在養病的袁世廉也接到了洹上村，兄弟倆時而泛舟湖上垂釣，時而扶杖散步，下棋聊天，享受天倫之樂。為了表示淡泊名利、超然物外的心境，袁世凱還將他與袁世廉頭戴斗笠、身披蓑衣在湖上垂釣的照片送到上海頗富盛名的《東方雜誌》刊登，名曰「蓑笠垂釣圖」，當然這只是做樣子給滿清權貴們看的。

在彰德洹上村，袁世廉的病情時好時壞。袁世凱特意花重金請了法國醫生梅尼為他治療。梅尼醫術精湛，在中國行醫十多年，屢次獲得清廷頒賞的寶星職銜。在梅尼極盡心力的治療下，袁世廉有所好轉。然而在梅尼赴哈爾濱防疫期間，袁世廉病情忽轉惡化，痰氣湧塞，呼吸困難。在袁世廉的彌留之際，袁世凱和次子袁克文日夜守護在他的病榻前，極盡手足之情。對袁世廉之死，袁世凱異常悲痛，他親自為三哥選定墳地，定於秋天下

葬。後因辛亥革命爆發，等著要袁世凱辦的事極多，此事便再無下文。

　　袁世廉遺有兩子：長子袁克智，父親病逝時尚在讀書，後來情況不明；次子袁克成，民國時任河南軍事稽查，頂頭上司是趙倜。趙係河南汝陽人，北洋武備學堂畢業，曾被袁世凱封為德武將軍，長期任河南督軍兼省長。他對袁氏家族的這個後裔特別關注，打報告要將袁克成提拔破格為少將，後因未獲袁世凱批准而告作罷。趙倜又請授以二等勳章，袁世凱大筆一揮改成了三等。

第三章　發跡臺階

1.十字路口的選擇：沉淪或崛起

　　中日甲午戰爭是晚清歷史的一個重要轉捩點。在此之前，清政府坐井觀天，月亮唯有中國的最圓，自大到了好笑的地步，對於世界上正在發生什麼，充耳不聞。封閉和排外帶來的後果極其慘痛，一場海戰剛剛開打，龐然大物竟轟然倒在了「小日本」手下。面對敗局，國人無不震驚，為國家的命運扼腕歎息。

　　光緒二十一年（1895）二月十八日，李鴻章率團赴日本談判議和。作為敗方的代表，李鴻章這次日本之行十分狼狽。談判桌上，戰敗國一切皆處於不利，日本提出極苛刻的條件，逼李鴻章答覆。談判進行到第三天，李鴻章回旅邸途中竟遭日本浪人槍擊，子彈轟入面頰，當場暈厥。李鴻章纏著紗布，吊著繃帶，堅持回到談判桌上，儘管他的這個行為贏得了國際同情，但是他所簽訂的《馬關條約》依然很苛刻，被人罵作辱國喪權。

　　李鴻章歸國後，政治地位一落千丈，國人罵聲一片，所有髒水全都往他頭上潑。在極度悲涼的心境中，這位 73 歲的老臣寫了一首馬關記事詩：「勞勞車馬未離鞍，臨事方知一死難；三百年來傷國步，八千里路吊民殘。秋風寶劍孤臣淚，落日征旗大將壇。寰海塵氛紛未已，諸君莫作等閒看。」

　　恩師李鴻章處境艱難，袁世凱的日子也不好過，有人指責他擅啟邊釁，是清政府戰敗的罪魁禍首——這樣的指責過分苛求，並無什麼道理。但是，對於 36 歲的袁世凱來說，內心的打擊是不言而喻的，加上在朝鮮經歷的諸多磨難以及那些煩心的家務事，他感覺身心疲憊，甚至於萌生了退出政壇的想法。

　　當時西洋人見中國戰敗，一批軍火商應運出現，向清政府兜售軍械裝備。因情形不熟，語言不通，常常雇請中國人為經理，國人稱之為買辦。袁世凱見仕途堵塞，即求致富，想去當一名辦洋務的「買辦」。但是當買辦是有條件的，需要繳納保證金數萬元，袁世凱兩袖空空，無從措手。

　　先前袁世凱充任前敵營務處時，與奉天舉人王英楷來往甚密，結為莫逆之交，王英楷身高體胖，人稱王胖子，是東北有名的巨富（後來娶了孫傳芳的胞姐，成為孫的姐夫）。袁世凱給王英楷寫信求助，王胖子挾重金來到天津，問袁世凱要錢何用。等袁世凱簡略說明情況，王英楷眉頭緊鎖：「以前看你英氣逼人，以為胸有大志，現在看來，志向未免太小。」袁世凱說：「洋人國務大臣退位後，經常以充當工商經理為榮，老兄為何責我志小？」王胖子說：「買辦者，為洋人所雇傭，你又不識洋文，如何在此間謀生？且買辦手段，在於奔走官場，苟苟蠅營，非你所能。如今正值朝廷戰敗後的噩夢初醒時分，百廢待興，為何不乘時勢大展才幹，卻偏生要去做洋奴才？」袁世凱如同醍醐灌頂，怔怔地看著王胖子，半晌說不出一句話。

　　王胖子偵知，河間有個姓趙的古董商，與李蓮英有親戚之誼。遂用銀子打通關節，讓袁世凱有了被慈禧太后召見的機會。有這條線索引路，袁世凱在皇城根下大展結網功夫，分別走了李鴻藻、翁同龢、榮祿、奕劻的門路，諸位大臣把這個能帶兵善作戰的袁世凱當做奇珍異寶，紛紛將其納入自己的夾袋，視做門生。

　　把持督辦軍務處的是清廷最重要的幾位大臣：醇親王奕譞、慶親王奕劻、軍機大臣翁同龢、李鴻章、榮祿。光緒二十一年（1895）十月，上述幾位大臣會商編練新軍事宜，同時授命袁世凱負責起草練兵計畫和規章制度。不久，他們奏請朝廷變通軍制，並奏請委派袁世凱督練新軍。朝廷發下聖旨，令袁到天津小站接管胡燏棻的定武軍，改名為新建陸軍。

　　袁世凱遵令前往，開始了他人生最重要的事業──北洋練兵。

2.北洋軍閥的始祖

　　一場失敗的戰爭震撼了中國大地，國人似乎從睡夢中驚醒了。當時的現狀是：舊式綠營和八旗兵已處於崩潰邊緣，一時間改練新軍之說大盛。晚清棟樑張之洞率先倡練江南自強軍，簡稱南洋軍。其後袁世凱接手北洋新軍的操練，在晚清和民初的政治舞臺上，「北洋軍閥」遂成為國人老少皆知的一個名詞。

　　所謂「北洋新軍」，是脫胎於「淮軍」的一支新式軍隊。同治元年（1862），李鴻章援助江蘇，招募淮軍七千人，奠定了淮軍這支私人武裝為骨幹的軍隊基礎，連軍隊的番號也是以姓名為標記，如張樹珊、張樹聲兄弟的「樹」字營，周盛傳的「盛」字營，劉銘傳的「銘」字營，潘鼎新的「鼎」字營，吳長慶的「慶字營」等等。

　　小站是天津與大沽之間的一個小集鎮，淮軍曾採取屯田法在此駐軍二十多年。早先，清廷派長蘆鹽運使胡燏棻在此訓練定武軍，胡聘請德國人漢娜根擔任教官。袁世凱上任後的第一個動作，是將四千人的北洋新軍擴充為七千人。隨後組織了「新建陸軍督練處」，請老朋友徐世昌擔任總參謀，唐紹儀擔任總文案，又請北洋武備學

堂總辦蔭昌推薦軍事人才，蔭昌推薦了武備學堂畢業生王士珍、段祺瑞、馮國璋、梁華殿4人，梁華殿到小站後不久，一次夜操中失足跌落河中溺死，其餘3人都被委以了重任：王士珍為工種學堂總辦兼工兵統帶，段祺瑞為炮兵學堂總辦兼炮兵統帶，馮國璋為步兵學堂總辦兼督練勞務處總辦。隨後王、段、馮三人得到「龍」、「虎」、「狗」的綽號，被人稱做「北洋三傑」。除了「北洋三傑」外，袁世凱還從兩方面物色軍事幹部，一方面繼續在北洋武備學堂搜羅人才，另一方面提拔了一些忠誠於他的老兵老將。

袁世凱是一個性格複雜的人物。評論他的人一般都認為，袁是一個騎牆派，新派舊派兩邊愛。說這是一種事實可以，說這是袁世凱處心積慮得到的結果，卻也未免。從這個時期的表現來看，袁的政治立場並不鮮明，他經常掛在嘴邊上的一句話是：「欲使中國變弱為強，自以練兵為第一件事。」在袁看來，中國積弱已久是因為缺少一支能打硬仗的軍隊，於是練兵應是國家的當務之急。無論新派舊派，只要練兵強國他就支持。正是因為這麼一種態度，他很快成了各方政治力量都能接受的人物。

北洋軍的武器裝備，清一色從國外採購而來。有奧地利造的曼利夏步槍、馬槍和戰刀，有德國克虜伯軍工廠出口的57釐米過山炮、七生特半陸路炮等，軍官一律配帶六響左輪手槍和精美佩刀，領、哨各官及兵丁鞋襪「一律黑色，不准參差」，官弁服裝袖口處繡有紅色官階標誌。在練兵方法上，一改舊式操法為「洋法」操練，袁世凱通過中國駐德公使，延聘了十餘名德國軍官充當北洋軍的教官，還專門成立了教習處（後改名洋務局），教習處總頭目巴森斯，負責全軍的訓練和作戰演習。操場稽查也是兩個德國人，名為施壁士、伯羅恩，負責操場訓練。此外，禮節兼軍械稽查魏貝爾、炮兵教習乞凱芬、騎兵稽查兼教習曼德、德文教習莫興理、號兵樂隊總教習高斯達等，都是袁世凱的幕中人物。

　　光緒二十四年（1898）九月，英國海軍司令貝思福來中國考察政治軍事，曾赴小站參觀過袁世凱所練的北洋新軍，據他在〈論中國水陸兵備〉一章中敘述的情形說：「當各隊操演之時，各兵類皆年力精壯，身材適中，操法靈熟，步式整齊。先在本營操場操演陣式，後至曠野操演兩軍攻擊之陣式，各將弁與兵丁皆嫻習口號，熟諳行陣，可想見該軍紀律之嚴明矣。惟炮隊則尚待整頓。若照現在情形，只能於操演之時聊備一格，未足以為臨陣之用也。」貝思福的觀察報告對袁世凱頗多讚揚，據此不難想見當年小站練兵的實際效果。

　　新建陸軍七千餘人，規模並不算大，但是組織嚴密，其後勢力日張，幾乎佈滿全國。名聲昭著的北洋軍閥體系從這裏生發開來，民國大總統、副總統、執政、國務總理、各部總長、巡閱使、各省督軍、省長、軍長、師長、旅長多出自於小站，他們對清末民初數十年間的政局影響極大。

　　在小站練兵期間還有樁事情值得一提：袁世凱先後主編了兩部兵書，一部是《新建陸軍兵略錄存》，另一部是《訓練操法詳晰圖說》，兩部書四十餘萬字，是新建陸軍三四年的練兵經驗總結。

　　一談到袁世凱編兵書，人們動輒嗤之以鼻，認為袁世凱不學無術，主編兵書純屬欺世盜名，甚至有人說袁花費銀子請人代筆而成，這些說法有違事實，也不公允。

　　《新建陸軍兵略錄存》一書纂集於戊戌變法期間，是光緒皇帝倡導的百日維新計畫中的一部分。書中內容主要是小站練兵條令、規章的集結。

　　《訓練操法詳晰圖說》編纂時間稍晚一些，仍是由袁世凱領銜，調集了北洋主要幕僚文案和武將，計有 46 人之多，如段祺瑞、馮國璋、王士珍、阮忠樞、言敦源等響噹噹的人物，都是這個寫作班子裏的成員。此書二十餘萬字，費時三個月完成，內容包括訓練、

練兵、攻守、駐紮、步兵、炮兵、騎兵、工程兵等諸多兵種的操法，以及電信、電雷、測繪等論述，是一部近代中國陸軍兵書。在這部書的編纂過程中，袁世凱發凡起例，立定框架格局，為全書定下「不求深意奧妙，只求文理通順」的編纂行文原則。

新建陸軍是在淮軍基礎上改造而來的，免不了帶有舊式軍隊的痕跡，私人武裝色彩濃厚是其顯著的特點。在新建陸軍和北洋的各類軍事學堂中，大樹特樹袁世凱個人的絕對權威，指使各營軍官向士兵們訓話：袁宮保是咱們的衣食父母，應該祝他老人家健康長壽。各營駐地的軍帳宅第內供奉起了袁世凱的生祿牌位，士兵進出須得彎腰鞠躬，以至於北洋六鎮的官兵「只知袁宮保，不知大清朝」。

這麼一來勢必惹火燒身，有人彈劾袁世凱，奏了一本，平地裏又起了風波。

寫奏摺的是監察御史胡景桂。此人字月舫，北平人。據說，他上這個奏摺是出自於清流派領袖李鴻藻的指使。袁在練兵草創時期，無意中得罪了天津紳商，他們認為袁世凱辦事急躁魯莽，專橫跋扈，這些手眼通天的人物將意見捅到京城，被李鴻藻知道了，李是當初保薦袁的大人物之一，他擔心落個「濫保非人」的惡名，也擔心清流名聲受損，於是派其手下胡景桂去搜集袁世凱的材料，以脫掉干係。胡景桂彈劾袁世凱的有這麼幾條：嗜殺擅權；克扣軍餉，誅戮無辜；性情謬妄，擾害地方。袁世凱得到被人參劾的消息，又聽說背後指使者是大人物李鴻藻，心情一下子降到了冰點，他在給徐世昌的信中說：「兩旬來心神恍惚，志氣昏墮，所有夙志，竟至一冷如冰。軍事實無心詳述。」

奏摺引起了光緒皇帝的關注，派兵部尚書榮祿前往天津調查「被參各節是否屬實」，順便也實地考察一下袁世凱的能力。榮祿攜在兵部供職的陳夔龍同往。他們到了小站，看到了練兵情況，步、馬、炮兵全以西法操練，整齊劃一。榮祿對此極為滿意，他私下裏

決定要放這個特殊人才一馬。胡景桂參劾的幾條罪狀，都還能想法子搪塞，唯獨其中「誅戮無辜」一條很是難辦。

原來，小站練兵之初，袁世凱發佈了幾條禁令，為了防止兵丁與商販發生糾紛，不允許商販進入兵營內做生意。可是商販不把禁令當回事，依然擺攤設位，照常營業，情況報告到袁世凱那裏，他下令抓幾個商販殺雞儆猴，有個菜販子也在被抓之列，心裏憤懣不過，操起扁擔朝兵丁砍過去，造成了一樁流血事件。袁世凱聽了這個消息，發話叫手下將那個菜販子「處理」了。這樁命案可大可小，說大，畢竟死了一條人命，「誅戮無辜」的帽子正好合適；說小，在軍營內違犯禁令，按軍法處置也說得過去，頂多擔個「執法過嚴」的責任。榮祿和陳夔龍商量，倘若據實奏報，上頭必定要追究，袁世凱必然會遭到撤職處分，新軍剛剛開練，再找個生手接辦不易。按照榮祿的主意，給光緒皇帝寫了份調查報告，覆奏所參各節，均查無實據，請從寬議處，仍嚴令認真督練新軍，以鼓勵將來。

在榮祿的庇護下，袁世凱總算安全度過了這一關。

不是冤家不聚首，事過幾年之後，命運給袁世凱安排了個報仇的良機。光緒二十五年（1899），袁世凱擢升山東巡撫，胡景桂是山東按察使，正好是袁的直接下屬。一想起當年滿肚子的委曲，袁世凱恨得牙發癢。出人意外的是，袁世凱並沒有乘機打擊報復，甚至沒有給胡景桂穿小鞋，反而任命胡兼任武衛右軍先鋒營務處，參與新建陸軍事務。在向朝廷寫的秘密考評中，袁世凱給予胡景桂優良的評語：「該員誠樸亮直，能任勞怨。講求刑名捕務，均能實事求是。」再後來義和團庚子之變，八國聯軍佔領北京，向清政府提出的懲辦「禍首」名單中有胡景桂，按理說袁世凱正好順水推舟，借外國人的刀砍下胡景桂的腦袋，可是他並沒有那麼做，而是向德國駐煙臺領事訴說胡的冤情，敦請德國領事到北京說情，救了胡景桂一命。

袁的這番舉止讓胡景桂大受感動，從此對袁忠心耿耿，竭誠效命，成為袁世凱棋盤上的又一顆模子。

3.官系網中的穿針引線功夫

從朝鮮回國後有段時間，袁世凱住在北京宣武門外的嵩雲草堂，與官居翰林院編修的徐世昌來往甚密。出炸子橋胡同不遠，就是米市胡同的南海會館和瀏陽會館，維新派的幾個著名人物康有為、梁啟超、譚嗣同等，經常在那裏碰頭聚會。袁世凱當時還籠罩在甲午戰爭慘敗的陰影中，最初聽到那些維新派的聲音，猶如吹過一陣清新的空氣，心頭為之一振。

「公車上書」事件發生後，康有為成了萬眾矚目的政界新星，維新派以他為旗幟，騎牆派向其靠攏，連平常人們認為是守舊派的那些人也伸出了綠橄欖枝——誰都知道，在康有為背後，有個鐵了心支持他的光緒皇帝。

強學會在北京創立，李鴻章、張之洞、劉坤一等當紅高官紛紛解囊捐銀，李鴻章、張之洞、劉坤一各自捐了二千兩銀子，張、劉二位的銀子收了，李鴻章的銀子卻被維新派嚴辭拒收，使得李中堂很沒面子。袁世凱是強會學的發起人之一，宣佈成立的那天，他當場報捐了五百兩銀子，等於在光緒皇帝的新黨名單上掛了個號。

袁世凱尤其善於搞關係，對用得著的人（即便現在用不著將來能有用的人），不惜花血本去結交。對康有為自然也不例外。康有為官品太低，奏摺不能直接送到光緒皇帝手上，往往要通過其他人代呈，而守舊派的都察院、工部故意刁難，不肯代遞。袁世凱得知消息後，主動幫助康有為向督辦軍務處轉呈。通過這件事，康、袁二人建立了合作關係。袁世凱奉派到小站練兵，康有為專門為袁設

酒餞行，還特意安排了一場京劇，當舞臺上演到十二道金牌召還岳武穆一節時，不知袁世凱在激昂的鑼鼓聲中想到了什麼，多年以後，康在給袁的一封信中還這麼寫道：「昔強學之會，飲德高談，坐以齒序。公呼吾為大哥，吾與公兄弟交也。」（參見《康南海自編年譜》）

　　維新派雖說是書生造反，但是他們知道，變革要想成功還得抓住槍桿子。幾經考量，他們物色的是掌管新建陸軍大權的袁世凱。

　　有個重要人物叫徐致靖，江蘇宜興人，其父徐家傑是李鴻章的同年至交。徐致靖雖說是進士，卻頗有與時俱進的意識，思想上傾向維新變法，康有為、梁啟超師徒二人就是通過他引進到光緒皇帝身邊的。徐致靖有二子，長子湖南學政徐仁鑄，次子翰林編修徐仁靜，都是維新派中堅，還有個侄子徐仁錄，是康有為的學生，少年意氣，激揚風生。經過一番商量，決定派徐仁錄前往小站，觀察新軍練兵情況，少不了含有進一步試探袁世凱的意思。

　　選擇徐仁錄前往小站，是因為其中另有一層特殊關係。徐仁錄有個姐姐，嫁給了江南才子言睿博，此人是袁世凱重要幕僚言敦源的同胞哥哥，兄弟二人都是大學者吳汝綸的得意門生。有姻親言敦源的介紹，徐仁錄在小站行動更加自如。袁世凱對維新黨派來的徐仁錄亦另眼相看，專程請徐世昌來天津與徐見面「聚談半日」，又安排大公子袁克定與徐長談，同時設盛宴款待，袁世凱親自接待時，其高級幕僚徐世昌、阮忠樞、言敦源等全都在場陪坐，並請閱兵，極盡賓主之歡。臨回京之際，自然要厚贈程儀，這是袁世凱最拿手的一出戲，京城裏的那些維新黨，該考慮的人員他全都考慮到了。

　　這是一樁對雙方都還算公平的買賣。沒過多久，袁世凱經徐致靖保舉被光緒皇帝召見，其官銜也從三品按察使升到了二品候補侍郎。據陳夔龍《夢蕉亭雜記》中記載：「袁熱衷賦性，豈能鬱鬱久

居。其至友某太史入京，轉託某學士密保，冀可升階，不意竟超擢以侍郎候補，舉朝驚駭。某學士以承筐菲薄，至索鉅款補酬，輦轂之下，傳為笑話。」文中提到的某太史即徐世昌，某學士即徐致靖。

維新黨還有一位重要人物是翁同龢。此人字聲甫，江蘇常熟人，時為光緒皇帝的老師，也是維新變革的主謀。為疏通與翁的關係，袁世凱真可謂煞費苦心。在記憶中搜索能與翁同龢牽上關係的花名冊，惟有南通狀元張謇最合適，翁師傅賞識張狀元，是天下人盡知的事實，只要張謇能在翁同龢面前幫忙說幾句話，不愁沒有飛黃騰達的機會。可是自從在朝鮮與恩師張謇鬧翻後，袁張二人多年不通音訊，靠張謇說話完全不可能。袁世凱不死心，繼續在花名冊中翻來覆去尋找，終於讓他找到了一個人。

這個人就是言敦源，祖籍也在江蘇常熟，與翁同龢是同鄉。言敦源（1869～1932），人稱仲遠公，是孔子門生言子（言偃）的第八十一世孫，孔聖人門下七十二弟子中，七十一人皆為直魯弟子，唯有言偃一人出自長江以南之江蘇常熟，被稱做「南方夫子」。如今江蘇常熟尚存有言偃故鄉，稱做言子巷，並有言子墓、洗硯池等歷史遺址，皆列為國家重點文物保護單位。言敦源自幼聰慧，10歲即能誦「九經」，後以監生應順天試錄科第一，翁同龢見其文章精練得體，頗有桐城風範，特召見而嘉之，極為賞識。

袁世凱猶如搜羅奇珍異寶一般，立馬羅致入幕，將言敦源收入夾袋之中。這樣一來，袁世凱與「常熟相國」之間有了一條便捷的秘密小徑，言敦源果然不負厚望，詭譎行走於天津小站與京城翁府，從中穿針引線，亟欲促成袁世凱與維新黨的「政治蜜月」。此後袁世凱與翁同龢往來逐漸密切，與言敦源不無關係。

袁世凱曾經上書翁同龢，洋洋萬言，論及用人、理財、練兵諸事，蔚為大觀，袁在上書中陳辭：「中國如今情勢，舍自強不足以

圖存，舍變法不足以自強。一國變可保一國，一省變可保一省。切要易行之端，應當及時力求振作。」光緒二十四年（1898）二月，維新變法的呼聲日益高漲，袁世凱親自進京面謁翁同龢，慷慨激昂地談論時局，面對列強瓜分的危險局勢，必須來場大變法才能保住中國。並且拿出剛剛出版的畫報給翁帝師看，上面畫著有被列強瓜分之憂的地圖。

遺憾的是這條關係線剛搭建好不久，翁同龢就被貶官還鄉，朱諭發下那天正是翁 68 歲生日，按中國人的習慣掐頭去尾，是 70 歲整生，已經備好的喜慶聚會變成了悲涼的送別場面，這位鞠躬盡瘁的老臣甚至連和光緒帝說句話的機會也沒有，他跪在微雨中，目送皇帝漸漸遠去的身影，真有黃粱一夢之感。

順便再說說言敦源的結局。此人在北洋歷任文案、總辦、巡警道、鹽運使直至代總長。袁世凱就任民國大總統後，他在唐紹儀組織的第一屆內閣中出任內務部次長、代總長，後因不滿袁世凱稱帝之舉而辭官，由北京移遷天津寓居，協助其姻親周學熙從事實業，成為一代儒商。著名教育家，袁世凱的老師嚴修提及言時曾說了這麼一句話：「北洋舊僚唯我和言敦源不愛官。」到了晚年，言敦源以吟詩作畫自娛，經常與嚴修、李叔同、翁克齋等津門名士唱和往來，同時熱心社會公益事業，資助興建南開女中。言敦源生前遺留的詩文集《南行紀事詩》、《先先莊文存》、《先先莊詩存》等，由其次子言雍陶、幼子言韋叔及摯友許克猷、郭風惠整理後已在臺灣、香港出版。

在袁世凱的一把如意算盤上，類似言敦源這樣的「算盤珠子」不計其數，什麼時候該撥弄哪顆，他早已爛熟於心。比如楊士驤，就是袁世凱十分稱心的一顆「算盤珠子」。

中國官場傳統向來看重資格出身，曾國藩始創練兵，即有李鴻章、胡林翼等幕府襄佐，所以得成中興大業。袁世凱小站練兵，進

士翰林匱乏，僅羅致了徐世昌一人，難免讓人輕看。於是擢升了一批科舉正途出身的幕客，如楊士驤、陳昭常、朱家寶、梁士詒、榮慶等。

楊士驤兄弟8人，均有科舉功名，高的是進士翰林，低的也是秀才。最有名的是老四楊士驤和老五楊士琦，兩人都是袁世凱手下的重要幕僚。楊氏兄弟在出道之前愛作冶豔遊，日夜出入於花街柳巷，還常常使出混混伎倆，設置風流騙局讓人鑽。後來楊士驤迷途知返，用功讀書終於考取了進士。

由於有過這些花天酒地的經歷，楊士驤的最大特點是能「摳錢」。在一般人看來，花錢如流水斷然難成優點，但是袁世凱卻不這麼認為，千金散盡始復來，在官場上敢於花銀子、善於花銀子並不是件容易的事，需要特殊的氣魄和本領。據說，當初北洋存有公款一千多萬，僅僅一年間就被楊士驤揮霍一空，袁世凱知道這個事後，也只是一笑了之。不知是袁、楊之間有什麼私人秘密呢，還是袁世凱格外寬宏大量？不管是相互欣賞也罷，臭味相投也罷，反正這兩個人攪在一起互為援手，就能在歷史舞臺上演出一台大戲。

袁世凱從小站練兵起家，到後來做了直隸總督，他可以支配的錢財更多了。如何充分發揮銀彈攻勢的威力來開拓政治事業，是擺在面前的一道新課題。在解這種難題方面，袁世凱歷來是個高手，現在老天爺又給他差來了楊士驤這個助手。

榮祿自辛丑回鑾之後，一直體弱多病，時常請假，照病情推測，恐怕不能久於人世。於是慶王將入軍機領銜的消息不脛而走。最先探知這個情報的是袁手下的楊士驤。楊進入官場走的是李鴻章和奕劻的門路，庚子年間，李鴻章入京與八國聯軍談判議和，所帶的侍從隨員中少不了這個八面玲瓏的楊士驤，議和過程中，外國人什麼事都只同李鴻章交涉，把真正當家的慶親王冷在一邊。外國人敢得罪奕劻，李鴻章可不敢，遇事必須與慶王商量著辦，其中兩邊跑

腿聯絡的人物是楊士驤，久而久之，他與慶王府的關係便親如一家了。

　　袁世凱聽楊士驤說了這個消息，心思大為所動，派楊士驤拿十萬兩銀票去送給慶親王。慶王見了一張十萬兩銀子的銀票，起初懷疑眼睛看花了，仔細一看，可不是十萬兩嗎？就對楊士驤說：「慰亭太費事了，我怎能收他的？」楊士驤回答得極其巧妙：「袁宮保知道王爺不久必入軍機，在軍機處辦事的人，每天都得進宮伺候老佛爺，而老佛爺左右許多太監們，一定向王爺道喜討賞，這一筆費用，也就可觀。這些微微數目，不過作為王爺到任時的零用錢而已，以後還得特別報效。」奕劻本來是個貪欲極強的人，聽了這番大拍馬屁的話，很是受用，銀票也照數全收，心裏比吃了蜂蜜還要高興。

　　楊士驤說的話決不含糊。奕劻入軍機之後，袁世凱這邊的銀兩源源不斷地供應，月有月規，節有節規，年有年規，遇到慶親王及福晉的生日，唱戲請客及一切費用都由袁世凱買單，甚至慶王的兒子成婚，格格出嫁，孫子彌月周歲，所需開支也全都由袁世凱預先佈置，不費慶王府一文錢。

　　袁世凱投之以李，慶親王則報之以桃。遇有重要事件，以及簡放外省總督巡撫藩台等官職，奕劻必定先商於袁，表面上說請他保舉人材，實際上就是銀子在那裏說話。不僅如此，慶王和袁世凱結成的政治聯盟還經常左右晚清政局，演變成了一股無人能敵的政治力量，比如史稱「丁未政潮」的那場風波，就是他們聯手扳倒瞿鴻禨、岑春煊的一個例子。以至於在辛亥革命以後，滿清權貴的後裔們認為袁世凱奪去了大清王朝的江山，是因為奕劻幫了大忙。

　　袁世凱與慶親王搭上關係，楊士驤在其中起了重要作用。後來楊士驤接替袁世凱，登上了直隸總督的寶座，可惜沒幹多久，宣統元年（1909）死於任所。

敢於用財而不斂財自肥，足以使那些志向不高的小人物心理充分滿足，並心甘情願為其效命奔走，更何況袁世凱看起來似乎像漢高祖一般的豁達大度，英雄不問出處，唯才是用，因此，前來投奔者不計其數，袁世凱的高級幕僚張一麐曾經發出過這樣的感慨：「各方人才奔走於其門者，如過江之鯽。」

4.戊戌政變中的尷尬處境

維新黨保舉以及光緒皇帝的兩次召見

翁師傅被貶職還鄉，並沒有使光緒皇帝躊躇不前，相反，他加快了變革的步伐。為了推行新政，光緒下令革去阻撓上書言事的懷塔布、許應騤等人官職，又提拔維新派志士譚嗣同、楊銳、林旭、劉光第4人在軍機章京上行走，成為光緒身邊的智囊人物。年輕皇帝的態度使維新黨人興奮異常，誤以為中國徹底變革的時機就在眼前。

這時候，徐仁錄從天津小站考察回到京城，他帶了兩條情報：一是袁對維新變法熱心，極力稱道康有為；二是袁對榮祿有不滿情緒，認為榮祿反對漢人掌握兵權，不肯增加小站編制。現在看來，這兩條情報都含有水分，透露出太多的虛假資訊。那些話或許袁世凱壓根沒說過，或許他說了僅僅只是為了搪塞徐仁錄，可是維新黨全然當了真，並為之情緒激昂：袁世凱的屁股總算坐在咱們這邊來了！

維新黨人決定，要向光緒皇帝推薦袁世凱。這份保舉的奏摺以徐致靖的名義，由康有為執筆，該折稱讚袁世凱「年力正強，神勇兼備……惜可練之兵僅止七千，為數太少，為力過單，雖曾奉旨添

練數營，徒以餉無所措，不敢冒昧招募。」摺子中還說，「該臬司（袁世凱）嘗言：假令西兵倍我，與之戰，可勝；再倍我，亦可勝；若使數十倍於我，惟有捐軀效命而已。言之慷慨淚下。」這種誇大其辭的話很像袁世凱的口吻，言大而誇，未必切合實際。然而光緒皇帝看到這裏，卻完全被其打動了。不久即頒佈諭旨，要榮祿「傳知袁世凱即行來京陛見」。

就是這個袁世凱，身為二品大臣的大學士兼直隸總督榮祿曾經予以保薦，但光緒皇帝並未召對，亦未破格提拔，只是將榮祿的奏摺作「留中」處理；而現在經過禮部右侍郎徐致靖推舉，光緒皇帝即匆匆召見，並頒諭稱讚袁世凱「辦事勤奮，校練認真，著開缺以侍郎候補，責成專辦練兵事務，所有應辦事宜，袁世凱惟當勉益加勉，切實講求訓練，俾成勁旅，用副朝廷整頓戎行之至意。」光緒皇帝截然不同的兩種態度，使守舊派人物感到震驚，使慈禧太后起了疑心，也為他後來被囚禁瀛台埋下了伏筆。

關於光緒皇帝兩次召見的情況，袁世凱在《戊戌日記》中有比較詳細的記錄。

光緒二十四年（1898）七月十九日，袁世凱奉召由天津乘坐火車抵北京，租寓法華寺。此時光緒住在頤和園，袁即託付友人代辦請安折膳，定於八月朔請安。八月初一，袁世凱天未亮即起，四鼓時赴宮門伺候，光緒在毓蘭堂召見，問了他軍事方面的一些情況，袁均據實奏答。退下後回到住所，忽有蘇拉（清廷內府中擔任勤務的跑差）來報，皇帝破格提拔他為候補侍郎，得知消息的友人前來紛紛祝賀，袁世凱「自知非分，汗流浹背」，認為暴得大名則不祥，準備力辭，被友人勸阻，遂託友人代辦謝恩折。次日再次面見皇帝，復陳無尺寸之功，受破格之賞，惶恐不安，光緒皇帝笑著對他說：「人人都說你練的兵好，辦的學堂好，此後可與榮祿各辦各事。」這就是在明確暗示袁世凱，以後不要受榮祿節制。

　　維新黨的推舉和光緒皇帝的破格重用，實際上是將袁世凱推到了漩渦中心，在這場殘酷的政治鬥爭中，他要想逃避已無可能。

后黨的反撲・衣帶詔・包圍頤和園

　　早在榮祿赴天津出任北洋大臣時，后黨勢力就積極著手安排一場秋季大閱兵儀式，要恭迎光緒皇帝和慈禧太后駕臨檢閱新建陸軍。據說，檢閱過程中有個政變暗號，慈禧走到榮祿的軍營中，立即宣佈廢黜光緒皇帝。顯然這是一個謠傳，慈禧雖說已退居二線，卻仍然是晚清大局的總舵手，要廢黜光緒，根本用不著搞得那麼複雜。但是光緒卻聽信了這個謠傳，情緒激動地對慶親王奕劻說：「朕誓死不往天津！」於是外間傳聞又起，說天津閱兵之議取消，光緒的情緒這才穩定下來。不過到了七月底，遭到光緒皇帝革職的懷塔布等七位守舊派大臣連袂到天津去看榮祿，幾天後，御史楊崇伊等人又到天津，這些守舊派大臣如此密集地穿梭於京津之間，究竟同榮祿商談了些什麼？光緒皇帝和維新黨大為疑惑。之後不久榮祿忽然調派聶士成軍五千士兵駐紮天津，又命董福祥軍移駐距離北京彰德門 40 里的長辛店，軍事調遣的背後是不是隱藏著什麼不可告人的秘密？這使光緒皇帝寢食不安。

　　光緒兩次召見袁世凱並破格提拔，其中隱含的用意之一，就是倚重袁在天津閱兵時保護年輕的皇帝，以對付后黨的突然襲擊。對袁世凱能制服后黨，康有為等人深信不疑。然而風雲忽變，八月初二，光緒頒發明詔，敦促康有為離京，前往上海督辦官報，並稱「此時聞尚未出京，實堪詫異」。這是一個信號，說明光緒壓力很大，日子並不好過。這之後就有了「衣帶詔」事件。八月初三清早，林旭從宮中帶來了光緒皇帝所寫的密詔：「朕位幾

不保，命康與四卿及同志速設法籌救。」康有為、梁啟超等人「跪誦痛哭激昂，草密折謝恩，並誓死救皇上，令林敦谷持還繳命」。

所謂「衣帶詔」，就是藏在衣帶間帶的秘密詔書。漢獻帝時，曹操擅權將篡奪帝位，獻帝將秘密詔書縫在衣帶裏，託國舅董承帶出宮外，這是「衣帶詔」的由來。如果光緒皇帝果真有「衣帶詔」傳出的話，那說明情況確實到了萬不得已的緊急關頭。然而許多年後歷史學者研究證明這一切根本就是子虛烏有，「衣帶詔」是康有為等人偽造的。

「衣帶詔」事件，將真實的歷史塗抹上了演義的色彩，喚起了輿論同情，使帝後兩黨的矛盾進一步激化。更加糟糕的是，歷史學家在研究中越來越多地發現，康有為不僅編造了「衣帶詔」的謊話，在其他一些地方也有不實之嫌，據說，我們後來通過康有為等人的著作所瞭解到的歷史有很多是被顛倒了的。如果真是那樣的話，那麼大家所熟悉的戊戌變法史，就應該是另外一種寫法。

偽造「衣帶詔」的目的之一，是為包圍頤和園造輿論。據譚嗣同的好友畢永年在《詭謀直記》（原文載《近代史資料》總63號）中記載，維新黨邀請他來北京是想搞一場兵變，待勸說袁世凱殺榮祿，包圍頤和園後，即由畢永年率領勇士拘禁慈禧太后。康有為對畢永年說：「袁（世凱）極可用，吾已得其允據矣！」說著康有為拿出了袁世凱給他的一封信，字裏行間有「赴湯蹈火，亦所不辭」等語，不消說，這封信也是康有為偽造的「作品」。

畢永年是維新派重要骨幹，曾經與唐才常合作聯絡長江沿岸的會黨準備起義，唐才常被捕殺後他來到北京，沒想到正好撞到了戊戌政變的核心秘密，他留下的《詭謀直記》，為後來人解開這個百年謎團提供了重要證據。

譚嗣同夜訪法華寺

在包圍頤和園的密謀付諸實施之前，維新黨請來了袁世凱的重要幕客徐世昌一起看密詔，要說服徐世昌同意他們的謀劃。這是一次生死聚會，在場的康有為、梁啟超等人幾乎全都哭了。面對如此重大的事件，徐世昌除了低頭抹淚之外不敢作任何表態，他深知後果的嚴重性，一旦失敗極可能誅滅九族。但是哭也不能解決問題，既然徐世昌不能決定這樣的大事，於是就有了譚嗣同夜訪法華寺的驚險一幕。

據畢永年說，譚嗣同本人是不贊成包圍頤和園劫持太后的，他認為這麼做極不妥，但是康先生非得要做，並且有皇帝的密詔，他也沒有辦法。既然是組織上決定了的事，為了維新事業，譚嗣同不惜一走龍潭虎穴。

對譚嗣同這次夜訪，袁世凱在《戊戌日記》中極盡誇張演義之色彩，將譚嗣同寫成了「氣焰兇狠，類似瘋狂」的漫畫式人物，這裏有袁世凱竭力為自己洗刷的苦衷，不能全信。譚嗣同是湖廣總督譚繼洵之子，從小有著良好的家庭教育，這次深夜造訪斷然不會刁蠻撒潑，何況袁的幕僚中有個湖南人叫尹銘綬，有這個同鄉從中斡旋，袁世凱與譚嗣同的談話應該是充滿了友好和睦的氣氛。

袁、譚談話的具體細節已無從考據，大體內容肯定離不開包圍頤和園、劫持慈禧太后的話題。聽到此處袁世凱的臉色微微有些變了，他支吾著應付說：事關重大，需要回天津佈置，一時還不能行動。

送走譚嗣同後，袁世凱立即把他的智囊尹銘綬叫來商量。尹銘綬與南通狀元張謇是同科榜眼，據說本來狀元應該是尹銘綬，因翁同龢十分欣賞張謇，主考官張之萬只好讓步，結果張謇成了那一科的狀元，而尹銘綬則屈居榜眼。袁、尹兩人認真商議一通，均認為

光緒皇帝根本不是慈禧太后的對手，即便單純從軍事力量對比上看，榮祿節制的董福祥與聶士成的軍隊各有四五萬人，淮練各軍有七十多營，京中旗兵不下數萬；而自己只有七千人，雙方兵力過於懸殊。

如果說這是一場政治賭博，那麼賭的就是整個家族的身家性命，袁世凱不敢貿然下注。他還要等一等，看一看，最後才決定是不是下這一注，怎麼樣下這一注。

天平上的最後一顆砝碼

維新黨諸人有個錯覺，總認為政變要到天津閱兵時才會發生。他們並不知道，政變之謀已如箭在弦上，隨時都有可能射出。

政變最初的發動機是楊崇伊。此人字莘伯，江蘇常熟人，與帝師翁同龢是同鄉，但是政治觀點卻大相徑庭，一個是帝黨領袖，一個是后黨先鋒。楊崇伊倒是和李鴻章打得火熱，結成了兒女親家，誰都知道，李相國和翁師傅是冤家對頭。

從維新變法一開始，楊崇伊就不斷給慈禧太后上奏章，主要內容無非是就康、梁這些維新黨盡變祖宗舊法，排斥打擊老臣。慈禧太后看了這些摺子，雖說不悅也還能忍耐，光緒皇帝親政後搞維新變革是經她默許了的，太后心裏有個底線：無論怎樣變來變去，都不能丟了大清江山。然而，八月初三楊崇伊上的一道密摺，卻攪起了慈禧太后心頭沉寂已久的波瀾，顯然這道密摺是楊崇伊在天津與榮祿等舊派大臣商量後而擬的，核心內容是請太后重新訓政，附帶有一條爆炸性的消息：光緒馬上要見一個叫伊藤博文的日本人，而且聘請他到中國政府來當顧問，祖宗所傳之天下，如今要拱手讓給這個伊藤博文了。

這條消息對於慈禧太后來說無異於一枚重磅炮彈，她的忍耐終於到了極限。伊藤博文是中日甲午戰爭的主要策劃者，戰後和

談時任日方全權代表，簽訂《馬關條約》，讓中方談判代表李鴻章顏面掃地也使大清帝國受盡屈辱。這樣的人居然要來中國裏助新政？甚至有謠言傳到了老太太的耳朵裏，伊藤博文是由康有為勾結而來，目的是要綁架太后到日本，而且光緒也參與了預謀。伊藤覲見光緒皇帝那天，太后一反常規，垂簾在一旁監聽。伊藤博文說的英文，由張蔭桓進行現場翻譯，在躲在幕後觀察的慈禧太后聽來，那些嘰哩咕嘟的鳥語實在讓人懷疑；張蔭桓同伊藤博文手挽手親熱的樣子，也好像隱含什麼意義；更讓她氣憤的是，光緒好像知道她躲在幕後偷聽似的，把伊藤博文招到身邊，低聲耳語了好幾分鐘。這些敏感的細節強烈地刺激了慈禧太后，事前那些詭秘的傳說，似乎全都得到了印證。她畢竟是65歲的老婦人了，多年執掌國權養成的孤傲性格使她終於惱羞成怒。

伊藤博文成了天平上的最後一顆砝碼，也成了戊戌慘案的引信。慈禧太后決定第三次出面訓政。事情朝著一個完全不同的方向發展。在轟轟烈烈的歷史大事件背後，深處還有一些隱秘的路徑，長久被歲月的風沙掩埋，長滿了青苔和雜草，天長日久也似乎被人遺忘。只要細心梳理，便會生發出無盡的感慨。

八月初六日，朝廷明發了一道上諭：「康有為結黨營私，莠言亂政，屢次被人參奏，著革職，並其弟康廣仁，均著步軍統領衙門拏交刑部，按律治罪。」

值得注意的是這道上諭中並沒有提要犯譚嗣同。直到三天以後（八月初九），才有聖旨傳來：「張蔭桓、徐致靖、楊深秀、楊銳、林旭、譚嗣同、劉光第均著先行革職，交步軍統領衙門，拿解刑部治罪。」又過了五天，八月十四日，朝廷宣佈上述人員的罪狀是：「包藏禍心，潛圖不軌，前日竟有糾約亂黨，謀圍頤和園，劫制皇太后及朕躬之事，幸經覺察，立破奸謀。」

　　至此，事情總算水落石出。從以上分析可以得出結論：袁世凱的告密是戊戌政變強有力的助推器。

　　慈禧太后這個晚清真正的掌權者，下令逮殺了譚嗣同等六君子，廢止了所有的改革舉措，將光緒囚禁瀛台，成為天字第一號終身政治犯。歷史的進程在這裏轉了個彎，中國的現代化，也不知晚了多少年。

袁世凱告密之謎

　　袁世凱在八月初五日上午覲見光緒皇帝後，即乘火車返回天津，抵達天津老龍頭車站時已是暮色蒼茫。即使袁當晚匆匆趕到榮祿府上告密，榮祿也得第二天才能到北京頤和園向太后彙報（當時京、津兩地的火車只有白天行車，無夜班車）。從時間上看，此時戊戌政變已經發動，慈禧太后實行訓政是八月初六日上午，按常規這樣的特大行動必須提前佈置，至少在八月初五日前慈禧就有了「政變」的既定安排。袁、榮提供的情報則是整個事件的助推器。

　　袁世凱在戊戌政變中間所起的作用不能小看。首先，袁世凱被光緒召見這件事本身，就加速了政變推進，袁被提拔授予兵部候補侍郎，昭示了光緒皇帝要抓槍桿子的心事，也是催生政變的一個重要因素。當時的袁世凱已經被綁在了維新黨的戰車上，無論他願意與否，都將與這個大事件發生必然的聯繫。尤其要說的是袁世凱事後的告密，使維新黨雪上加霜，如果說光緒皇帝仇視袁世凱是個「誤會」的話，譚嗣同等六君子菜市口之死，怕是與袁脫不了干係。

　　袁世凱在告密前的這一段心路歷程，應該是極其複雜的。八月初五日晚，他在老龍頭火車站下車時，天津的文武百官早已備好盛大的歡迎儀式，迎接這個從皇帝身邊歸來的新貴。袁世凱要端起架子應付周旋，不顯山不露水地通報皇帝召見概況，天津火車站離直

隸總督府，坐八抬大轎有半個小時的路程，袁世凱見到榮祿，怎麼說也得兩三個小時。到達榮祿府宅，剛剛坐下報告了光緒皇帝召見的情景，葉祖邦來找榮相談事，過一會兒，達佑文也有事來請示（葉祖邦、達佑文都是榮祿的幕僚），猶疑不決間將至二更，只好約以明早再來造訪詳談。

從《戊戌日記》這些吞吞吐吐的敘述中，可以看出袁世凱搖擺不定的心情。次日早上，朝廷明發了太后再出訓政和捉拿康有為的公文，袁以為密謀已經敗露，他也有可能被劃進維新黨的圈子遭致捕殺，頓時嚇得魂飛魄散，在榮祿面前長跪不起，到底還是將維新黨圍園的計畫全盤托出了。

袁世凱事後告密，他感到最對不起的是光緒皇帝，口口聲聲解釋，「此事與皇上無關，如累及皇上，我唯有仰藥而死。」光緒已被囚禁，並不知道康、梁有圍園劫后的計畫，以為太后訓斥他的「維新黨要圍園劫后」是袁的誣告，據說，光緒被囚禁瀛台後，經常在紙上畫烏龜，寫一個袁字，用針狠扎，他對袁世凱刻骨仇恨也是理所當然。很長的一段歷史中，袁世凱一定心懷愧疚感，畢竟光緒因他而加重了罪名。

簡略說一下維新黨諸人的結局。

政變發生後，康有為、梁啟超逃到日本。譚嗣同與通臂猿胡七、大刀王五擬救光緒，因宮內戒備森嚴未果，胡、王勸譚也去日本，被他拒絕：「各國變法無不從流血而成。今日中國未聞有因變法而流血者，此國所以不昌也，如有，請自嗣同始。」說罷閉門不出，等待緹騎來捕。「四京卿」中另一位人物楊深秀同樣「不識時務」，京城維新派聞訊紛紛逃避之際，「獨深秀抗疏，請太后歸政」，並詰問光緒皇帝被廢的原因，自然難被朝廷容忍。康廣仁是康有為的胞弟（也是光緒的英文教師），林旭是康有為的弟子，早已列入捕殺名單。楊銳原是張之洞的得意門生，由湖南巡撫陳寶箴推薦進

京參預新政（同時推薦的還有劉光第），與林旭同列一班，遇林旭所擬簽語激進時，必強令改換，不料朝局變動也隨之遭禍，張之洞營救不及，遇難。以上六人被殺於北京菜市口刑場，史稱「戊戌六君子」。

張蔭桓是戊戌維新中的一位關鍵人物，他是京城唯一懂洋務的政治家，是清廷最高統治集團中的低級成員（戶部左侍郎），但他所扮演的角色卻極其重要，是光緒皇帝最為倚重的一名重臣。政變事發後，張蔭桓還來得及轉移家屬主要成員和細軟，銷毀部分書札、文件，他在錫拉胡同和房子，即歸以操縱賭博著稱的粵商劉學詢所有。慈禧太后原來是準備將張蔭桓與「六君子」一起處決的，後因英國公使竇納樂的干預以及日本署使林權助、伊藤博文的警告，英日方面通過李鴻章經榮祿說服慈禧，曉以利害。懾於列強的威嚇，慈禧不得不改變主意，改判為流放新疆。張蔭桓性格狂狷，恃才傲物，目無餘子，謫戍新疆時，沿途仍然有官員接送，張蔭桓嘻笑謔稱：「老太太跟我開玩笑，差我到關外走一回。」把慈禧稱做「老太太」，嚇得地方官面無人色。庚子年，八國聯軍來犯，新疆巡撫饒應祺（湖北恩施人）不知就裏，以為處理外交正需要張蔭桓，乃上書請求開釋，誰知道這一提醒反誤了卿卿性命，慈禧太后怕張蔭桓為洋人所用，明旨下令就地斬決。

戊戌政變抓捕維新黨後，慈禧親筆批文斬立決的頭一個人是徐致靖。李鴻章有心援救，又覺不妥，便求助於太后的紅人榮祿幫助。不料太后聽了榮祿求情的話大怒，責怪他不該為維新黨開脫。榮祿跪在地上申訴：「徐致靖是個書呆子，根本不懂新政，只是混在裏頭唱唱昆曲，玩玩圍棋，自從升任禮部右侍郎，皇帝連一次也沒接見過他。」太后派人一查，果然沒有皇帝召見徐的記錄，這才由死刑改判死緩，保下了徐致靖的一條命。實際情況是，徐致靖50歲以後患了一場耳疾，耳聾得厲害，因此光緒召見變法人士的名單裏沒有他。

　　長子徐仁鑄時任湖南學政，也屬維新黨，同時是個大孝子。徐致靖被捕後，他給朝廷上書要為父親頂罪，未被理睬。

　　徐致靖一直在牢中坐到庚子年間，八國聯軍打進北京，太后、皇帝西狩，清政府機構已經癱瘓，大牢裏的犯人差不多都跑光了，可是徐致靖仍認為自己是大清國的犯官，不肯走出監獄半步。當時管監獄的司官喬樹楠是徐致靖的年侄，親自跑到大牢裏告訴他，明天獄中不開飯了，徐致靖這才跟著前來接他的兒子回了家。出獄後徐致靖依然「待罪京師」，兩個月後，得到朝廷恩准，離京去了杭州，居住在姚園寺巷，改名徐僅叟，意思是「六君子」之外僅存的一名老頭子。

　　除了兩個兒子徐仁鑄、徐仁鏡外，徐致靖還有個女兒，嫁江南蘇州才子許直庵，生子許姬傳。徐致靖晚年經常與幼孫姬傳為伴，教他讀書、習字、演唱昆曲。許姬傳後來成為京劇表演大師梅蘭芳的秘書，著有《許姬傳七十年見聞錄》和《憶藝術大師梅蘭芳》等書。

　　徐致靖有個弟弟叫徐致愉，光緒年間曾任新泰知縣，其人生平事蹟默默無聞，卻有兩個不同凡響的兒子：一個叫徐仁錦，一個叫徐仁鈺，兩人均就讀於濟南山東高等學府，這是一所半新半舊的學堂，國學、外語、現代科學知識並重，這所學堂畢業的學生被稱為「洋舉人」。兄弟倆先學土木工程設計，後來改行從文，給《大公報》、《國聞週報》等報刊寫專欄謀生，筆名分別是徐凌霄、徐一士，著作等身，影響不小。

關於《戊戌日記》並非多餘的話

　　袁世凱一生沒有寫日記的習慣，唯獨留下這部《戊戌日記》。嚴格地說，這並不是一部日記，只是以日記體形式寫成的一篇回憶錄，全文三千二百字，前後時間十二天（光緒二十四年七月二十九

日至八月十日），記敘袁與戊戌政變有關的大體事略。文末注明，日記並非逐日所記，而是事後在八月十四日一天內補記於天津督署。由此也能看出，這部《戊戌日記》在寫作之初，就是袁世凱存心為自己和後人留下的一篇辯誣文字。

《戊戌日記》寫成後，十年秘不示人，據說只有袁的少數幾個親信弟子知道。直到光緒三十四年（1908），光緒和慈禧相繼去世，袁世凱被光緒的胞弟，攝政王載灃罷官免職，幾罹殺頭之禍，門生散去，在其幕僚張一麐辭別南歸之時，袁將這個小冊子交付給他，囑其伺機發表。

張一麐回到南方後，與袁世凱的另一位幕僚親信費樹蔚聯手，將這部《戊戌日記》在江蘇南通「翰墨林」書局刊印發表。既要選擇發表，又要選擇遠離政治漩渦中心的南方一隅發表，從中可以看出袁世凱難言的苦衷。他身上背負的那口「黑鍋」實在太重了，發表《戊戌日記》的目的主要是為自己洗刷罪名。須知此時袁世凱罷官回籍，性命幾乎不保，他必須表明他並沒有陷害光緒皇帝。在那種時候，一方是太后，一方是皇帝，告密與不告密都是「欺君之罪」，儘管這是個百口莫辯的尷尬，袁世凱還是要竭力為自己剖白。

《戊戌日記》刊印之初，即被當時的人們認為不可信。原因很簡單，對光緒皇帝強烈同情導致了對袁世凱的極度憎惡，普遍認為袁是奸雄，不會說真話；另一個原因是戊戌政變已經相隔十年之久，這部日記可能是後來袁世凱與張一麐泡製的偽作。其實這部日記寫作的時間並不重要，關鍵在於其中的事是否真實。

袁世凱的兩個親信幕僚張一麐和費樹蔚，在此也值得一說。

張一麐（1867～1943），字仲仁，江蘇吳縣人，是袁世凱早年親手發掘出的一個人才。征戰朝鮮時李鴻章交給袁一項政治任務，將大院君拘捕到保定軟禁，負責看護大院君的總管是正定縣知縣張

是彝，袁世凱與張是彝交往中發現其子張一麐是個人才，將他收羅入幕，起初是一般文案，做點抄抄寫寫的工作，但是張一麐勤奮自律，經常買書自修以補學力不足，月薪六十金未嘗求加一文，一年之中沒對幕主提任何要求，往往別的幕僚都入睡了，唯獨他還在燈下刻苦用功。這種任勞任怨的作風很被袁世凱看重，遂成為袁世凱的機要秘書。

袁世凱稱帝，張一麐百般勸說，說到動情處幾乎掉下眼淚。有一次，正副堂會議舉行籌備大典，擔任總統府秘書長兼政事堂機要局長的張一麐站起來大聲發言，陳訴實行帝制的各種危害。在場有位武夫對張怒目相視，聽著聽著拔出了手槍，就要開火。幸虧人稱老狐狸的北洋靈魂人物徐世昌扯了扯張一麐的衣角，將張一麐帶出了會場，才躲過了一場災難。此後張一麐辭去了他在北洋政府裏的職務，與他跟隨多年的幕主分道揚鑣。晚年張老先生定居蘇州，抗戰期間曾出任國民參政會的參政員，素以持論公正著稱，很受周恩來的尊敬。

張一麐有四子二女：長子張為宣幼殤；次子張為資是留學美國紐約大學的法學博士，民國時曾在外交部做過官；三子張為鼎是東吳大學理學士，任職中央信託局，這是民國時期中央銀行的一個業務局，主要業務是採購軍火和壟斷進出口物資的收購，實際上是國民黨政府的一個軍火採購部；四子張為璧是輔仁大學理學士，幼年寄養在友人趙椿年家中，趙是進士出身，民國初年曾任財政部次長，所著《現代本草生藥學》是我國第一部生藥教科書，建國後在北京醫學院任教，被譽為中國生藥學泰斗、藥材學奠基人。張一麐的長女張為珂是美國密歇根大學畢業的經濟學碩士；夫婿程忠陽一生致力於實業，在著名民族資本家盧作孚創辦的重慶天府煤礦擔任過礦長。次女張為璿，畢業於端方、鄭孝胥等人創辦的中國公學，建國後曾在中國人民銀行工作，文革中被迫從北京城搬出，遷居老

家蘇州吳殿直巷；丈夫劉先生是個工程師，此時也被關進了「牛棚」審查，工資被扣，生活來源中斷，每天等米下鍋米卻沒有著落，張為璿自覺喪失了做人的最後一點尊嚴，和女兒劉小遷一起撕碎床單上吊自殺，倉促離開了人世。

張一麐有個弟弟叫張一鵬，曾任蔡鍔的秘書，是蘇州最富的士紳。張一鵬的長子叫張逸候，筆名滿濤，早年留學日本、美國，回國後從事文學編輯工作，成為著名的翻譯家，譯著有《別林斯基選集》《果戈理選集》等。次子張偉如，留學美國學化學專業，歸國後與蔡元培之子蔡無忌共事於上海商檢局。張偉如有女名叫張萬芳，後改名張可，也是一名翻譯家兼戲劇學者，莎士比亞戲劇研究頗有建樹。張可 18 歲時認識王元化，互相間萌生愛情，直到 10 年後（1948 年）兩人才在上海慕爾教堂舉行了基督教婚禮儀式，開始了一場歷經劫難而美如鑽石的婚姻。王元化後來先後擔任過上海市委常委、宣傳部長，是我國著名的文藝理論家。女作家陳丹燕在《上海的風花雪月》中有個〈張可女士〉的專門章節，稱張可是「那個優雅的，美麗的，從容的女子」。

費樹蔚（1883～1935），字仲深，江南吳江人，是南社領袖，晚清著名詩人柳亞子的表舅。其人幼時聰慧，19 歲考取秀才，喜讀近代名人傳記，過目能誦，被晚清重臣吳大澂視為奇才，把女兒吳本靜嫁給了他，成為袁大公子克定的連襟。正是有這麼一層關係，費樹蔚也進入了袁世凱的幕府，成為袁的親信幕僚。

翰墨林印書局是清末狀元張謇光緒二十九年（1903）在家鄉南通創辦的中國近代早期的印刷出版機構，書局所選位址西園，原是一個幾近荒蕪的園子。張謇是清末立憲派領袖，為配合立憲運動的興起，書局出版了不少有關憲政的書籍。費家與張謇交情很深，正好張謇此時也急於同袁世凱重新搭上關係，雙方一拍即合，張謇滿口答應出版《戊戌日記》，為後來人們研究袁世凱和戊戌政變留下

了一份重要史料。費樹蔚曾擔任過北京政府肅政史、信孚銀行董事長等職，袁世凱稱帝時，費樹蔚直言勸諫，未予採納，遂辭官離去，隱居蘇州，購買了曾為唐伯虎故居的桃花塢大街 176 號老宅，命名「桃塢別院」，與章太炎、張仲仁、金松岑等友人在園院裏詩文唱和，有《費韋齋集》存世。

其子費福熊，成年後改名費鞏，1925 年冬，費鞏娶袁克定之女袁家第（後改名慧泉）為妻，在蘇州桃塢別院完婚，結成了一椿親上加親的姻緣。婚後不久費鞏從上海復旦大學畢業，又赴法國巴黎和英國牛津大學深造，回國後被竺可楨校長聘為浙江大學訓導長，主講政治經濟學和西洋歷史，有《英國政治組織》、《比較憲法》等多部著作問世。1945 年，費鞏為保護進步學生，被國民黨軍統秘密綁架，關在渣滓洞中，後投入硝鏹池裏殺害。

透過張、費兩個家族史演變過程中的這些片斷，多少也能讓我們感受到近代望族世家的文化底蘊、家教家風、複雜的姻親關係以及不無神秘和傳奇色彩的趣聞軼事。

5.在山東巡撫的任上

在袁世凱上任山東巡撫之前，他的兩位前任李秉衡、毓賢都主張對義和團宜撫不宜剿，這種做法無異於縱容，客觀上促使山東義和團鬧騰得更加熱火。袁世凱對此不以為然。他在致徐世昌的信中說道：山東巡撫甚無用，把局勢弄得一團糟！不久，他又上書朝廷，提出了整治山東時局的幾條意見——實際上是袁世凱的自薦書，字裏行間透露的資訊是，只有他出任山東巡撫最為合適。

光緒二十五年（1899）十一月四日，朝廷傳令毓賢進京陛見，由袁世凱署理山東巡撫。這一年袁世凱 41 歲，正當壯年。

對山東這塊土地，他既熟悉也充滿了濃厚的感情，從某種意義上講，山東簡直就是他的第二故鄉。少年時跟隨嗣父袁保慶到了濟南，第一次見到除老家項城以外的大世界，對他心靈的影響甚大；青年時投軍吳長慶營中，從山東到朝鮮，邁出了他人生的重要一步。

袁世凱認為義和團是些裝神弄鬼的把戲，是小兒科，一個國家的興盛強大，豈是靠裝扮玉皇大帝、孫悟空，燒幾張草紙，噴幾口神火糊弄來的？他在心裏拿定主意，上任後要好好整治一番。可是此時慈禧太后正在氣頭上，把對維新黨的刻骨仇恨遷怒到了光緒身上，準備將光緒廢掉，就另外立了個大阿哥。外國公使好像串通了似的，不僅拒絕入宮祝賀，還試圖進行干涉，這讓慈禧很沒面子。有人給她出主意，山東最近出了個義和團，打出的旗號是「撫清滅洋」，據說道行高深的大師兄能夠上天入地，刀槍不入，不妨利用義和團去打那些洋鬼子。慈禧依計行事，接二連三傳下諭旨，對義和團驅逐西教、焚燒教堂、殺戮洋人的舉動大肆鼓勵。

袁世凱接到詔令，心中很是猶豫。從情緒上講他是抵制的，道理如上所述。但是畢竟剛剛經歷過戊戌政變那場風波，朝廷對他是否真正信任，還是個未知數，這種時候不能拿自己的政治前途去冒險。經過一番周密的考慮，袁世凱決定將朝廷的詔令原文下發，並且附了個通知，要求全省各州、縣遵旨辦理。

有個候補道員叫徐撫辰，字紹五，湖北江夏人，此時正在袁世凱的幕府中擔任洋務文案，聽說了這個消息，馬上來找袁世凱力諫不可。袁是政治老手，柔聲細語對徐安撫了幾句，並沒有收回通知的意思，以為事兒就這麼過去了。哪知徐撫辰是個辦事認真的人，見袁幕主是在應付他，當場也沒多說，歸家後便收拾行囊，留下一封信，不辭而別。袁世凱燈下展讀徐撫辰留下的信件，言辭懇切，句句中的，不覺為之汗顏。信中剖析義和團之荒謬：人人都說，外國有你的洋槍炮，中國有我的紅燈照，口念咒語，不用槍炮，大刀

一揮，洋人就倒……這種神魂顛倒的誑語有何道理？朝廷因戊戌政變，外國人保護康、梁，反對立大阿哥，觸怒了太后，遂有依賴義和團對抗洋人的招數。如果洋人一旦打贏了這場戰爭，那時候太后也許才會清醒過來，你得為自己留一條後路啊！如隨波逐流，不僅一生功名毀滅，恐怕還會殃及身家性命。袁世凱看完書信，立即下令八百里加急，火速追回已經下發各州縣的通知，同時派人攔住正在路途中的徐撫辰，將他重新請回了袁氏幕府。

袁世凱是擅長演戲的高手，常常能把一場平庸的戲演得活靈活現，精彩紛呈。即便在場觀眾笑得人仰馬翻，他卻能穩坐釣魚臺，絲毫不動聲色，逼真的效果讓人嘆服，「戲」中彌漫的血腥味道，又讓人不寒而慄。

有個提督名叫程文柄，是義和團的忠實支持者，大概是想把上司袁世凱也拉進支持者圈子，主動推薦了一個大師兄，聲稱降神附體，刀槍不入。那天把一身仙風道骨的大師兄請到校場，程文柄提起手槍，照準他胸前轟地一聲，大師兄不躲不閃，毫髮無損，在場的一百多名兵丁響起了一片叫好聲。袁世凱頷首微笑，示意試驗繼續，於是程文柄佈置好的一夥人紛紛開槍射擊，大師兄安然無恙。

袁世凱對大師兄待如貴賓，口稱要稟報朝廷，對其給予恩賞，當場決定，過些日子請大師兄多帶幾個兄弟來，再表演一次。

再次表演，袁世凱事先吩咐手下人，讓大師兄和那幫兄弟立下「生死狀」，並請同鄉畫押作保。

表演開始了。程文柄和十幾個士兵轟然開槍後，對面站立的一排「神魂附體」的義和團紋絲不動，臉上甚至還掛著傲慢的笑容。袁世凱走下觀摩台，似有獎賞，忽然掏出一支德國手槍，轉身朝大師兄射擊，手起槍響，大師兄身體搖搖晃晃倒了下去。槍聲是個信號，剛才佈置好的士兵槍彈齊發，剛才還在微笑的一排義和團齊刷刷栽倒在地，血肉翻飛。校場上的血腥表演結束了，袁世凱臉上露

出訝異神色，喚來身邊的人，去瞧瞧法師們耍什麼花招。驗屍者報告，十幾個法師玩完了，袁世凱似乎還不相信：「這是大師在使詐呢！他們刀槍不入，不會有事的。」說完朝程文柄看了幾眼，程文柄羞慚難當，恨不得地上有條縫鑽進去。

袁世凱認定義和團為旁門左道，是打著仇視洋教的旗號糾眾劫財的強盜土匪，應該趕盡殺絕。恰好載漪、剛毅等主戰派主張對義和團「撫而用之」，慈禧太后宣佈義和團為「義民」，義和團遂大批湧向北京，很快達到了數萬人。而山東這邊沒有了義和團的騷擾，加上袁世凱下令地方官對洋人和教民實行保護政策，反而呈現出安靜祥和的局面。

袁世凱在山東推行新政，就是在這種背景下進行的。

時至今日，山東人說到袁世凱時期修建的那條鐵路，依然興味盎然。

光緒二十六年（1900）三月二十三日，剛剛上任山東巡撫不到一個月的袁世凱，就與德國鐵路公司總辦海因里希・錫樂巴訂立了一份正式的鐵路章程，表面看起來輕鬆，其中卻蘊含了諸多艱辛。事實上膠濟鐵路已經動工一年多了，由於義和團仇洋運動，德國公司在勘測路基拆屋遷墳中遇到了不少麻煩，發生了多起流血事件，被迫停工數月，德國膠澳總督托爾帕爾委派錫樂巴到濟南談判，如果不是遇到袁世凱，此事還將無期限地拖延。在雙方談判艱難之時，袁世凱想起了一個人：清政府駐柏林大使蔭昌。這個前天津武備學堂的總辦，曾經在關鍵的時刻幫過袁世凱一個忙，推薦王士珍、段祺瑞、馮國璋進入新建陸軍，後成為著名的「北洋三傑」。袁世凱懇請蔭昌回國幫他解決這個棘手問題。明達洋務並熟悉德國法律的蔭昌果然不負袁望，幫助他完成了談判鐵路章程的大部分細節，促使中德之間建立了「雙方均感滿意的交往關係」。

中國修建鐵路曾經走過了一段步履艱難的路程。第一條鐵路位於北京宣武門外，全長僅 1 公里，是英國商人杜蘭德修建的，建成通車後，「觀者駭怪」，有御史上書認為衝撞了滿清龍脈，是不祥之怪物，被太后下令拆除。

一方面政府對修建鐵路這類「洋務」不感興趣，另一方面老百姓仇視老外，認為修建鐵路是想抽他們的血，以致流血事件連綿不斷。面對來自這兩方面的夾擊，袁世凱沒有退縮，他渴望通過變革改變山東乃至整個中國的命運，他要讓國人明白一個道理：德國人的鐵路，也會變成中國人的財富。

光緒三十年（1904）六月，古城濟南迎來了它歷史上的第一列火車。看見龐大的鋼鐵怪物猝然來到面前的時候，老百姓有的興奮，有的漠然，他們也許還不會意識到，就是這列運載洋火洋油以及山貨土產的火車，將成為山東現代化的一個開端。

此時袁世凱已升任直隸總督，但他仍然對山東投以特殊的關注目光。他與接任山東巡撫的周馥聯名上書朝廷，奏請開放濟南等通商口岸，這也是後來被人們稱做近代史上一個神話的山東開埠。不久即得到批准，濟南等地開埠成為現實。

濟南近代史上數不清的「第一」都與「開埠」密切相關。例如：經三緯二路的第一家電影院（小廣寒電影院），火車站南側的第一家西餐館（石泰岩飯店），莊鈺、劉福航創辦的第一家民族資本工業（濟南電燈公司），英國傳教士懷恩光創建的第一家自然博物館（廣智院），濟南第一家戲院（興華茶園），位於高都司巷的第一家洋行（禮和洋行），第一家外國銀行（德華銀行）等等。

周馥是袁世凱的兒女親家，這對姻親在政治上聯手，把山東當做施行新政的試驗田，先後設立了銀元局，創辦了商務總會，還將各地的書院改成了新式學堂，最具影響的是將濟南濼源書院改為官

立山東大學堂，招收新生三百人，由周馥之子周學熙擔任校長，聘請美國人赫士為總教習（教務長）。

說起袁世凱在山東，人們談論最多的是他剿殺義和團，仿佛除了一把血淋淋的屠刀之外其他不值一提，實則不然。在山東巡撫任上的 700 多天裏，袁世凱大力推行新政，與李鴻章、張之洞、劉坤一等封疆大臣發起的「東南互保」運動，是為晚清政局力挽狂瀾的大手筆，可圈可點。

6.一個解不開的死疙瘩

在家庭生活中，袁世凱是個肯負責任的人，對父母是孝子，對兒女是嚴父。

赴濟南上任山東巡撫，他帶著長子袁克定，有意對他進行培養和歷練，對其他子女也不放鬆教育，尤其是對次子袁克文，更是傾注了許多感情和精力。《袁世凱家書》中有一封「示次兒書」是專門寫給袁克文的，那時克文才 10 歲，袁世凱即對他進行嚴格要求：「近聞你行事喜效名士，此非具有真才實學者……安得將所讀之經史子集，盡記頭腦，以充腹笥，惟有勤動筆多思一法。於讀書時，將典故分門別類，摘錄於日記簿，積久彙成大觀。」

他還為袁克文擬定了一份立身課程：「早起：黎明即起，醒後勿貪戀衾裯；習字：早餐後習字五百，行楷各半；讀經：剛日讀經，一書未完，勿易他書；讀史：柔日讀史，日以十頁為限，見有典故及佳句，隨手分類摘出，以資引用；作文：以五十為作文期，以史論時務間命題，兼作詩詞；靜坐：每日須靜坐一小時，於薄暮時行之，兼養目力；慎言：言多必敗，慎言，即所以免禍；運動：早起臨睡，須行柔軟體操；省身：每日臨睡時須自省，一日作事可有過

失，有則勿憚改，無則加勉；寫日記：逐日記載毋間斷，將每日自早至夜，所見所聞所作之事，一一記出。」課程表列得如此細緻，可見嚴父的一片慈愛之情。即使這樣他仍不放心，官位穩定之後，索性將袁克文接到濟南，放在身邊親自督促。

隨袁克文來到濟南的，還有袁世凱的生母劉老夫人、妻子于夫人。此時山東形勢並不太平，被袁世凱圍剿的義和團要同他拼個魚死網破，揚言要殺光袁的全家。乘著暗夜，在巡撫衙門照壁上畫了個頭戴紅頂花翎的大烏龜，趴在洋人的屁股後頭，旁邊寫著一句歌謠：「殺了袁黿蛋，我們好吃飯」。袁世凱怕他生母受驚，密令侍衛隊嚴加防守，誰也不得在袁府走漏絲毫風聲。袁世凱自己則一日三次入內請安，賠著笑臉同劉老夫人說話聊天，極盡一個孝子的本分。

在生母病重期間，袁世凱日夜守護在旁，親侍湯藥，精心照料。劉老夫人去世後，他立即電奏開缺回籍守制，朝廷認為正值時局艱難，沒有批准，諭令賞假百日，在撫署穿孝服照常上班。袁大孝子十分鬱悶，胸中裝著個難解的心結。當年嗣母牛夫人病逝時他正在朝鮮，未能在身邊親伺湯藥，已成終身遺憾。如今生母去世，雖說能在身邊照料，但卻不能及時安葬，終是心頭之痛。他給朝廷再寫了一封信，懇請回老家安葬生母，依然未獲批准，只好將劉老夫人的靈柩移到濟南城外，由其三兄世廉、五弟世輔、六弟世彤等人扶柩回河南原籍落實安葬事宜。

為了求得良心上的安寧，袁世凱發誓要為劉老夫人厚葬。然而擺在眼前的問題是，上頭不准假，心裏有厚葬的想法，時間上也只能往後拖。好在清代停喪不葬之風盛行，這是從宋代流傳下來的一種習俗，人死了暫時停喪不葬，一是相信風水，希冀推遲葬事求個吉利的日期，給活人帶來富貴興旺；二是眼下經濟實力不濟，想等以後闊綽了再行葬儀。也有像袁世凱這樣的，因為時間上安排不過來將葬事往後拖。

　　經過反覆合計，袁世凱決定把生母的葬期定在第二年秋天。他再次給朝廷打報告，奏請賞假兩個月。這一次朝廷格外開恩了，慈禧親自下了道懿旨，賞給他 40 天喪假回籍葬母，同時加恩賞給劉老夫人正一品封典，著河南巡撫派員前往致祭。朝廷如此厚愛，袁世凱感到很有面子，馬上具折叩謝，恭設香案，立生母靈位祭拜。

　　此時袁世凱已是直隸總督，在官場善結交，又是喜好張狂的個性，隨帶官員、僕從及護衛兵隊數百人，極盡炫耀鋪張之能事，衣錦還鄉，八面威風。本以為這趟回老家會把生母的葬事辦得無限風光，哪知道事與願違，在劉老夫人的墓穴一事上，袁氏兄弟發生了嚴重分歧，吵得不可開交，鬧到最後還差點動了武，害得袁老四窩了一肚子氣。

　　按照袁世凱的想法，生母劉老夫人應該與生父袁保中同葬一穴。可是袁世敦不高興了，他搗鼓著叼在嘴邊的水煙袋，翻起眼白也斜袁世凱一眼：「哪有繼室同穴的道理？」依袁世敦的說法，要將劉老夫人葬在祖墳邊上作個陪襯。袁世凱火冒三丈，仍然憋著氣解釋，雖說生母是繼室，但是劉老夫人去世早（袁保中正室夫人也姓劉），後來一直是生母操持家務，實際上也同正室夫人差不多。袁世敦擺出一家之主的派頭說：「你不要以為官大就能拿這種口氣同我說話，袁家的事我說了算！」說罷一甩袖子再也不予理睬。

　　袁世凱生父這邊兄弟五人，除了老大世昌、老二世敦是正室夫人所生外（世昌此時已死），其餘四子世廉、世凱、世輔、世彤均為繼室劉老夫人所生，在過去的封建家族中，嫡出的長子自然是一家之主，加之袁世敦性情古板，袁世凱兄弟幾個人再多官再大，也拿他毫無辦法。

　　一氣之下，袁世凱與同母的世廉、世輔、世彤商量，只好另擇墓地安葬他們的生母。

　　袁世凱對風水輿地頗有研究，他認為「擇穴須認定方向，重在擇日」，「只求不受風，不受水，不近道路，符合乾暖的原則即是佳壤」。他託老友周馥幫忙，花重金請了個著名的風水先生，此人叫楊煥之，四川射洪人，周、楊二人乘火車專程來到彰德洹上村，在紅塚窪為袁的生母挑了一塊吉地厚葬。楊煥之後來還成了袁世凱的顧問。

　　本來回鄉是為厚葬生母，卻不料成了一次傷心之旅，袁世凱這輩子再也沒有回過項城，他與同父異母的二哥袁世敦的關係也隨之破裂，像摔碎的瓷器再也無法復原。

　　不過中國有句老話叫做「血濃於水」，在對待袁世敦的問題上，袁世凱並沒有像世人所猜想做的那麼絕。有個例子：山東巡撫毓賢在任期間，袁世敦是管帶親軍統領，相當於一個知縣，因為殺義和團太多的緣故，被毓賢參劾「行為孟浪，縱勇擾民」，給予革職處分。袁世凱上任後，礙於官場錯綜複雜的關係不便直接處理這件事，事後仍然通過張之洞幫忙，向朝廷奏請為袁世敦平反，官復原職，可見袁還是講情分的。

第四章　禍福相倚

1.落水的鳳凰不如雞

　　對於光緒與慈禧在兩天內相繼病逝，袁世凱也感到十分蹊蹺。他是個聰明人，對晚清政局瞭若指掌，知道誰的屁股一翹就會拉出什麼樣的屎，也知道什麼時候該出哪一張牌，但是對這次忽然來的變故還是百思不得其解。太后病危之際，他不無擔憂，害怕光緒歸政後報戊戌政變中那一箭之仇，哪知道光緒竟在太后死的前一天走了。宮廷中有各式各樣傳聞，認為光緒之死與太后有關，往深一層想，御醫對光緒的病早已有預言，大限恐怕就在這幾日，既然如此，疑問又來了，太后何必非得提前幾天把皇帝弄死？思來想去，袁世凱只能用一句話來解釋：一切皆是天命。

　　但是隱患依然存在，危險來自監國的攝政王載灃。

　　袁世凱免官既有遠由，也有近因，歸納起來如下：遠由起於戊戌年光緒的冤情，載灃是光緒胞弟，報仇雪恨理所當然。近因極其複雜，一是袁世凱手握重兵，形成尾大不掉之勢，已對朝廷構成了威脅；二是御史趙啟霖、江春霖、趙炳麟（史稱「台諫三霖」）因為楊翠喜的一樁案子先後參劾慶王與段芝貴，牽涉到袁世凱；第三個原因屬於高層內部機密，據說兩宮賓天後，楊士驤由駐屯馬廠的軍隊撥出二百名士兵潛赴北京，保護慶王和袁世凱邸

宅。此時步軍統領衙門係那桐管轄，他察覺到有擅自調兵入京之事即進行了盤問。那桐是個特別會做官的人，發現並無異常也就沒有聲張，倒是郵傳部某尚書偵知此情後乘隙稟報了攝政王。載灃嘴上雖說當此多事之時不必深究，但心裏頭埋下的警惕卻又多了一分。

載灃攝政後的那段日子袁世凱尤為苦悶，他一生經歷過風波無數，不管如何困難，最後總能夠順利過關，唯獨這一次讓他一籌莫展。

該來的風暴到底還是來了。免官詔書下來時袁尚在朝房（大臣們等候朝見的專用大廳），已經聽說了消息，好似不僅免官，恐怕還有更大的災禍。袁世凱正在忐忑之時，內閣值日官捧詔宣示：皇上有旨！未及宣讀，袁驟然色變，正好張之洞從宮中出來看到了這一幕，趕緊趨前幾步說道：「皇上以袁公足疾，命回籍養屙。」袁世凱心裏一塊石頭這才落了地，宣讀詔書完畢，一直跪在地上的袁世凱不敢起身，連聲呼道：「天恩高厚，天恩高厚。」

在殺袁與保袁之間，確實有過一番激烈的爭論。當載灃拿這事詢問慶王奕劻時，奕劻的回答是：「殺袁世凱不難，不過北洋軍如果造起反來怎麼辦？」資格最老的大學士孫家鼐、滿蒙大學士那桐、榮慶以及漢人大學士鹿傳霖等，都與袁世凱有千絲萬縷的聯繫，極力反對除袁。出力最多的是張之洞和世續，當天朝堂散直之後，載灃又復召張、世二人入內廷，出示罷斥袁的詔旨，張之洞反覆陳說，為朝局計，務宜鎮靜寬大，放袁世凱一馬。世續也表示贊同張之洞的主張。這才迫使載灃把含藏殺機的詔書內容改為了「開缺回籍」。

說到「足疾」也是確有其事。從這年秋天開始，袁世凱忽然得了一種奇怪的腿病，無緣無故地疼痛，嚴重時竟至不能走路。曾經

請假治療過，但身為軍機大臣事務繁多，只好銷假帶病堅持工作，每次上朝還得要人攙扶，到了臘月間，腿部的疼痛更厲害了。

在上諭下發之前，袁世凱曾經乘快車去過一趟天津。據一位正好同車的英國目擊者海魯說，袁世凱穿一身素衣，神情嚴肅，目光炯炯有神，進入頭等車廂內，找一近暖氣處坐定，從京城到天津的兩個多小時，他沒有說一句話，也沒有起身走動，僕人小心翼翼給他倒茶，也未見他吭聲。下午 4 點 30 分，車到老龍頭車站，在隨從的護送下乘一輛華麗馬車西行而去（參見《一個日本記者筆下的袁世凱》109 頁）。

有一種說法，認為袁世凱到天津是想通過直隸總督楊士驤斡旋，乘坐海輪逃往日本進行政治避難。不過在此特殊敏感時期，袁又是特殊敏感人物，楊士驤不敢露面，而是派兒子出面向袁說明利害，勸其迅速回京。楊士驤是袁世凱一手提拔上來的，他現在的直隸總督位置也是靠袁的保薦，沒想到如此忘恩負義，絕情到不肯見一面，落水的鳳凰不如雞，袁世凱感到心寒意冷，趕緊在銀行支取了一大筆存款，惶惶不安地返回了京城。

詔書下達後，袁世凱心情稍微平穩了些，他迅速安排家人，悄然離京，免得節外生枝。按照清朝歷代處置大臣的慣例，在革職、開缺的諭旨之後，往往還會層層加碼，抄家、流放及至殺頭。在天津老龍頭火車站，送行的人寥寥無幾，只有嚴修、楊度等佇立在寒風之中，和往昔前呼後擁的場面形成了極大的反差。

關於嚴修，在此多提幾筆。嚴修（1860～1929）字範孫，祖籍浙江慈溪，清光緒進士，授翰林編修，世業鹽商，近代著名教育家，南開大學創始人。光緒二十四年（1898）六月，通過徐世昌的引見，嚴修進入小站練兵的袁世凱幕中，促成了直隸教育的蓬勃興起。據袁世凱自述：一生事功乃練兵、興學二項。練兵不消說，袁自任之，興學則以嚴修功勞最大。

由袁世凱、張之洞等聯名奏請廢除科舉之後，清廷成立學部，統管全國學務，名義上的領銜人是榮慶，但他事務繁多，只是個掛名尚書；嚴修被委以左侍郎之職，實際上主持日常部務。

嚴修離開學部，與袁世凱「落難」有直接關聯。朝廷對袁世凱「開缺回籍」的詔書下發後，老友舊識避之唯恐不及，獨有嚴先生不識時務，給朝廷上書一封，公開表達不滿，袁世凱出京，他又趕到天津火車站相送。攝政王對這樣的人自然不會放過，此後不久，即以嚴修引見廷試留學生「奏對錯誤，殊乖體制」為由，給予他「罰俸半年」的處分。等到張之洞病逝後，嚴先生痛感學部已無所作為，遂請假歸裏，結束了幾年的京官生涯，賦閒津門。

嚴修與袁世凱感情深厚，有這麼一件事足以證明：有人前往津門遊說，擬請他擔任宣統皇帝溥儀的老師，嚴先生只是搖頭一笑，並不應允；而落魄人物袁世凱寫了一封信，請他幫忙解決子弟求學問題，嚴先生慷慨允之，沒有半點推諉。

此人一生不愛做官，他有句名言：「北洋舊僚唯我和言敦源不愛官」。民國肇始，袁世凱當了大總統，權勢如日中天，屢次三番以度支大臣（相當於財政部長）、直隸總督、教育總長等職請他出仕襄助，嚴先生不為所動。民國元年（1912）暑期，嚴先生攜妻帶子第三次舉家東遊，返國後不久，又勸說袁世凱送子弟出洋留學，並親自陪送到歐洲逗留一年多。這類舉動看似閒適無憂，實則意在緩解和擺脫來自權力核心的糾纏。

袁世凱籌謀帝制，嚴修是個鐵桿反對派，其好友趙元禮的《蟬香館別記》中記述得很詳細：「力阻項城稱帝無效，遂斷袍絕交，不復通問」。袁世凱死後，嚴先生入京弔唁，長歎一聲道：「項城此去，可謂大解脫。」話中可聽出嚴範孫知袁深矣。

2.隱不住的「隱士」

　　袁世凱對老家項城有著複雜的感情，簡而言之：既愛又恨。尤其是為生母辦葬事，二哥袁世敦橫蠻無理，傷透了袁老四的心。「開缺回籍」，袁世凱無論如何也不想回項城。

　　在巡撫、總督和軍機大臣這些位置上溜了一圈，即使袁世凱不是斂財自肥的人，腰包裏也有幾分「暖和」了，要找個安頓的居所，並非難事。其實這事老袁私下早有安排，小站練兵時，他手下有個糧餉委員叫何棪，為人處事極其靈活，是塊辦經濟的料子。何棪在新建陸軍中幹了一陣，有一天忽然來找袁世凱，提出要回老家辦實業。袁世凱很奇怪，問他辦什麼實業。何棪搔搔後腦皮，回答得也有意思：現在也說不清辦什麼實業，回去幹幾年就知道了。袁世凱平生都喜歡這種務實的人，不僅答應了他的請求，還幫他弄了頂候補知縣的官帽。何棪改名何蘭芬，回到老家河南衛輝，販糧食布匹，也做鹽業生意，沒幹幾年果真發達起來，成了衛輝府小有名氣的富紳。

　　就在何蘭芬財富迅速積累的這幾年，袁世凱交給他一筆銀子，託他在衛輝府汲縣代購了幾十間房屋。老袁曾去看過一次，房屋位於西關馬市街，規模宏大寬敞，由東、中、西三座院落組成，每院有五進小院，前後穿堂相通。院子後邊還有個大花園，占地四五畝，開滿了海棠、桂花、臘梅、紫薇，幽香撲鼻，綠意襲人。

　　「開缺回籍」後的立足之地，袁世凱選擇在衛輝府汲縣。像任何一位貶官回鄉的高官一樣，這一大家人抵達汲縣時絲毫不敢聲張，鄰居們看見一些隨從忙前忙後地搬運箱子，不知道這座大院宅新住進的究竟是什麼人。宣統元年（1909）春節，袁世凱一家是在小心謹慎中度過的，只有三兩聲鞭炮，給寂靜冷清點染上一點熱鬧

的氣氛。但是讓袁世凱感到欣慰的是，這年春節剛過，拜年的人就來了，地方紳士的熱情讓他想起離京時的淒涼場景，不由得對世態炎涼感歎萬端。

正月初四，汲縣袁府來了幾位特殊客人。打頭的是何蘭芬，跟在他後邊的一個是王錫彤，一個是李時燦。何蘭芬介紹說，王、李二位是汲縣地方名紳，對袁世凱仰慕已久，以前袁在高官位置上，為避趨炎附勢嫌疑不便結交，而今見袁折翅而歸，二位極願盡地主之誼云云。一番話說得袁世凱心熱了，吩咐門人趕緊倒茶，賓客間攀談起來。

從交談中袁世凱得知，王與李是同學摯友，如今一個是實業圈新星，一個是教育界巨擘。袁世凱興致盎然，幾句寒暄過後，便大談特談興辦實業。當天在座的除了上述何蘭芬、王錫彤、李時燦外，還有袁的幕賓謝愃（字仲琴），袁的長子袁克定等人。據王錫彤《抑齋自述》中記述，他和袁世凱第一次見面留下了極深的印象，當時袁世凱 51 歲，看上去卻「鬚髮盡白，儼然六七十歲人」，但「兩目炯炯，精光射人，英雄氣概自不能掩」。

李時燦（1866～1943）字敏修，在家鄉汲縣首倡新式教育及講學，是清末民初著名教育家之一，曾有「北嚴南李」一說，「北嚴」指河北嚴修，「南李」即是河南李時燦，可見影響之大。此人民國初年擔任過河南省教育總會會長，著有《中州學繫考》、《兩河攜硯集》等。

王錫彤（1866～1938），字筱汀，號悔齋，晚號抑齋行一，其父王寶卿是個鹽業商人，王錫彤十六歲時即喪父。早年王錫彤主要和李時燦一起在河南從事教育活動，光緒三十一年（1905），王受禹州知府曹廣權聘請，擔任禹州三峰煤礦公司經理，從此開始了他的實業救國生涯。在商務活動中，王錫彤顯示出傑出的才能和實幹精神，禹州三峰煤礦公司 20 世紀初開辦，土法開採，雖說出煤但

利潤微薄，且當地礦業公司林立，相互間明爭暗鬥，難以正常生產。王錫彤到任後，著手大力整頓礦務，並到天津考察，購買機器設備，經數年努力，煤礦公司漸有起色，股東逐年分到了紅利。有段時間，王錫彤在天津擔任自來水公司協理，為扭轉連年虧損的被動局面，一方面加強管理，裁員減薪，為節約開支，自己帶頭不拿薪金；另一方面，吸收天津銀號為大股東，緩解資金短缺的壓力，很快使局面大為改觀。除主持禹州煤礦公司事務和出任天津自來水公司協理一職外，王錫彤還曾參與洛潼鐵路、河南鐵礦等工程的策劃，成為河南實業界的一顆當紅明星。

對這樣的人才，袁世凱自然不會放過。他先是進行感情投資，讓長子袁克定與王錫彤結拜兄弟，心裏謀劃著，找個時候要把王錫彤推到辦實業的第一線。沒過多久，終於讓他逮住了個機會。

原來，袁世凱在山東巡撫和直隸總督任上時，對實業救國一直投以關注的目光，並且委派周學熙辦了許多企業。此時周學熙丁憂在籍，專程前來衛輝府汲縣，與袁世凱商量實業經營替代人的問題。真是天賜良緣，袁世凱提出讓王錫彤出山，接替北京自來水公司董事、天津華新紡織公司董事、唐山啟新洋灰公司協理等職。即使後來周學熙丁憂結束復任後，王錫彤也成了周的得力助手，在周學熙兩度出任財政部長期間，由王錫彤代理總理。

此後王錫彤便成了袁世凱幕府中的一名重要成員，負責掌管袁私人經濟方面的事務。袁世凱去世前一個月，感覺自己來日無多，曾將袁府的家產向王作了交待，召見王錫彤時案頭置一單，所有存款、股票、借據等共約二百萬元，指給王錫彤說：「余之家產盡在於斯。」這件事使已成富豪的王錫彤感慨不已：「袁公自從擔任大總統以來，家產實際上未曾再增加一錢，其為國忘家之情，實在是不可以冤枉污蔑他的。世間所傳袁公有數千萬資產，污蔑之言也。」（參見《抑齋自述》）袁世凱留下的妻妾子女共計有三十多人，區

區二百萬元分配給他們，無論如何，可以斷言的是，十年以後袁家必定會有貧窮者。

王錫彤生前著述多種，印行傳世的有《抑齋自述》、《抑齋詩文集》和《清鑒》等，其中《抑齋自述》是一部類似自敘年譜性質的著作，53 萬字，分作七個部分，逐年記錄了王錫彤一生言行、見聞、經歷以及家庭瑣事，尤其是清末民初他所親歷的一些重要事件，書中都有豐富翔實且真實可靠的資料，史料價值頗高。

過完這年端午節，袁世凱開始考慮遷居問題，起因是七姨太太張氏的緣故。張氏是袁世凱在直隸總督任上新娶的一房嬌妾，年青貌美，風情萬種，讓 50 歲的老袁大動春心，對她十分寵愛。無奈紅顏命薄，剛被娶進總督府不久就遇到袁世凱貶職罷官，張氏體質文弱，加之連日驚嚇，還沒從京城動身就病倒了。倉皇跟隨南下，一路旅途勞累，又受了風寒，住進汲縣袁府新居後病情加重，請來醫生治療，也沒能救得她的性命，死時年僅 20 歲。張氏年紀輕輕，還沒來得及生育子女就去世了，按照舊時習俗，只可稱做姑娘，不能叫姨太太，袁世凱甚為憐惜，以側室之禮葬於汲縣西郊。後來袁克文為她向朝廷奏請得了夫人封典，並以庶母之禮題寫了墓碣。

剛住進新房子，就遭遇了這麼一門喪事，袁世凱情緒更加低落。袁府臨近街坊，每天人來人往繁雜異常，不宜養病。加之這一年久旱無雨，氣溫居高不下，袁家兒女中不少人都生了病。袁世凱一生迷信風水之說，極講究居宅的朝向、位置等，正好其時兒女親家何炳瑩來訪，提及這件煩心的事，何炳瑩說他在彰德北門外洹上村有一處宅第，總面積二百多畝，可供袁家居住。袁世凱聞訊大喜，立馬將其買下，當月中旬即攜全家遷居到了彰德洹上。

袁世凱遷居彰德後，在這幢宅第舊址上大興土木，重新進行了修建。府邸四周砌有高圍牆，拐角處建有炮樓，依稀可見項城袁寨的痕跡。袁府建築風格獨特，門扇柱枋全是黑色，氣氛森嚴。整個

大院由九個獨立的小院組成，分別住著袁的九個妻妾，如果把房屋後面的黑門打開，九間房子又成了一個彼此相通的大院。這種別出心裁的設計，既有東方古典餘韻，又有西方歐式風味，非常適合袁的多妻妾家庭。

袁世凱與他三哥袁世廉關係最好，這一年世廉因病辭去了徐州兵備道的職務，袁世凱派次子袁克文前往徐州，將袁世廉及其姨太太一起接到了洹上治病療養。病情稍微好轉後，兄弟倆時而扶杖漫步，時而下棋聊天，時而湖上泛舟。他還經常同妻兒老小設宴園中，邀請河南墜子、梆子戲藝人來園演戲，逢上過年或者過生日，還會請來京城京劇界名角如譚鑫培、王瑤卿、王晦芳、楊小朵等來唱堂會，親朋好友以及舊時北洋屬下相聚一處，讓袁世凱充分享受了一段賦閒時光。

袁世凱是在恐慌的氣氛中離開北京的，除了北京錫拉胡同舊宅裏留下幾個看門人外，大部分家眷逃到了天津，借住在富商梁生寶家裏，袁世凱只帶了大姨太沈氏、五姨太楊氏和新娶的七姨太張氏暫住衛輝府汲縣。後來搬遷到彰德洹上村，他又納了兩個小妾。

八姨太太名叫郭寶仙，浙江歸安人。其母原為某富室之妾，因性情剛烈，與正室夫人一場大吵後，牽著幼女寶仙逃離出走，其時還懷著身孕。幾經輾轉，流落天津，終於墮入風塵。更糟糕的是，不久她母親得了一場重病，丟下寶仙和一個弟弟撒手歸西，郭寶仙萬般悲痛，典賣了衣物，又從妓院借了二千餘金，方將母親安葬。這之後郭寶仙迫於無奈，也開始在妓院裏謀營生，豔幟新張，生意出奇的好。郭寶仙對青樓的皮肉生涯深惡痛絕，為了擺脫這種生活，她放出話來：誰能以萬金相聘，她即嫁給誰。袁克文是風月場中人物，從相好的妓女蟾香處聽到這件事，回到洹上村時告訴了嗣母沈夫人，沈夫人考慮到老公袁世凱罷官居家，心情抑鬱不歡，長此以往怕鬧出病來，遂派袁克文攜帶銀兩再次北上，赴天津將郭寶

仙矚出，回到洹上村第三天就進了新洞房。郭寶仙一生有三個子女：十三子克相、十五子克和、十四女祜禎。袁克相娶前清大學士那桐孫女為妻，袁克和娶天津鐵門張調宸之女為妻，袁祜禎嫁給民國總統曹錕的兒子曹士岳，後離婚去了美國。

　　九姨太太姓劉，天津人，出身在小戶人家，是小家碧玉。劉氏原是五姨太楊氏的貼身丫鬟，從小跟著楊氏進入袁府，親眼目睹了袁家的興盛與衰敗。如前所述，袁世凱在家中最寵信的兩個姨太太分別是沈氏和楊氏，大姨太太沈氏是袁世凱在落魄之時結識的，有一段難捨的生死情緣；五姨太太楊氏長相平常卻特別善於持家，深得袁世凱的眷顧。這兩個最受寵的女人，表面上一團和氣，暗地裏爭鬥不斷。見大姨太太和嗣子袁克文合作，給袁世凱新娶了八姨太太郭寶仙，五姨太太楊氏不高興了，她決定爭回自己失去的領地。辦法只有一個，讓跟隨自己多年的丫鬟劉姑娘被袁世凱收房為姜。楊氏擅長吹枕邊風，半夜半夜地在袁世凱耳邊鼓搗，說得老袁心裏直癢癢，索性做個順水人情，將劉姑娘娶做了九姨太太。一場不見硝煙的家庭戰爭，犧牲品卻是正當妙齡的劉姑娘。這個新收的九姨太太清高孤傲，喜歡吃齋念佛，年紀輕輕卻整天手裏掐著一串佛珠，開口閉口阿彌陀佛。袁世凱見情況不妙，在離洹上村正南半公里處找了一塊地，做了幾棟白牆黑瓦的房子，給九姨太當佛堂兼住所。劉氏生有一子一女，子克藩排行十六，早死；女經禎排行十三，續五姨太的女兒季禎嫁了蘇州狀元陸寶忠的公子。美國阿波羅登月計畫的主管陸孝寬，即為陸狀元的後代。

　　袁世凱一生娶有一妻九姜，一併簡略敘述如下。

　　正室妻子于氏是袁家的一塊「牌位」，下得廚房，卻上不得廳堂。有一次外交禮節中，于夫人穿著紅褂子紅裙子，接受外賓們的祝賀，不料正在儀式進行中，忽有某國公使走上一步到她面前要同她行握手禮，于夫人大為驚慌，立即把身子一偏，嘴裏「嗯」的一

聲，將雙手縮了回去。公使僵持在那裏，場面頓時尷尬至極。袁世凱做了洪憲皇帝，于皇后坐在威嚴的殿堂上接受朝賀，黎元洪、曹錕等人的老婆依次給她行禮，于皇后又要還禮，又要下座位去攙扶，嘴裏還連聲說「不敢當，不敢當」，鬧出了不少笑話。

大姨太沈氏前邊章節已經交待，不再贅言。

于夫人生有長子袁克定；大姨太沈氏無子，過繼次子袁克文為嗣子。

二姨太白氏、三姨太金氏、四姨太季氏，此三人均為朝鮮人，是袁世凱在朝鮮監國任小欽差時的戰利品。關於袁的這三個外國洋太太，有各式各樣的傳奇流播於世，傳說最多的是三個美姿為朝鮮國王饋贈的王室公主，這大多是小說家言，不可輕信。就袁世凱當時的身份和地位來說，他絕對不敢私下接收朝鮮方面的「和親」。袁家二公子克文在《洹上私乘》一書中極力渲染三個朝鮮姨太太的「望族」背景，實際上是子虛烏有的肥皂泡。克文是三姨太金氏所生，為生母諱可以理解，但決非事實。

袁世凱精力旺盛，在朝鮮初期卻只帶了大姨太沈氏。瞌睡來了就有人遞枕頭，諳熟洋務的好友唐紹儀幫他物色了幾個洋丫鬟，帶進袁府，請袁世凱「笑納」。不過，唐紹儀玩了個偷樑換柱的花招，他帶進袁府的洋丫鬟中，有個金氏是漢城大戶人家的千金，說好了是進袁府當夫人，沒想到卻成了個婢女，而且還負責提供性服務。金氏是個性格倔強的女子，少不了要纏著同袁世凱鬧，當她的肚子一天比一天大起來時，袁世凱妥協了，答應娶她為姨太太，在給二姐的信中袁訴苦道：「不便不納，已暗納，未告人知。」

時至今日，這三個朝鮮姨太太的身世之謎仍然難以解開，倒是她們娶進袁府以後的生活情況頗為人所熟知。袁靜雪在《我的父親袁世凱》中曾經詳細地講到過她們：三姨太金氏娶進袁府時才 16 歲，她皮膚很白，濃黑的頭髮長長地從頭頂一直披拂到腳下，看上

去十分美麗。但是她神情木然，似乎永遠沒有高興的時候，就是袁世凱到了跟前，她也是板板地對坐在那裏。有時候袁世凱說到高興的事，她也會陪著笑，但是笑過之後立即把笑容斂住，臉上再也看不到絲毫笑意。每逢過年過節是她最傷心的時候，總是會暗暗哭一場，對於娘家的情況她也不願意多提。金氏臨死的前一天，對袁克文說了兩件事，一件事是，在她過門以後不久，大姨太沈氏借對她管束教導的名義對她進行虐待，把她綁在桌子腿上毒打，她的左腿到臨死前還不能伸直；另一件事是，她的父母原以為是嫁給袁世凱當正室夫人的，及至過門以後才知道不但是姨太太，而且隨身帶進袁門的兩個丫鬟也同她平起平坐成了姨太太，按年齡排序她還排在了第三房，父母十分痛心。後來，女兒又要隨袁世凱離開朝鮮，她母親哭成了淚人，最後投井自殺了。金氏對袁克文說，以前沒提這些事，是維護袁世凱的名聲，現在在彌留之際，她把這些傷心往事對親生兒子說出來，心裏會好受一些。

二姨太白氏生了四子二女：五子克權，七子克齊，十子克堅，十二子克度，長女伯禎，六女籙禎。袁克權娶前清兩江總督端方的女兒為妻；袁克齊娶民國總理孫寶琦的女兒為妻；袁克堅娶民國陝西督軍陸建章的女兒為妻；袁克度娶富商羅雲章的女兒為妻；伯禎嫁兩江總督張人駿的兒子；籙禎嫁民國總理孫寶琦的兒子。

三姨太金氏生了二子三女：次子克文，三子克良，三女叔禎，八女姓名不詳（早夭），十女思禎。袁克文娶天津富商劉尚文的女兒為妻；袁克良娶前清郵傳部尚書張百熙的女兒為妻；叔禎嫁偽山東省長楊毓珣；思禎嫁偽北京憲兵司令鄒文凱。

四姨太季氏生了一子三女：四子克端，次女仲禎，四女姓名不詳（早夭），七女復禎。袁克端娶何仲瑾的女兒為妻；仲禎嫁出使大臣薛福成的兒子；復禎嫁晚清大臣蔭昌的兒子。

　　五姨太楊氏是天津楊柳青一個小戶人家的女兒，聰慧靈氣，玲瓏可人，雖說長得不是很漂亮，但天生有王熙鳳式的治家才能，很被袁世凱賞識。如果說大姨太沈氏是袁府前期女主角的話，五姨太楊氏娶進門後，家庭的權力中心便向她轉移了。楊氏心靈手巧，口齒伶俐，遇事有決斷，袁府的日常生活被她安排得有條不紊，無論該吃什麼、穿什麼，或是該換什麼衣服，該買什麼東西，都交她一手經管，就是袁世凱的貴重財物，也是由她收藏保管。時間一長，袁家女人中逐漸形成了兩個群落，一個以大姨太沈氏為中心，包括沈氏管束的三個朝鮮姨太太，是老陣營；另一個以五姨太楊氏為中心，包括楊氏管束的六、八、九姨太太，是新陣營。老陣營與新陣營交鋒，總是新陣營取勝機率大，久而久之，楊氏自然取代沈氏，成了袁府內部的中心人物。

　　五姨太楊氏生有四子二女：六子克桓，八子克軫，九子克久，十一子克安，五女季禎，十五女姓名不詳（早夭）。袁克桓娶江蘇巡撫陳啟泰的女兒為妻；袁克軫娶兩江總督周馥的女兒為妻；袁克久娶民國總統黎元洪的女兒為妻；袁克安娶天津李善人的女兒為妻，李善人之女病亡後，復娶天津著名「美國張」的女兒為妻；季禎嫁給了蘇州狀元陸寶忠的兒子，婚後不久病逝。

　　六姨太葉氏，是袁世凱在直隸總督任上時娶進門的，說起來頗有傳奇色彩。有一次袁克文受父親老袁的委派到江南辦事，這個名士派頭十足的富家公子沉溺於煙花柳巷，把老袁讓他辦的事拋到了九霄雲外，直到要返回京城時，才感到大事不妙。回津覆命時，袁克文磕完頭支支吾吾，故意將一張早已準備好的美女照片掉到了地上，袁世凱問是什麼。袁克文硬著頭皮說他在南方為父親物色了一名絕色美女，現在帶回這張照片，是想徵求父親的意見。老袁一看，那姑娘果然不錯，一邊點頭說「好，好」，一邊把照片裝進了口袋。此後不久袁世凱專門派大管家符殿青帶著銀元去蘇州釣魚巷將葉

氏接到天津成親。葉姑娘原來是二公子袁克文相中的美眉，陰差陽錯忽然成了父親的小妾，從紅顏知己到袁家後母，這個角色轉換讓「洞房花燭夜」中的葉姑娘感慨萬千，她那哀怨的眼神，深深地沉入了歷史深處。

六姨太葉氏生有二子三女：十四子克捷，十七子克有，九女福禎，十一女奇禎，十二女瑞禎。袁克捷娶山東祝家之女為妻；袁克有迷戀上了京劇演員于雲鵬的女兒，後娶為妻；奇禎嫁天津王家（後離婚）。

七、八、九這三個姨太太上文已經說了，不再重複。

在彰德洹上村時，袁世凱家族中有 17 子 15 女，是袁一輩子的全部兒女。此後幾十年，他們在中國歷史舞臺上粉墨登場，演出了一幕幕悲歡離合的悲喜劇。

當時袁世凱年過五旬，按照舊時觀念已進入老人階段，人過半百萬事休，加上政壇風雲變幻，沉浮無常，袁對家族聚居的天倫之樂尤其珍惜。他雇請園丁栽種了桃、李、杏、棗等果樹，還把渠水引進園子，開鑿了一個大水池，種植荷、菱，養殖魚類。到了秋天，袁世凱興致勃勃地帶領兒孫去池塘裏捉螃蟹，有意思的是，這些螃蟹是袁世凱平時教兒孫們用高粱和芝麻飼養的，因此收穫到那些又肥又大的螃蟹時，全家人都會格外高興。有月亮的夜晚，袁世凱還同姨太太們盪槳划舟，朝鮮籍三姨太金氏和六姨太葉氏一個彈七弦琴一個撥琵琶，給秉燭夜遊的場面增添了異樣的情趣。

宣統二年（1910），袁世凱回汲縣處理家產事務，遇到了算命瞎子許長義，許瞎子給袁卜了一卦，問了八字，摸了手相，放出話來：吉人天命，貴不可言，命中官星正在移動，官職將有大升遷。一問日期，許瞎子說是明年八月。袁世凱雖然高興，心裏卻半信半疑，給了卦禮十元，並對他說，屆時如能應驗，另有厚謝。民國後

袁世凱當了大總統，許瞎子以卦卜靈驗為辭，進京向袁世凱請賞，袁讓人安排他在總統府招待處住了個把月，饋贈銀元一千，然後派人把他送回汲縣。此後許瞎子聲名鵲起，請他算命的人絡繹不絕，他在家鄉購置田產，成為汲縣有名的大地主。

袁世凱也許知道洹上隱居只是他人生中的一個休止符，但是他肯定沒有想到，「明年八月」後將東山再起，成為中國政壇上舉足輕重的人物，一躍而登上大總統的寶座。

袁克文有名士派頭，被袁世凱狠狠訓斥了一頓，認為名士看似風雅，實則誤己誤人，非做人之根本，不值一哂。但是袁世凱嘴上這麼訓斥，他自己卻也有濃郁的名士情結，尤其在落魄之時表現得更加充分。年輕時在陳州組織文社，就曾經風雅過一回；如今在洹上，空閒時間多了，不免雅興大發，又邀集了一幫擅長詩詞歌賦的幕僚親信，詩酒唱和，留連忘返。這段時間與袁世凱唱和的有沈祖憲、凌福彭、史濟道、權靜泉、陳夔龍、費樹蔚、閔爾昌、吳保初、王廉、田文烈、王錫彤、丁象震等人。後來袁克文將洹上唱和的詩詞抄錄下來輯為一冊，題名《圭塘倡和集》，刊行於世。

這些人物絕大多數都是真才子，絕非庸常之輩，比如吳保初就是一例。

吳保初（1869～1913），字彥復，祖籍安徽廬江，淮軍將領吳長慶次子，著名的「清末四公子」之一（其餘三位分別是湖南巡撫陳寶箴之子陳三立，福建巡撫丁日昌之子丁惠康，湖北巡撫譚繼洵之子譚嗣同）。吳保初一生擅長詩賦，也喜歡女人，飲酒撫琴，召妓宴客，是勾欄酒肆中的風月之徒。作為名門之後，吳公子卻心有不甘，政治情結濃厚，大膽上疏朝廷，要慈禧把權力還給光緒，以一個六品的官銜去玩雞蛋碰石頭的官場遊戲，被他的上司剛毅臭罵了一頓，吳保初一氣之下，掛冠歸隱，辭職不幹了。

對官場政治絕望之後，吳保初寄情風月，恣意聲色，一時名噪滬上。然而高消費必須有經濟基礎做後盾，像吳公子這般散財結賓客，不幾年便將家中田產典當一空，到了境況窘迫的地步。有一次幾個朋友召妓，不料被召的一個名叫菊仙的妓女偶遇風寒，回家第二天咯起血來，吳公子聞訊後到處為她找醫生，儘管囊中羞澀仍然慷慨解囊，等到菊仙病好了，閉門謝客，單獨約請吳保初作傾心長談，從那以後菊仙恢復了彭嫣的本名，二人結成夫妻，留下了一段才子佳人的佳話。吳保初是才子，彭嫣是才女，光靠寫詩是沒有辦法過日子的，二人商議一番後，決定到彰德洹上投奔袁世凱。

到了洹上，吳保初見過袁世凱，寒暄幾句後，袁世凱問他來此有何貴幹。吳公子仰天狂笑一陣，說道：「我是來要飯吃的。」袁世凱見他落魄了依然還是狂放不羈的書生性情，也忍不住笑得前仰後合，在文案上給他掛了一個名，領一份薪金，願來就來，願走就走，不用像別人一樣按點上下班。應該說袁世凱對吳公子還是不錯的，這裏頭有袁愛才的因素，更多的是看在恩師吳長慶的分上。可是吳公子並不怎麼買賬，掛名做了一段時間的袁府幕客，還是攜著如夫人彭嫣離開了洹上村，雲遊四方去追求逍遙神仙的日子，臨走時留下兩句詩：「丈夫餓死尋常事，何必千金買自由。」不過，袁世凱對吳公子的譏諷並不是太在意，後來吳患病半身不遂，袁仍分兩次匯款三千元給吳做醫療費。

吳保初無子，後從兄長處過繼一子，名炎世；有二女：長女弱男，嫁章士釗；次女亞男，嫁梁瑞麟。吳氏三兄妹都是同盟會的早期會員。

袁世凱想當隱士，然而「隱士」難隱，閒雲野鶴的生活中，摻雜了許多政治的意味。

袁世凱所掌控的北洋系羽翼漸豐，已成為能夠左右晚清政壇的重要力量，由袁一手提拔的那些高級將領，對昔日首領舊情難忘，看到袁的落難境地尤為同情，每到逢年過節，都會有不少人前來彰

德洹上祝壽拜年，其中知名軍人將領有：王士珍、段祺瑞、馮國璋、陸建章、吳鳳嶺、王英楷、張勳、姜桂題、何宗蓮、段芝貴、曹錕、雷震春、張士鈺、徐邦傑、張永成、張懷芝、陳光遠、靳雲鵬、王汝賢、孟恩遠等。

除此之外，袁世凱還與一些朝廷大臣以及地方大員有著千絲萬縷的密切聯繫，其中不乏近代史上的關鍵人物，如兩廣總督袁樹勳、兩江總督張人駿、直隸總督陳夔龍、浙江巡撫增韞、川漢大臣端方以及朱家寶、馮汝癸、陳昭常、寶棻、吳重憙、袁大化、梁敦彥、楊士琦等。至於布政使和侍郎以下的官員則不計其數。

回到彰德後，袁世凱一共度過了三個生日。

宣統元年（1909）八月，袁世凱剛被貶官回籍，對一切都有點心灰意冷，有人提出為他祝壽，被婉言謝絕。但是到了生日前幾天，洹上村還是來了不少北洋舊屬，袁世凱吩咐管家安排他們好吃好住，就是矢口不提壽辰之事，生日那天，袁索性裝病不起，來客一個不見。前來賀壽的昔日僚屬聚在袁府大廳，誰也拿不出什麼辦法。辮帥張勳看眾人像一隻隻呆鳥，顧不了那麼多，推開守門人直接往老袁房裏闖，一邊連連打躬作揖，見有人帶了頭，北洋軍諸將領一哄而上，硬是將不接受祝壽的袁世凱從床上扯起來，端坐在太師椅上受了一拜。

到了宣統三年（1911），這一年袁世凱52歲，祝壽活動依然在這種半秘密半公開的狀態中舉行。不同的是，賀壽儀式正在進行中，忽然傳來武昌起義的消息，前來祝壽的親信謀士仿佛炸開了鍋，在突如其來的變故面前一籌莫展，像一架多聲部的音箱，現場說什麼的都有。有人甚至趁亂遞了句話：此時不反，更待何時？袁世凱冷冷一笑，說道：我不能做革命黨，我的子孫也不願為革命黨。說這句話的時候，袁世凱的腦子裏至少轉了三個彎，他想起了許瞎子，看來那傢伙的卦卜真是很靈驗。

3.「非袁不可」的大總統

武昌辛亥起義前夕，立憲派首領張謇北上赴京，途中專程前往彰德會晤了「隱士」袁世凱。他們的這次見面，被後世稱做在野的兩大政治巨頭會師。

張謇一生當的最大的官是翰林，而且只當了 120 天，幾乎不能算是進入了官場。但是在晚清諸多重大事件中，卻到處留下了他的身影。曾有一度，張謇與袁世凱關係鬧僵，不通音訊長達十年。中日甲午戰爭爆發後，袁世凱主動拜訪張謇作傾心長談，二人盡釋前隙，化干戈為玉帛，重新成了政治上的盟友。

這年四月底，張謇帶著一大批隨員從上海乘輪船溯江而上，經漢口只停留了半天，然後乘專列沿京廣路匆匆北上，他的一個重要計畫是會晤貶官在籍的袁世凱，共同分析時局，商討對策。張謇很明白，儘管袁世凱罷官在野，但他在北洋系統中的潛在勢力仍然絲毫未減，任何政治上的策劃，沒有袁世凱的默契和支援，都會流於紙上談兵。五月十一日下午 5 點鐘，火車到達彰德，袁世凱早已派有副官和轎子迎候，張謇上了轎子，直奔洹上村，與袁世凱密談至深夜。袁世凱本來還想留張謇過夜，因張急於趕赴北京而辭謝了。在當天的日記中張謇寫道：「午後五時至彰德，訪袁慰亭於洹上村，道故論時，覺其意度視廿八年前大進，遠在碌碌諸公之上。其論淮水事，謂不自治，則列強將以是為問罪之詞。又云，此等事，乃國家應做之事，不當論有利無利，內民能安業即國家之利，尤令人心目一開。」

袁、張洹上會晤意義非同尋常，張謇為立憲派物色到了滿意的政治領袖，袁世凱則尋找到了一個堅強的社會後盾，晚清的兩股政治勢力（立憲派與北洋系）匯合到了一起，在即將到來的辛亥革命

時期密切配合，最終形成了難以抗拒的潮流，改變了歷史的進程。劉厚生曾評價這次政治會晤的意義和影響：「張謇不過是一個書生，並沒有多大勢力。袁世凱是一個罷斥的官吏，亦無實在權柄，怎樣兩人一夕之談，竟能決定清廷之命運呢？事實是如此，張謇本身並無勢力，而當時諮議局議員，的確是各省社會的優秀分子，的確能有領導當時一般社會的能力，而張謇的聲望，又足以領導各省諮議局。世凱雖然身居彰德，其蓄養的政客甚多，豈有不知近情？而至於袁世凱呢，自身有一手訓練的精兵十餘萬人。舊時時代的軍隊，一向屬於個人，而不是屬於國家的。世凱雖在彰德，仍有猛虎在山之勢，亦為張謇所十分明瞭。當謇初晤世凱時，世凱對張謇的來意不明，談吐之間，一昧閃避，專打官話。後來見謇坦白的態度，誠懇的語言，已完全明瞭謇的本心，不由得不把自己的意見略略吐露。世凱於送張謇出門時，很懇切地對張謇說：『有朝一天，蒙皇上天恩，命世凱出山，我一切當遵從民意而行。也就是說，遵從您的意旨而行。但我要求您，必須在各方面，把我誠意，告訴他們，並且要求您同我合作。』」（劉厚生：《張謇傳記》181頁，上海書店1985年第一版）

如此看來，張謇的這次北京之行，在為立憲運動搖旗助威的同時，無疑也幫了老袁一個大忙，做了一回說客。

武昌起義槍響的第三天，清廷發佈了一道命令：派陸軍大臣蔭昌統率北洋軍兩鎮南下討伐，並令海軍提督薩鎮冰派遣兵艦協同作戰。在清朝高層當權者眼裏，黃鶴樓附近的這一場騷亂不足為慮，幾個革命黨並不難對付，經歷過太平天國起義、庚子之亂這樣的社會大動盪，晚清統治者的心理素質磨練得比牛皮厚多了。

就在以上命令發佈後的一天，洹上村來了個秘密客人，他是被派南下作戰的軍隊統領馮國璋，此行的目的，是來向老袁請示機宜的。袁世凱沒有正面回答，而是用手指蘸著一碗水，在桌面上寫了六個字：「慢慢走，等著看」。馮國璋頷首微笑，拱手告辭。此後被調南

下作戰的北洋軍果然磨起了洋工，玩起了「六軍不發無奈何」的賴皮遊戲。赴前線作戰總指揮蔭昌見勢頭不妙，也留在了北京沒有動身。

下一步是慶王奕劻、徐世昌等人粉墨登場。他們來到宮廷當起了說客，建議起用袁世凱「討伐叛軍」，當場甩出句硬邦邦的話：「要收拾這樣的混亂場面，非袁不可！」攝政王載灃徵求各方面意見，也大多是相同看法，連總指揮蔭昌也不例外，成了袁世凱的鐵桿保薦派。無奈之下只得起用袁世凱，任命袁為湖廣總督兼辦剿撫事宜，要他當蔭昌的副手。

對於這樣的任命，袁世凱沒有貿然答應，而是以「足疾未痊」的由頭推辭了。奕劻感到奇怪，朝廷要老袁站出來當領導，這個人卻扭捏作態，藉口腿疼病未好不能工作，用心何在？讓徐世昌去洹上村摸底調查，徐世昌回京後一臉的「氣憤」：真是不像話，他還提出了就職的條件。奕劻問什麼條件。徐世昌端出了他與袁世凱商量好的六條：明年召開國會，組織責任內閣，開放黨禁，寬容武漢起義人物，授以指揮前方軍事的全權，保證糧餉充分供給。這一出雙簧戲，徐世昌演得惟妙惟肖。

此時的清政府已成騎虎難下之勢。繼武昌起義後，湖南、陝西、江西、山西、雲南、上海、浙江、安徽、廣東、福建、廣西等省紛紛響應革命，宣佈脫離清政府獨立。而南下討伐的北洋軍，又全部停留在信陽和孝感之間，兵車阻塞不通，蔭昌下達的軍令也常常被莫名其妙地推諉。此時革命軍乘虛而入，在漢口發動了新一輪攻勢，兵力推進到三道橋，勢不可擋。清廷當權者總算知道那句「非袁不可」的含義了，九月六日下令解除蔭昌督帥職務，派袁世凱為欽差大臣，節制馮國璋的第一軍和段祺瑞的第二軍以及水陸各軍。

就在這個命令下達的當天，北洋軍露了一手，奉袁世凱的秘密指示向漢口革命軍發動了猛烈進攻。打了大勝仗，北洋軍卻沒有乘勝追擊，他們明白養敵自重的道理，一方面給革命軍一點顏色，一

方面給清政府一點甜頭，就這樣打打停停，進進退退，袁世凱於不動聲色中慢慢動搖著大清王朝的根基。袁世凱曾把這個方法比做「拔大樹」。在一次同楊度的談話中他說道：「專用猛力去拔，是無法把樹根拔出來的，過分去扭，樹一定會斷折，只有一個辦法，就是左右搖撼不已，才能把樹根的泥土鬆動，不必用大力一拔而起。清朝是棵大樹，還是三百多年的老樹，要想拔這棵又大又老的樹，不是一件容易的事。鬧革命，都是些年輕人，有力氣卻不懂得拔樹，鬧君主立憲的人懂得拔樹卻沒有力氣。我今天的忽進忽退就是在搖撼大樹，現在泥土已經鬆動了，大樹不久也就會拔出來的。」這番夫子自道，很能說明袁世凱政治上已經磨礪得十分成熟和老練了。到後來兵不血刃逼迫娃娃皇帝溥儀退位，從而結束了中國幾千年的帝制，袁世凱的政治手腕更是發揮得淋漓盡致。

在中國人的印象中，袁世凱一直像是卡通片中的壞蛋人物，遭受千夫唾罵，人們總是毫不吝嗇地送給他一頂又一頂帽子，其中最為顯赫的一頂是「竊國大盜」，這頂帽子最先是陳伯達送給老袁的，久而久之，此一詞條已經成了袁世凱的專利。

按同盟會在辛亥年間的實力，要推翻滿清政權機會並不大，此前多次起義暴動連連失敗，反覆證明了這一點，即便要取得成功，恐怕也還要走很長一段路。何況起義的成功並不意味著共和之路就變成了坦途，中國幾千年的封建帝制，不經啟蒙，不經洗禮，哪有一日搖身一變成為共和的可能？用唐德剛先生的說法：這種制度轉型是一個漫長且痛苦的過程，決非三五年之功。

應該說那時候袁世凱的呼聲很高，是一個各方政治勢力均能夠接受的人物。北洋派自然認為「非袁不可」，中國的政局唯有袁世凱能掌控；連革命黨內部的一些高級幹部如黃興、宋教仁、汪精衛等，也都持「非袁不可」的觀點，這倒並非他們忽然間成了袁世凱的支持者，而是根據時局變化得出的清醒判斷。

　　宣統三年（1911）歲末，獨立各省都督代表集會南京，推舉孫中山為中華民國臨時大總統，無錢無兵的孫文隨即電告袁世凱：自己只是暫代的臨時大總統，一旦袁世凱反正，隨時讓位。半個月後，孫文再次致電袁世凱，重申諾言。虛位以待的原因還是只有一個：非袁不可。

　　既然大家都認為「非袁不可」，「竊國大盜」一說又怎能成立？

　　歷史上的反面人物，是一個值得認真探索的話題。隨著歷史進程的發展，人們的認識能力和水平也在不斷發生變化。脫離當時的話語體系評價歷史人物，是不真實也不公允的。

　　那麼在 20 世紀初期的中國，袁世凱想當總統何嘗不可？至於他未能將社會成功轉型為共和，沒有能夠成為中國的華盛頓，那則是另外一個話題，這與袁世凱個人的歷史局限性有關，也與中國的封建專制土壤有關。正如唐德剛先生所說：「客觀歷史早已註定了他這個邊緣政客不論前進或後退，都必然是個失敗的悲劇人物。」（唐德剛：《袁氏當國》19 頁）。

4.衆叛親離的滋味

從袁老六鬧家庭革命說起

　　到了彌留之際，病榻上的袁世凱才意識到：從「非袁不可」到「非去袁不可」，僅僅只有一步之遙。

　　復辟帝制是袁世凱最大的一個污點，究其原因，有太多因素，幾句話難以說清。不過為了這個污點，袁世凱付出了太多代價，以至於他的後人也要為釘在歷史恥辱柱上的這個前輩低下頭顱，承受與生俱來的差辱。

　　袁世凱「帝制自為」，害己誤國，鑄成大錯，也使這個人的晚境十分淒涼。昔日好友徐世昌、嚴修、張一麐，北洋舊屬段祺瑞、馮國璋等相繼離他而去，有的人甚至公開登報聲明與袁絕交。更糟糕的是討袁旗幟林立，四面楚歌，同時，家庭內部也起內訌，鬧得不可開交。這一切，使袁世凱陷入絕境，感到失去了做人的樂趣。

　　對袁世凱稱帝的評價，是從道德審判開始的。

　　袁世凱有個堂妹名叫袁書貞，嫁山東巡撫張汝梅之子為妻，袁稱帝時，恰逢她 50 歲整壽，於是老袁命長子袁克定帶著厚禮去山東祝壽。其時袁克定正忙於帝制，轉託五弟袁克權代往。袁書貞聽說京城老袁家來送壽禮，閉門拒絕接待，讓人傳話說：「我娘家無兄，也無內侄。」滿心歡喜去吃壽麵的袁克權碰了一鼻子灰，鬱悶至極，回到京城將原話據實稟告，袁世凱父子也感到納悶，百思不得其解。稍後，袁書貞給袁世凱寫了一封信，上下款均無稱呼，內容大意是：袁、張兩姓，世受清恩，你代清而為民國總統，打出的旗號是民主。今日稱帝，你又何以見隆裕太后於地下乎？雖云順從民意，但是以我看來，你卻是叛逆之臣。我幼讀詩書，稍知君臣大義，請自今日始，你為君主，我願為前清遺婦。

　　這封信確實寫得大義凜然，然而滿紙留下的卻是前清遺婦的怨艾之氣。

　　所謂遺民，是一個複雜的社會現象，改朝換代之際，總有一些忠於先朝而恥事新朝者，他們要麼是舊朝做官，換了新朝後遁入江湖不再出仕，拒絕與當局配合；或者在舊朝無官無職，但思想觀念深受前朝影響，愚頑不化地活在前朝的語境氛圍中；在某些特殊的時期，也有為保持氣節操守和聲譽名望而不屈從當局淫威的高潔之士。而袁世凱的堂妹袁書貞，看來是以上第二種人物，她信中的意思表達得十分明白了，還有句潛臺詞是：中國需要皇帝，但是你袁世凱不配。

在反對袁世凱稱帝的人中，持有這類前清遺民觀念的不在少數。

比如袁家老六，就是一個顯著的例子。老六名世彤，字孟昂，是袁世凱生父袁保中最小的兒子。在袁世凱眼裏，這個老么甚不成器，混跡鄉梓，仗勢橫行，袁一直對他沒有好感。在給二姐袁讓的一封信中，袁世凱曾經述說過他的憤懣：「老六尤不是人，已出去，家中可少一蕩子，真遺先人羞辱。何吾家中亦出老五、老六之子弟，殊不可解！」

為了六弟袁世彤，袁世凱並沒有少操心。光緒十四年（1888），他在江南藩庫為袁世彤報捐同知，以後又報捐道員，銀子已經上兌，因為遺失了同知捐照一直未能辦成。宣統元年（1909），袁世凱仍在為他報捐的事致書親家何炳瑩，請他託人向吏部和度支部查詢，後又託另一個親家張人駿，催促迅速辦理。可是對於四哥的關愛，袁老六並不買賬，反倒嫌四哥出力不夠，耽擱了他的做官前程。到了袁世凱稱帝時，袁老六聽了些閒言碎語，臉上掛不住了，氣衝衝地跑到京城，丟下幾句話：「皇帝縱然做成了，兄也是清室逆臣，袁家不肖子孫。」見袁世凱不聽其勸，也不知聽了誰的話，袁老六和妹妹袁張氏在北京、天津的報紙上到處刊登聲明：與袁皇帝斷絕關係。

回到老家，袁老六仍不甘休，扯起旗幟，大募軍隊，自任為討袁軍大統領，羅列袁世凱罪狀二十四款，印成傳單四處散發。時河南都督為張鎮芳（袁家老大世昌的妻弟）得到這個情報，也不大敢過問，於是密電袁世凱請示如何處置。袁世凱哈哈大笑：「老六與我鬧家庭革命了，無怪乎老張束手無策。」袁略作沉思後覆電張鎮芳，讓其派兵勒令解散，如敢違抗格殺勿論。張鎮芳捧著袁世凱的手諭，讓袁老六看了，袁老六冷笑一聲反問：「張都督將如何處置我呢？」張鎮芳說：「你總不能讓我為難。」過了幾天，袁世彤率領所募軍士數百人離開河南進入陝西，後為陝西都督陸建章所遣散。

　　袁的家人對袁世凱「帝制自為」的看法，代表了晚清遺民的一種認識水平，本來不足為訓。但是許多歷史研究者據此得出結論，認為袁世凱稱帝連他的家人都反對。實際上，袁世凱稱帝的錯誤，比他家人反對的那些理由要複雜得多。

　　關於袁世彤之死有多種說法，一般認為他老年病故於河南項城，也有說他在陝西死於屠夫陸建章刀下的，據說陸建章是遵從袁世凱的密囑，此說證據不足，難以為信。袁世彤晚年喜習書畫，他的書畫作品在民國初年很走紅，與其身份不無關係。至今在臺灣故宮博物館仍有袁世彤的書畫藏品，據行家說其中不乏妙筆。

藏進新華宮的炸彈

　　袁乃寬是死保袁世凱當洪憲皇帝的「十三太保」之一，此人字紹明，河南項城人，生於清同治七年（1868），與袁世凱同姓不同宗，卻深得袁的賞識重用，擔任袁氏總統府的侍從武官，專門負責拱衛軍軍需業務，是個肥差。袁乃寬的父親叫袁子明，曾為太平天國英王陳玉成的部下，袁子明降清，全家被太平軍誅滅，幸得續玄張氏攜幼子袁乃寬出外辦事，僥倖逃出了兩條人命。

　　袁乃寬「辦事鋒利，有大馬金刀之風」，這個風格同袁世凱很相似。據袁世凱的另一名親信唐在禮透露：「袁乃寬當了多年的老軍需，在山東時即在袁手下，後來跟到天津，袁對他很寵信。他和袁是大同鄉，是豫南人，後來認了本家。他由早年在袁家總管糧錢，繼而跟著袁在他衙門裏總管銀錢，一直到總統府裏還是總管銀錢。當時他歲數已不小，但他和袁克定拉得很緊。在搞帝制時，袁乃寬早已成為『內廷』的部管事。」（吳長翼：《魂斷紫禁城——袁世凱秘事見聞》149頁）為了套近乎，他曾一度改名袁克寬，想與袁家子侄輩同其排行，後被袁世凱勸阻才作罷。

　　袁乃寬無限忠於新皇帝，其子袁瑛卻是個叛逆者，對其父的做法不以為然。此人別拘一格，取了個袁不同的名字，發誓要和袁家一刀兩斷。革命黨打探到袁家有這麼一位袁不同，不禁喜出望外，懸賞數十萬元，囑他潛進袁府去盜取一份外交機密文件。袁不同欣然受命，到京城後，即找到內差勾克明。勾的母親是袁家老傭人，管理內室灑掃以及倒馬桶諸事，她身邊藏有十幾把鑰匙，別人去不到的地方，勾母卻能通行無阻。勾克明從他母親那裏偷來鑰匙，仿配了老袁密室的一把，趁著無人時混了進去，打開密室的匣櫃，將秘密文件用照相機拍攝下來，原物不動放回了原處。袁不同通過勾克明辦妥此事以後，把所拍攝的底片輾轉交到英國大使館，這消息便在英美報紙上捅了出來，傳到日本，惹出了外交上的一個大禍。

　　負責處理這起案件的是江朝宗（1861～1943），字宇澄，安徽旌德人。原是淮軍將領劉銘傳所設典當鋪的一名小夥計，後投奔小站練兵的袁世凱，擔任步軍統領九門提督之職。此人的一個特點是臉皮特厚，能夠經受得住胯下之辱。有這麼一則掌故：帝制事起，江朝宗奉袁皇帝之命，捧詔前往東廠胡同黎元洪宅，請黎受封為武義親王。黎元洪不願受封，深居不出，江朝宗便長跪不起，氣得老黎指著他的鼻子大罵：「江朝宗，哪有你這樣不要臉的，快快滾出去！」江朝宗依然面帶笑容，跪在地上，大呼「王爺受封」不止。

　　袁瑛、勾克明一案，江朝宗率領親兵入宮拘捕了三十餘人，載牛車五輛，押縛魚行，送到軍警執法處雷震春處。雷震春大怒，指著江朝宗罵道：「如此重要人物送來我處，叫我如何處置？你小子給我出難題？送來害我？我揍你小子——」說著揮拳向江朝宗臉頰打來，江急忙躲閃，手撫兩頰，連聲說：「沒有打上，得罪大哥，請大哥息怒。」雷震春哭笑不得，說道：「你這小子，真不要臉。」

事後有人問江朝宗：「當時為何如此懦弱？」江答曰：「他兩掌有力，我孤掌難鳴，只好忍氣吞聲。」

此案最後處理結果是「事出有因，查無實據」，袁不同在牢裏關了幾天又被放出來，這下子他的名士派頭更足了，整天與革命黨混在一起，要做反袁義士。之後，袁不同果然有大動作，私下偷運了幾十枚炸彈入宮，暗埋於新華宮中，意欲一旦爆破，使袁氏一門全部化為灰燼。沒料到被衛兵偶然發現了一枚，大為驚駭，遂將整個宮內梳理搜索了一遍，凡泥土草叢處格外留意，竟找出了七十多顆炸彈。此事迅速傳遍宮中，人心惶惶。經過辦案人員一查，又是袁不同搞的鬼。

袁世凱怒不可遏，下令將袁不同抓起來，但已經晚了，袁不同早已逃之夭夭。袁世凱怒氣未消，要治袁乃寬教子不嚴之罪，經過幾個姨太太說情，袁才漸漸息怒。第二天，袁乃寬入宮謝罪，袁世凱鼻子「嗯」了一聲，再也懶得理睬。事過之後，袁世凱才得知了真相：袁乃寬與其子素來不合，幾個月前已宣佈將不孝之子袁不同逐出了家門，袁世凱這才對袁乃寬恢復了信任。

袁世凱恢復帝制，袁乃寬十分賣力，眾人猜測，帝制成功後此人必有重賞。哪知道袁世凱做了洪憲皇帝後並沒有提拔袁乃寬，也許，這與其子袁不同的搗亂有關。

袁乃寬與大公子袁克定關係不錯，有一種說法，袁世凱死後，袁克定曾與袁乃寬合謀，將天津海河東岸平安街的一處樓房變賣私分，後來此事洩漏，被袁家知道了，對這個假內侄袁乃寬方有警覺。不過在經濟上，袁乃寬從袁世凱那兒撈到過不少好處是可以肯定的。袁乃寬後來閒居天津做起了寓公，住在典雅別致的「小怪樓」裏，此樓委託英、德工程師設計，是一座歐洲風格的古典式建築，共 54 間，樓頂裝飾著哥特式雕飾，顯得非常俏麗。此樓建國後被人叫做袁乃寬故居。

「送命二陳湯」

有一副對聯：「起病六君子，送命二陳湯」。「六君子」、「二陳湯」都是中草藥名，又喻人物名，一語雙關，妙趣橫生。六君子指幫助袁世凱積極策劃帝制的楊度、孫毓筠、李燮和、胡瑛、劉師培、嚴復；二陳湯指陳樹藩、陳宦、湯薌銘。

陳樹藩（1885～1949），字伯森，陝西安康人。保定陸軍學堂畢業後，進入北洋軍，督理陝西軍務。陸建章擁護袁世凱稱帝，被封為一等伯爵，陳樹藩步步緊跟陸建章，期望扶搖而上。後見陸建章殺人如麻，被人稱做陸屠夫，民心喪盡，遂起倒戈之念，活捉了陸屠夫的得力幹將，與其談判，並自任陝西護國軍總司令，宣佈陝西獨立。

湯薌銘（1885～1975），字鑄新，湖北浠水人，湯化龍的胞弟。南京臨時政府成立後，湯任海軍次長兼海軍北伐總司令，由煙臺入京晉見袁世凱，袁對湯極力籠絡，授予海軍中將銜，後任他為靖武將軍，掌管湖南軍務。袁氏帝制自為，湯薌銘百般擁戴，在湖南設立專門機構製造輿論。後護法軍興，西南獨立，其兄湯化龍勸他反正，起初並不理會，見袁世凱大勢已去，遂於 1916 年 5 月 28 日通電反袁。

給袁世凱致命一擊的是陳宦。

陳宦（1870～1939），字養鉏，號二庵，湖北安陸人，幼年喪父，由寡母一手撫養成人。此人聰明異常，卻生著一張苦瓜臉，這樣的人往往難被伯樂相中。但是仍有人慧眼識金，據說章太炎第一次見到他時即驚為天人，連聲贊道：「中國第一人物，中國第一人物，他日亡民國者，必此人也。」陳宦後來進入袁世凱幕府，袁對陳格外倚重，凡事以陳宦為主謀，在北洋系中流傳過「文有楊士琦，武有陳宦」一說。

　　有天下午，陳宧向袁世凱彙報工作後，被老袁留下來吃晚飯。席間，袁總統叫他談談對時局的看法，陳宧清清嗓子，侃侃而談，分析當時的政治重心有三處，一是北京袁世凱，一是武漢黎元洪，一是南京留守處黃興，三方皆有聲勢，也各有後援。陳宧向袁總統獻計，如何籠絡黎元洪，如何推倒黃興，如何把另外兩方的後援轉化成自己的力量，有策略有步驟，言之甚詳，袁世凱高興得一連喝了三杯酒，連聲說相見恨晚。此後不久，陳宧與袁府大公子袁克定結成了拜把兄弟，越是成了袁世凱一把牌中的當紅明星。

　　北京帝制活動鬧得正火熱時，陳宧自請出鎮四川，要為袁皇帝效力。出京前一天，袁世凱親自設宴餞行，陳宧跪伏地上三拜九叩首，又膝行到龍椅前，抱著袁皇帝的腳親吻了幾口，正色說道：「大總統明年如果不登基皇帝，正位中國，我陳宧此去，死都不回！」在場的人感到很肉麻，不免有些議論，曹汝霖說得比較含蓄：「這種嗅腳儀式，是歐洲中世紀對羅馬教皇才能行的大禮，搬到中國來似乎不妥。」另一位曾把袁世凱獎賞的勳章當做扇墜的章太炎，嘴上可就沒有那麼客氣了：「無論如何，諂佞之人，事出常情，大事既去，必生反噬！陳宧恐遠離都門，為世凱北洋舊人所傾軋，借此深固袁之寵信，實有戒心矣，能始終忠於袁世凱乎？」

　　章太炎的預言果然應驗了。民國五年（1916）四月二十二日，面對四面險境的陳宧為了自保，終於出賣了袁皇帝，宣告四川獨立，簽下了與袁世凱絕交的通告。手中毛筆在紙上落下他的名字之前，曾有過片刻猶疑，部下軍務處一等參謀季自求痛哭進言，要陳宧考慮與袁世凱的私人關係，對袁的忠告只勸其退位，不應有進一步絕交之表示，但是在各方面的威逼之下，陳宧還是狠下決心徹底絕交，在通電的最後寫道：「宧為川民請命，項城虛與委蛇，是項城先自絕於川，宧不能不代表川人與項城告絕。自今日始，四川省

與袁氏個人斷絕關係，袁氏在任一日，其以政府名義處分川事者，川省皆視為無效。」

那天袁世凱正在吃早餐，廚師按照他的飲食習慣，將一個饅頭切成四片，吃完了三片，忽聞有陳宧通電新到，於是和素有北洋財神之稱的梁士詒共閱來電，一看通電內容，梁財神瞠目結舌：「這個……陳二庵不至於此吧？」袁世凱眼神木然，什麼話也沒說，仰面望天一歎，拂袖而去。從那以後，他就食量漸減，精神不振，吃不下東西，慢慢地憽憽成病。據老中醫說，袁世凱的病是氣裏著食物下嚥所致。

卿本佳人，奈何做賊？

據說老袁也愛好男寵。傳說中他的男寵叫唐天喜（1868～1949），字雲亭，河南沈丘人。幼年時唐天喜在豫劇班裏唱小旦，長了一張吹彈得破的臉，很受達官貴人追捧。袁世凱曾經有過一段公子哥兒的浪蕩生活，於是唐天喜就被合理想像成了老袁的「同志」。這是一個不負責任的傳說，經不住史實的推敲，不過，比附於漫畫人物袁世凱的身上，這麼多年來也沒多少人提出過質疑。

袁世凱確實對唐天喜十分寵信，從朝鮮歲月開始，唐一直是袁的貼身隨從。此人職業操守不錯，夜晚袁世凱睡覺時，他挎著手槍徹夜巡防守候，老袁很為他的忠心耿耿而感動，報答的方式是提升官職。北洋時期，唐天喜擔任陸軍第三鎮標統，眾所周知，第三鎮是老袁的衛隊，唐天喜實際上是衛隊長。袁世凱特意請占卜看風水的術士算了一卦，認為唐天喜的名字極利於袁世凱，不僅有天之大喜，而且有漢唐盛世的「唐」，是袁世凱的吉人。

袁世凱搞洪憲帝制，唐天喜是鐵杆支持者，以御前大臣自居，私下對幾個心腹說，以後老袁當了皇帝，神機營的統領非他莫屬。

袁世凱也沒有虧待他，委任其出任北京衛戍司令兼侍衛隊長，等於是袁府的一條看家惡狗。不久，湖南前線戰事吃緊，袁世凱調馬繼增為援湘司令赴前線作戰，唐天喜聞訊後求見袁皇帝，跪地大哭：「我蒙皇上三十年養育之恩，無以為報，請求皇上賜我一軍，去擊潰蔡鍔。」袁世凱說：「都去前線打仗了，誰來看家？」唐天喜固請赴敵，說道：「前線仗打贏了，京城就固若金湯了。」袁世凱考慮片刻，委派唐為馬繼增的副手，一起開赴狼煙遍地的湖南。

仗還沒有開打，唐天喜就被對方拉下了水，湖南軍副司令趙恒惕帶著三十萬兩銀子登門拜訪，在金錢的誘惑下，唐天喜的道德底線終於崩潰了。次日夜晚，唐率部忽然向馬繼增的第六師襲擊，馬部猝不及防，全師潰敗，馬繼增憤而拔槍自殺。

袁世凱接到唐天喜叛變的消息，如同晴天霹靂，震動巨大，一面急電江西李純派員往湖南收容第六師，一面通緝唐天喜，指明如抓到唐即就地正法。據袁世凱的家人說，袁世凱臨死之前神思恍惚，口裏仍在念叨：「唐天喜反了！唐天喜反了！」由此可見這件事對袁的刺激有多深。

袁世凱一生不相信西醫，有病以後，雖然吃著中藥，卻還是下樓辦公和會客。到了這年四月中旬以後，病情越來越重，才不再下樓，仍然堅持下床坐著看公文。這樣延續到了五月，病情最嚴重的時候，三兒媳婦偷偷割了臀部的一塊肉，熬成了一小碗湯，送給他喝。袁世凱警覺地意識到了什麼，推開那碗湯，連聲說：「不喝，不喝！」

袁氏家族有割肉療疾的傳統，一門數代都有為親人割肉療疾者挺身而出。袁世凱的叔父輩中，叔祖袁登三曾為母親割股療疾；父輩中，生父袁保中生病，生母劉氏曾割肉療疾；四堂叔袁保齡的側室劉氏、十堂叔袁保頤的妻子白氏，都曾為丈夫割股療疾；他的二

姐，那個一輩子守活寡的袁讓，為了治好母親牛氏的病，也曾經剁下一節手指放進中藥裏煲湯。

據其女袁靜雪回憶，袁世凱起初是膀胱結石症。後來成了尿毒癥，直到臨死之際，他的神志始終是清醒的。晚期中醫已經無能為力，只好改請西醫，法國醫生貝希葉在他後腰上放了五個玻璃火罐導尿，拔出來的全都是血，袁世凱臉上表情顯得很痛苦。到了黃昏時分，他可能意識到自己病情危險，叫人把徐世昌和段祺瑞找來，把大總統的印交給他們，說道：「我就是好了，也準備回彰德了。」此後袁便陷入昏迷狀態。第二天（1916 年 6 月 6 日）早晨 6 時，袁世凱去世，終年 57 歲。（詳見袁靜雪等著《八十三天皇帝夢》）

有人曾經這樣評價過袁世凱：少年有才氣，中年有英氣，晚年暮氣重重，到他稱帝時則完全是「屍居餘氣」，所以一遇拂鬱，氣機窒塞，如怒馬陷入泥淖，氣息奄奄了。袁世凱復辟帝制有諸多原因，在彌留之際的最後一句話是「他害了我」，對於這個「他」，大多數人認定是長子袁克定。然而真正害袁世凱的只能是他自己，是他對中國社會的認知能力和歷史局限性。從這個意義上說，袁世凱的悲劇不僅是他個人的悲劇，對轉型時期的中國來說同樣是個悲劇，而且是更大的悲劇。

第五章　政治聯姻

1.相遠於跡，相契於心

　　在袁世凱眾多兒女親家中，周馥是他最為相契相知的一個。

　　周馥（1837～1921），字玉山，安徽建德（今東至）人。此公一生簡直是個奇跡，論功名，只不過是一名監生，卻能平步青雲，最後把官做到總督一級，也是難得的異數。

　　周馥年輕時混跡於社會底層，幫人代寫書信，也幹過刀筆吏。按清律，凡有功名的士子一律不許參與訟事，周馥是監生，替人寫過訴狀，打官司的兩家都有來頭，輸了的那家將他告到衙門，縣官要抓他進大牢。驚嚇之下，周馥來了個遠走高飛，投到曾國藩軍中做起了繕寫員。據說，曾國藩軍情奏摺中有句「屢戰屢敗」被改作「屢敗屢戰」的點睛之筆，就是周馥所為。

　　在曾國藩幕府裏工作了幾年，也沒得到重視，周馥打道回府，想在安徽老家謀個像樣點的飯碗，結果仍不如意。其時是太平天國後期，社會上閒散人員太多，勞動力嚴重積壓，找工作很困難，加上他也沒有高文憑（只是個監生），因此一直是個待崗的身份。聽說李鴻章重視人才，周馥決定一試。此公想到的方法有點特殊，雖說是毛遂自薦，卻與他人不同，他在李鴻章辦公的官府前擺張書案，給士兵們免費寫書信和對聯。周馥書法頗見功底，文字功夫也

相當了得，此公的聲名很快在士兵中傳開了，李鴻章聽說後不信，親自跑來考察一番，發現面前這個中年人確實是個人才，遂招去辦文案，逐漸成了他幕府中的重要一員。周馥的成功貌似帶有運氣成分，仔細分析則不然，機遇永遠在哪裡站著，只有勤奮和有眼光的人才能抓住它。

袁世凱認識周馥的時間很早。周馥去世後，其三女婿袁克軫（袁世凱第八子）曾在輓聯中寫道：「識英雄於未遇，說來真古道所稀，數吾父知音，唯公最早」，就是指袁與周早期相識一事。那時候袁世凱的嗣父袁保慶還在世，經常來往於李鴻章府中，偶爾也帶少年袁世凱去長長見識。後來袁保慶與周馥在兩江總督馬新貽幕中共過事，關係走得很近。袁世凱對周馥能寫一手漂亮的毛筆字佩服得五體投地，這兩個年齡相差近 20 歲的人怎麼也不會想到，日後他們會成為最相契的兒女親家。

這對忘年交在山東開始了他們的政治蜜月。開埠（開通商口岸）、修鐵路、辦學堂、建自來水公司等一系列舉措，昭示著中國工業近代化在這對盟友手下艱難起步。也就是在這段時期，為了讓彼此關係更牢固，他們結成了一門兒女親家：袁家八子袁克軫娶周家十一小姐周瑞珠做妻子。

周家祖上並沒有什麼顯赫人物，但是從周馥這一輩平地忽起，其家族文化史構成了近代史上的一道絢麗風光。上世紀初，周家以天津、上海為基地，已形成了龐大的實業家族；到了世紀末，又以北京為中心，形成了一個文理並重、中西交彙式的學術大家族，從官宦到實業再到書生，周家能人才子層出不窮，燦若群星，足足風光了一百多年。周家第二代中，長子周學海「不為良相，甘為良醫」，是我國醫學界的泰斗人物；四子周學熙，被譽為「北方工業鉅子」，是我國民族工業奠基人之一；第三代，有周今覺、周叔弢、周志俊這樣的儒商；第四代，湧現了一大批專家學者，如周一良、周熙良、

周紹良等；第五代「啟」字輩，有周啟成、周啟乾、周啟鳴等；此外族中還有不少全國知名的收藏「大王」，如郵票大王周今覺、戲單大王周志輔、古墨大王周紹良以及著名藏書家周叔弢等。

其中最為耀眼的莫過於「紅頂商人」周學熙。周學熙（1866～1947），字緝之，又字止庵，光緒舉人，光緒二十七年（1901），周學熙以候補分發山東，被袁世凱委派創辦山東高等學堂。顯然，兒子沾了老爸的光，這次重用多半是看在周馥的分上。但是，此人很快顯現出了卓爾不凡的才能，創辦大學是新生事物，無前例可資參考，周學熙按照洋務派「中學為體，西學為用」的教育方針，訂立辦學章程，大力整肅校風，大膽聘請外籍管理人員和教員，開設了學習西方先進科學技術的新課目，這些做法開風氣之先，很受袁世凱的賞識。

第二年，袁世凱調任直隸總督，周馥接任山東巡撫，周學熙循例迴避，轉直隸候補，直接進入了袁世凱的圈子。時值庚子事變後，天津市面貨幣極度缺乏，民生凋敝，袁世凱委任周學熙為銀元局總辦，創辦製幣廠，鼓鑄銅錢以代替製錢，在資金、廠房、機器和工匠等一無所有的情況下，「凡七十日而成功開鑄」，鑄出當十銅元150萬枚，袁世凱「訝其神速，推為當代奇才」。此後周學熙被袁派赴日本考察，回國後建議成立直隸工藝總局，走日本明治維新之路，袁世凱很快批准，並任命周為總辦。在袁世凱與周學熙的聯手推動下，直隸近代工業發展進入一個新階段。在啟新洋灰公司、灤州礦務公司、京師自來水公司等近代知名企業的創辦初期，均曾由官銀號撥借資本，這自然與袁世凱是分不開的。以啟新洋灰公司為例，其股東以創辦人周學熙為中心，囊括了北洋袍澤、安徽同鄉和長蘆鹽商三方面的人士，其中北洋這條線上的人物有張鎮芳、言敦源、王士珍、顏惠慶、龔心湛、王錫彤等，皆是袁世凱的心腹親信。家族、姻親、同鄉、同僚等關係的紐帶，將他們捆綁在了同一輛戰車上。

　　周馥有六子：周學海、周學銘、周學涵、周學熙、周學淵、周學瑝，除三子周學涵夭折外，其餘五子均在光緒年間先後步入仕途。可他們的興趣大都不在官場，在實業界及其他戰線另闢蹊徑，成績非凡。周馥有三女：排行第八的周瑞鈿，第十的周瑞珍和第十一的周瑞珠。

　　袁克軫和周瑞珠結婚後生有一子三女。分別是長子袁家政、女兒袁家蘊、袁家芸和袁家淦。袁家政建國前夕隨家人到了香港，1956年，滿懷愛國熱情的他不顧家人勸阻，毅然放棄去美國讀大學的機會，報考了北京大學生物系。進校第二年碰到「反右」，袁家政還要往槍口上撞，給黨支書提意見，自然成了右派。1959年被下放到淮北大農場勞動改造，1970年，上級破天荒從農場挑選了三名北大生到西昌工作，其中不知怎麼有他的名字，就這樣陰差陽錯進了西昌一中擔任教師，文革時他30歲左右，矮小，粗壯，臉膛略黑而發紅，穿一件洗得發白的藍嗶嘰中山裝、一雙修補過的塑膠涼鞋，喜歡用英文唱《國際歌》，喉嚨裏發出深沉的男中音。

　　據袁家政的學生陳琪回憶，袁家政沒教幾天書，又被下放到一中農場勞動改造，他的任務是放牛、餵雞、種菜和管理果樹，還有個他自己主動要求的任務是給大家讀報。1973年10月的一天，農場組織讀報活動，袁家政戴著深度近視眼鏡，往一張《人民日報》上湊近去，突然像中了邪似的兩眼發直，滿臉通紅，聲音也顫抖起來。那天的《人民日報》上有一則並不起眼的新華社消息：應國務院總理周恩來邀請，世界著名美籍物理學家、美國高能物理研究院院士吳健雄、袁家騮博士回祖國訪問，於昨天下午抵達首都機場，前往機場迎接的有國務院總理周恩來，副總理李先念，人大副委員長郭沫若，中央軍委副主席葉劍英等黨政軍領導，毛澤東主席於當晚在中南海接見了吳健雄、袁家騮夫婦⋯⋯讀到這裏，袁家政哽咽著再也讀不下去了，捂著臉嚎啕大哭起來，陳琪和另外兩個同學跳

過水溝趕緊將他扶住，他一把抓住陳琪的臂膀大喊：「我哥哥嫂嫂從美國回來看我了，我終於等到這一天了！」說完便順著山坡發狂般地跑了起來。

　　在北京訪問期間，吳健雄、袁家騮夫婦單獨提出了一個特殊的請求：請周恩來總理委託人尋找失散多年的右派弟弟袁家政是否還在人世。如果在，請幫助轉交五千美金。經過組織調查尋找，得知袁家政在西昌一中農場工作，每月領取工資，工作生活一切正常。當時任外交部長的喬冠華和夫人章含之即把這個情況告訴了吳健雄、袁家騮博士，並謝絕了交給袁家政五千美金的要求，吳、袁兩位博士只好帶著遺憾和惆悵離開了中國。

　　1975 年袁家政結束了農場生活，重新回到西昌一中教書。此前袁家政一直是單身，這一天學校忽然來了個身材高挑的北方女郎，瓜子臉白裏透紅，一口天津衛的衛嘴子聲音悅耳動聽。據袁家政說，這個女子能嫁給他是緣於「報恩」，當年袁世凱在天津騎著高頭大馬巡視，路遇一沿街討飯的叫化子，袁見小孩眉清目秀，收在身邊做了勤務兵，那個北方女郎即是叫化子的孫女兒。故事有些像現代傳奇，也不知其中有幾分真實。

　　兩位著名的博士哥嫂到中國訪問，無形中幫助袁家政提高了政治地位，不久，戴了多年的右派帽子終於摘掉了，袁家政更是揚眉吐氣，他的脾氣也大了許多。上課時，如果學生走神，注意力不集中，他會忽然從手中射出一個粉筆頭，精準地射在那位同學的額頭上，全班同學還不能笑，一笑又會有更嚴厲的懲罰。對上英語課講小話的同學，他會點名罰站，還會開口怒罵：「豬，不好好念書，回家抱孩子去！」這個形象似乎有其祖父袁世凱的影子，真是造化弄人。不過他內心裏對學生還是很好的，只要有學生提出不懂的問題，他總是不厭其煩地仔細講解，臉上始終浮著溫暖的微笑。

20世紀80年代初，袁家政赴香港補習了一段時間的英文，然後到美國讀書，帶著那個祖籍天津的妻子定居在美國洛杉磯。

2.滿漢通婚開禁後袁家的幾椿婚姻

依早先的清律，滿漢後裔是不能通婚的，「滿洲舊俗，凡所婚娶，必視其民族之高下，初不計其一時之貧富。」（昭槤《嘯亭雜錄》）如滿人娶漢女，不能上檔，不能領紅賞和錢糧；如果滿族女子嫁漢人，則取消該女子原來所有的特權，還要受到非議和譴責。

東北地大物博，容易謀生，晚清以後，從山東、河北、河南「闖關東」的人越來越多，朝廷只好開禁，允許關內移居東北的漢人與滿人通婚。但是仍留下了一個尾巴：對滿族提供優惠政策，鼓勵八旗子弟從關內北京等地回東北占地墾殖。

滿漢通婚開禁之後，袁世凱得風氣之先，立馬與滿清權貴訂立了幾椿姻親關係：五子袁克權娶兩江總督端方的獨生女兒；十三子袁克相娶軍機大臣那桐的孫女兒；七女袁復禎嫁給了陸軍部尚書蔭昌的蔭鐵閣。此外，原先訂下的婚姻還有次女袁仲禎嫁端方侄子，袁世凱死後，袁仲禎堅決解除了這椿婚約，嫁給了晚清大臣薛福成的孫子薛觀瀾。

晚清流傳一句民謠：「京城旗下三才子，大榮小那端老四。」大榮是榮慶，小那是那桐，端老四是端方。這三位才子不僅有學問，擅詩文歌賦，好金石書畫，而且思想和行為既新潮又時尚，與滿清那些頑固派絕然不同。年輕人永遠是代表未來的，何況又是特有才華的三個年輕人，袁世凱自然向他們拋出橄欖枝，榮慶早已進入袁的幕府，那桐和端方更不用說，無論在軍機處還是在封疆大臣位置上，他們都是幫袁世凱說話的鐵杆「保袁派」。

先說端方（1861～1911），此人字午橋，號陶齋，滿洲正白旗人。端方一生歷仕南北，總督一方，在晚清政壇顯赫一時，許多大事件中都擔當了重要角色。其幕僚勞乃宣這樣評價他：「畫則接賓客，夕則治文書。其治事也，幕僚數人執案牘以次進，旋閱旋判，有疑義隨考核加否取焉。謀慮即得，當機立斷，未嘗見其有所濡滯，亦未聞其事之有遺誤也。」精明能幹的形象躍然紙上，連翁同龢也稱讚他「讀書多」，「勤學可嘉」。

這個人喜歡談論時局，遇人動輒滔滔不絕，觀點符合文明潮流，代表了當時的先進文化，這一點很對袁世凱的脾性。說起來，袁世凱和端方早已有過政治上的合作，而且合作得很愉快。丁未政潮酣戰正急，時在上海擔任兩江總督的端方通過技術造假，偽造了一張岑春煊與梁啟超在一家報館門前合影的照片，看到這張照片，慈禧太后勃然大怒，岑三一直是她眼皮底下的紅人，竟然和維新黨搞到了一起，結果自然是撤職。威風凜凜的岑春煊，就這麼輕鬆地被扳倒了。這件事弄得端方聲譽鵲起，鄭孝胥評價天下人物有幾句名言：「岑春煊不學無術，袁世凱不學有術，張之洞有學無術，端方有學有術。」

宣統元年（1909），端方調任直隸總督，一般人都認為他將要為清廷挑大樑了，哪知關鍵時刻栽了個跟頭，而且這一跤跌得不輕。

事情的起因小得不能再小，僅僅因為在給慈禧太后舉行葬禮時，他安排手下砍了幾棵樹，照了幾張照片，就遭貶職丟官，由此也可看出宦途之險惡。這個事件是由李鴻章的孫子李國傑最先發難的，背後的黑手卻是楊崇伊。其時李國傑為農工商部左丞，給朝廷上了一道奏摺，參劾端方在陵園砍樹壞了風水，照相更是攝走了皇室的魂靈，隆裕太后拿不定主意，把案子交部嚴議，幾經折騰，結果倒楣的端方還是被剝奪了官職。

　　李國傑是楊崇伊的女婿，他參劾端方，是幫岳父出一口怨氣。這事說來有趣，扼要簡述一下。楊崇伊，字莘伯，戊戌政變的最初發起者就是此人，是維新黨的死敵。本以為戊戌有功，事後卻並未受獎，與榮祿的關係也比較僵，於是辭官回鄉，心情鬱悶中偏偏與吳姓人家為爭奪一個婢女，動了洋槍，涉訟公堂。當時的兩江總督是端方，聽說這個頑固黨遇此一劫，索性落井下石，以風流罪嚴辦，楊崇伊遭到了革職嚴管的處分。經歷了這場風波，楊崇伊對端方耿耿於懷，逮住了機會自然不肯放過，官場上的一報還一報永遠是沒有止境的。

　　其實端方遭遇貶官，與他和袁世凱交好也不無關係。宣統三年（1911），端方東山再起，被朝廷授命為粵漢、川漢鐵路大臣。出京南下赴任途中，經過河南彰德，他專門下火車去拜訪袁世凱。此時老袁雖說仍在洹上村當「隱士」，但是朝野上下希望他複出的呼聲越來越高，袁世凱出山只是個時間問題。這次會晤，賓主雙方是在非常愉悅的情形下進行的，袁世凱還專門安排了一場電影——這在那個年代十分少見。除了談論時局和對策外，兩家還訂了這兩門姻親。陶雍是端方的獨生女兒，袁克權談吐儒雅，是袁世凱的愛子，這樁婚姻對於雙方來說都是慎重的考慮，也足見袁世凱與端方關係之不一般。

　　端方要了頂官帽子，但是並不想去四川。鐵路收歸國有後，川、粵兩地當初投資鐵路的官紳們群情激憤，保路運動鬧得風起雲湧，四川尤為激烈，此時前往甚至會有性命之憂。然而留在湖北，湖廣總督瑞澂卻不高興，疑心端方是來搶奪他的總督官位，便旁敲側擊催促端老四快快動身。端方說，手下無兵，容再延緩幾日。瑞澂慷慨撥出第八鎮步兵第三十二標，不夠，又從各協撥出一批人馬成立一標，稱為三十一標，全都交給端方統領。人家做到這個份上了，端方再也賴不下去，只好乘輪船經宜昌溯江而上。

　　船越往上遊行，端老四心裏越沒有底，四川總督趙爾豐是個官油子，此時的心態也和瑞澂一樣，擔心端方來搶奪官位，故意將保路同志會的滿腔怒火往端方身上引，此時滿清權貴入川，意味著矛盾將進一步激化。朝廷大概是知道了這個情況，又緊急下達了一道諭旨：任命岑春煊為四川總督，原四川總督趙爾豐回任川滇邊務大臣。可是岑春煊也很機靈，知道這個時候進川形同玩火，是拿生命在玩一出遊戲，因而再三請辭，理由也堂而皇之：身體有病，不宜進川。於是清廷又想到端老四，再補發一道上諭：任命端方為四川總督。

　　就這麼走走停停到了資州，端方忽然發現四周全都是保路同志會的人，自己猶如坐在一個炸藥桶上，隨時都有被炸飛的危險。在瑞澂送給他的第三十一、三十二標中，如江國光、單道康、邱鴻均、梁維亞等數十人皆是革命黨激進分子。當隊伍走到宜昌時，就曾有過殺端方祭旗起事的想法，革命黨首領人物居正認為，武昌起義尚在準備中，殺了端老四暴露目標對起義不利，這樣端老四才暫時保住了一顆腦袋。

　　到了資州，殺端的呼聲又起，暗潮湧動，只是端老四不曉得。恰逢其時，有人假託滿清新貴鐵良的名義致電端方，說北方革命黨起事，京都危急，兩宮已經向山西疏散了，請端方迅速入陝勤王。這天，端方召集兩標高級軍官開會，透露開赴陝甘擴編成軍的消息，並向自流井鹽場商借銀子三萬兩，作為隊伍的開拔費用。

　　兩標官兵多半是湖北人，背井離鄉，長途跋涉，已是心有不滿，現在聽說還要開赴陝西，更是怨氣滿腹。革命黨乘機秘密開會，認為武昌已舉義旗，兩標義士因隨端老四赴川，失去了參加武昌起義的榮耀，留在武昌參加起義的，現在都成了革命功臣，而他們還要跟隨這個旗人進入陝、甘，豈不是辱沒祖宗？即使將來回到湖北，也會被人恥笑。眾人越議論情緒越激昂，最後得出了一個結論：不殺端方，無以明心跡。

　　這個秘密會議的內容被端老四偵知了，更是寢食不安，肝病也趁勢發作。手下的親信給他出主意：乘船經宜昌返回武漢。端方搖頭，長江沿線已被革命黨控制了，走這條路線等於自投羅網。又有人向他密陳，願出死力保他出川，但條件是只允許端方一個人與他同行。端方用警覺的眼光看了那人一眼，仍然搖頭。

　　就在這急亂之中，他忽然心生一計：數年前曾有傳說，端方的生母是大臣陶澍家中的一個婢女，陶暗中把她收了房，肚子大了，太太吃醋，硬將她逐出，才歸了端方的父親。端方實際上不是滿人，而是漢人陶澍的兒子。在這個傳說中，人們還列舉出他的名號「陶齋」為證。關鍵時刻，端老四希望這個傳說能幫他的忙。十月初五，端方殺豬宰羊，大張盛筵，召來三十一、三十二標排長以上的軍官，還請來資州地方富商名紳作陪，酒喝到七分，端方宣佈他恢復陶姓，改名陶方，和滿人劃清界線，並拿出一疊「陶方」的名片當眾散發。

　　眾軍官中，對他姓端還是姓陶不感興趣，最關心的是隊伍將來往哪裡去。端方不敢以實相告，嘴上支吾一番，急得眼淚直往下掉，很快被密密匝匝的士兵團團圍住了。端方的胞弟端錦出來解圍，對士兵許諾說：只要保護他們哥兒倆至西安府，願出白銀四萬兩犒賞。站在前排的士兵聽到了許諾，站在後排卻沒有聽清，還在大喊：「愛錢就不要命，要命就不愛錢，就是當官的答應了，老子們也放他不過！」端方兄弟眼看如此情景，知道軍心已變，回到營中，二人相抱大哭。

　　殺機已動，端老四性命就難保了。十月初七凌晨，端方兄弟二人密備了兩乘小轎，將兩隻行李箱繫在轎後，正準備趁黑夜逃遁，才行出數十步，突有數十個提槍的軍人衝出，將小轎團團圍住。端方見勢不妙，跳下轎來要逃跑，卻被一把刺刀攔在胸前。

　　「你們這是幹嘛？」端方聲音發抖地問。

「請大帥升天！」隊官劉鳳怡大聲說。

連推帶搡，眾刀齊下，砍了六刀之後，端老四一顆血淋淋的腦袋滾落到了地上。其弟端錦見此慘景，萬分悲痛，大喊一聲「四哥──」轉回身來，又大罵那幫兵丁「混帳王八蛋」，有個叫賈志剛的兵丁衝上來，照準端錦的脖頸就是一刀。端家兄弟的首級割下後，被當做戰利品裝入鉛箱，放入石灰，沿途示眾，最後拿到武昌去報了功。據說，黎元洪見了這兩顆人頭，不由得連聲歎息，讓人暫存在武昌洪山禪寺。這支隊伍，被黎元洪編為「教導團」。

端方、端錦兄弟的無頭屍體，被端的幕僚夏壽田（此人後來成了袁世凱的重要幕僚）收殮後放入棺木，一路護送北歸，輾轉回到京城。端方被清廷贈以「太子太保」，予諡「忠敏」。次年，袁世凱當了大總統，派人把端方兄弟的頭顱從洪山禪寺取出，與屍身連接起來，予以厚葬。

據袁世凱家人回憶，端方兄弟被殺身亡後，他們在京城的家眷嚇得六神無主，最先想到的主心骨還是袁世凱。他們脫下滿服，改扮成漢人裝束，乘火車來到彰德洹上村避難。因為來得太匆忙，沒有合適的大宅屋供他們住，就暫時擠在各房裏，度過了最為艱難的一段歲月。提到端方，平素不愛動感情的袁世凱也滿臉憂傷，認為端老四是他最能推心置腹的一個兒女親家。

袁克權（1898～1941），字規庵，號百衲，是朝鮮族二姨太白氏所生，為袁門第五子。袁世凱鬧洪憲帝制時，曾讓他和長子袁克定、次子袁克文同穿太子服，由此可見袁對這個五兒子的器重。袁克權確實也聰明過人，他從小最佩服的一個人是嚴修，1913 年，他和袁家幾個兄弟袁克桓、袁克齊一起跟隨嚴修出遊歐洲各國，就讀於英國齊頓漢姆公學，一年後歸國。1916 年，袁克權剛滿 18 歲，驟然遭受喪父失怙之痛，袁氏家族也從權力的巔峰跌落到九層地獄，其心靈的創傷是不言而喻的。

　　末世王孫的出路在哪？他年紀輕輕，深深陷入困頓與疑惑。仕途是再也不能指望了，沉淪又於心不甘，唯一能供他選擇的恐怕只有「隱逸」二字，好在新婚妻子陶雍能理解他，同樣遭受了家破父喪的巨痛，這對苦命夫妻相惜相憐，相互攙扶著往前走。

　　端方生前是聞名遐邇的大收藏家，家中古玩珍品不計其數，其中毛公鼎更是中國青銅器中的扛鼎之作。袁克權、陶雍訂親之時，端方誇下海口，要將此鼎作為女兒的陪嫁品。誰知天不作美，竟在四川死於非命。這個毛公鼎後來被其後裔抵押到天津華俄道勝銀行，無力贖回，遂流落於民間，現收藏於臺北故宮。不過陶雍的陪嫁依然不薄，完婚之日，端方家以百衲本《史記》、仇十洲的名畫《臘梅水仙》和陳鶴的名畫《紫雲出沙浴圖》等三件稀世珍寶饋贈，也算得上是價值連城了。

　　有岳父的收藏珍寶墊底，袁克權夫妻的隱逸生活也還過得不錯。有相當長的一段時間，他們靠典當家產過日子。袁克權常同嚴修、方地山、張伯駒等人詩酒唱和，也與報館文人混得很熟，張恨水創作小說《金粉世家》，很多故事就是從袁克權那兒聽來的。

　　袁克權流傳後世的詩集有《百衲詩選》和《懺昔樓詩存》二種，詩風淡雅，感情濃郁，一任憂深似海，於無法言說處洩露隱情，常能令人反覆吟誦，韻味無窮，因此有不少擁躉。袁克權的詩作中有不少敘述家史的，對父親袁世凱，他的感情複雜而又奇特，他有一首詩題為〈故園接葉亭前梨樹〉，詩前小序中寫道：「故園接葉亭前梨樹，先君已西退居時手植也。每當清暇，輒扶依嘯傲，流連竟日。丙辰遘變，先君棄養，而斯樹亦枯萎同謝。因為短章以志感云爾。」詩云：「星坼龍飛直到今，畫亭春暖不成陰。孤鸞別向蓬池遠，雙檜看依魏闕深。只為遙憐辭廟日，可堪重少濟時心。當年晝錦籌觥在，每過空堂淚滿襟。」這類懷舊傷懷的詩，傳達出人是物非的蒼涼，叫人不忍卒讀。

　　袁克權的妻子陶雍也是才女，不僅能紅袖添香，文采也頗佳，夫妻二人感情篤深，袁克權一生未納妾，育有四男四女，分別是子家訒、家說、家譽、家誼；女家訓、家詵、家諆、家詒。袁克權死於 1941 年，時年僅 45 歲。

　　那桐和蔭昌是袁世凱的盟友，關鍵時刻幫過老袁的大忙，對這兩個親密的合作夥伴，老袁的報答方式是結成兒女姻親。往更深層次去追究，袁世凱要想地位更穩當，要想在政壇上混得更好，也離不開這一對滿清新貴的扶助。

　　那桐（1856～1925），清末滿洲鑲黃旗人，葉赫那拉氏，字琴軒。舉人出身，在清末光緒、宣統年間先後充任戶部尚書、外務部尚書、總理衙門大臣、軍機大臣、內閣協理大臣等重要職務，對晚清政局影響不小。他有功於袁世凱，主要是辛亥革命爆發以後，與徐世昌等人一起保薦袁老四出山。攝政王載灃對徐世昌的話可以不聽，對那桐的意見不能不參考，何況那桐的話說到絕處：願以身家性命擔保！載灃看到那桐如此死保袁世凱，不由得怒火上升，板著臉狠狠批評了那桐幾句。

　　誰知道那桐也並不是那麼好惹的，將頭上的官帽子摘下來丟到桌上，告老辭官不幹了。慶親王也乘勢配合，天天不臨朝上班，鬧起了罷工。前線軍情十萬火急，加急電報一封接一封雪花似的飛來，手下的幾個大臣卻和他鬧彆扭，載灃急得傻了眼，只好趕緊讓步，請那桐「乘坐二人肩輿」，授袁世凱欽差大臣節制各軍。

　　袁世凱知恩圖報，此後不久，就訂下了那門婚事：袁克相（字守安）娶了那桐大孫女張壽芳。袁克相早年畢業於燕京大學，中英文都好，書法上也有一手，以善寫篆書而在天津聞名，遺憾的是婚後夫妻二人感情不和，於 1958 年離婚，膝下無子。建國後，袁克相在天津第 41 中學教英語，文化大革命開始後，紅衛兵首先揪出了他，連續不斷地批鬥、遊街、毒打，使這個孤獨的鰥夫含恨離開了人世。

　　蔭昌（1859～1928），滿洲正白旗人，字午樓，又字五樓，同文館畢業，早年留學德國學習陸軍，出任過駐柏林使館三等翻譯。在滿清後代中，此人出國留過洋，腦袋瓜子裏裝了不少新思想，正是這一點極為袁世凱所看重。天津小站辦新建陸軍，向袁推薦北洋三傑的就是這個武備學堂總辦蔭昌。袁世凱在山東辦新政，與德國人談判遇到了麻煩，還是這個蔭昌從德國趕回來幫忙，成全了袁老四的好事。此後蔭昌調至山東佐贊軍務，直接歸入袁世凱麾下任副都統，在與八國聯軍議和中，這個懂洋務的人起了重要作用。

　　宣統三年（1911），清廷下詔廢除軍機處，頒佈新內閣官制，設立責任內閣，以慶親王奕劻為內閣總理大臣，大學士那桐、徐世昌為協理大臣，各部共設 13 個大臣，滿人 9 人（其中皇族五人），漢人僅 4 人，時稱「皇族內閣」。就在這時，蔭昌出任陸軍大臣，實際上掌管了清廷的軍事大權。

　　武昌槍響之初，蔭昌受命節制湖北各軍，前往彈壓。此前有胡思敬彈劾其人有書呆子氣，不宜擔當最高指揮官，果不其然，火車行到河南彰德，蔭昌下車前去拜訪袁世凱，討教如何對付革命軍。其實蔭昌聰明得很，他心裏十分清楚，名義上歸他管轄的馮國璋、段祺瑞等人的軍隊，實際上總舵主仍然是袁世凱，指揮常常失靈，凡事還得仰仗總舵主掌舵。

　　清帝退位後，蔭昌跑到青島躲了一段時間，避過風頭，還是投到了袁世凱門下，擔任總統府侍衛武官長，為老袁看家護院。袁世凱死後，蔭昌仍在北洋擔任高官，凡是北洋政府與「小朝廷」之間儀式性的場合，都少不了蔭昌這個特使進宮周旋。蔭昌做人乖巧是很有名的，1927 年末代皇帝溥儀結婚，蔭昌先向溥儀行鞠躬禮，然後又跪在地上磕頭，巧妙地解釋說：「先前行的鞠躬禮代表民國，現在奴才是給皇上下跪。」做官靈活到了這個份上，也真是難為了他。

由此說來，袁世凱結下蔭昌這個兒女親家還真是有遠見，既有滿清名望又還實用，政治聯姻的妙處可窺一斑。

本節末尾說說袁世凱次女袁仲禎的婚姻。父親為她訂親時，她才 14 歲，愛情只是掛在柳樹枝上的一片綠芽，遙遠而又朦朧。父親去世那年，袁仲禎已經長大成人了，陡然間遭遇家庭的巨變，她像一隻隨風而去的小舟，在茫茫大海上孤獨地飄蕩。一個偶然的機遇，袁仲禎認識了薛觀瀾，此人是晚清重臣薛福成之孫，狂熱地癡迷於京劇，與袁克文、張伯駒來往密切，對袁世凱死後袁家的遭遇，薛觀瀾深表同情，也許正是這一點打動了袁仲禎，經表哥張伯駒介紹，這一對戀人結成了伉儷。薛觀瀾與北洋舊屬多有交往，又與宋子文等人關係親密，曾寫過不少民國掌故發表在當時的小報上。此人以迷戀京劇出名，尤其是對京劇名角余叔岩的研究，堪稱專家。薛觀瀾、袁仲禎的子女中，有位叫薛民見的學者，建國後在上海文史館工作，出版有《黎元洪年譜》等著作。

3.晚清舊官僚和他們的兒女們

在晚清政壇，雖說立憲派和革命黨都在爭奪天下，但是舊官僚仍是一股不可忽視的政治力量。他們掌控著地方大權，聽從清廷當局者的指揮，是棋局上的重要棋子。對於這股政治勢力，袁世凱當然不會放棄，從袁家 32 個兒女中挑出了幾個，向這些舊官僚家庭拋出了紅絲線。

先說這個人：張人駿（1864～1927），字千里，取「人中駿馬，馳騁千里」之意，號安圃，晚號湛存居士，直隸豐潤人，清同治進士。這個人是清末「清流派」健將張佩綸的侄子，張佩綸與袁世凱是早年的契友。張佩綸極富文才，恃才傲物，以敢說真話聞名於晚

清政壇。他一生不知向清廷上了多少個奏摺，被其彈劾的官員不計其數，奇怪的是，這麼一位「大炮筒子」，卻被素來穩健務實的李鴻章相中，將特有才氣的女兒李鞠耦嫁給了他，張佩綸成了李府姑爺。令他想不到的是，他的後代（孫女）中又出了個才女，而且名氣比他還要大，此女即是張愛玲。

　　儘管有張佩綸這麼一層關係，張人駿的仕途卻並不順暢。中了進士後，張人駿曾任翰林院編修、庶起士，以兵科、戶科、吏科給事中，掌湖廣、山東、四川各道監察御史，這個職位的任務是專門給官員提批評意見，實際上是既無權利又得罪人的言官。不過張人駿為人謹慎，處世平和，苦熬了幾年，眼看快有升遷的機會了，又遇到中法馬尾海戰失敗，堂叔張佩綸被人參劾臨陣逃跑，遭到貶官罷職的處分，張人駿升官的指望一直在這位堂叔身上，此時如同肥皂泡似的破滅了。

　　光緒中葉以後，張人駿才逐漸官運亨通。袁世凱任山東巡撫時，張是山東藩司，直接在老袁手下工作，對昔日契友的這位侄子，袁世凱也還關照，之後張人駿先後擔任過山東、廣東、山西巡撫，漕運總督、兩廣總督和兩江總督，成為晚清重臣。

　　武昌起義爆發後，徐紹楨率領的第九鎮新軍官兵準備響應，時任兩江總督的張人駿火速調江防會辦張勳、緝私營統領王有宏等舊部群集南京，對徐紹楨領導的新軍則每人只發 5 顆子彈。但是在同盟會組織的江浙聯軍的猛烈攻擊下，張人駿的舊部潰不成軍，逃命之際張人駿耍了個滑頭：一方面請美籍傳教士、鼓樓醫院院長馬林出面與聯軍接洽，要求談判求和，一面備好轎子，乘著夜色逃到了停泊在下關的日本軍艦上，倉皇失措地到了上海。

　　雖說張人駿與袁世凱是兒女親家，但是他對袁在辛亥年以後的政治動作很不滿意，尤其是袁世凱稱帝，在這個清朝遺老看來簡直是大逆不道，是清朝的叛臣逆子，兩家逐漸斷絕了往來。在一些公

開場合，張人駿說話從來不給袁世凱留面子，他憤憤然說道：「袁世凱欺人寡母孤兒，奪取天下，和白臉奸臣曹操有得一比。」張人駿還經常為兒子張允亮娶袁家長女袁伯禎這門婚事大為懊惱，專門給兒子媳婦交待：無事少踏袁家門檻，當我們張家沒這個姻親。他的兒子還算聽話，此後果然很少去袁家，兒媳袁伯禎見公公和丈夫是這個態度，也減少了回娘家的次數。

洪憲帝制時期，袁世凱仍念念不忘張家的這個女婿，授勳封官時也給張允亮賞了一個官銜，一些舊時老友來張家祝賀，張人駿老臉一橫，瞪著眼睛說道：「我家並無喜慶事，何賀之有？」待眾人說清緣由，張人駿拈著鬍鬚笑道：「袁老四他這是籠絡人心，異想天開，我張人駿偏不入港。小兒無知，入其彀中，諸君為餘慶賀，老夫感到臉紅，明日就叫他去辭了這個官。」（參見陳瀅一：《甘簃隨筆》）

其子張允亮在經歷了這些波折後，對宦途的興趣驟減，一輩子以泡書齋為樂趣，著有《國立北京大學圖書館善本書目》、《故宮善本書目》、《故宮善本書影初編》等書。民國時曾擔任過故宮博物館專門委員。

同老頑固張人駿比較起來，孫寶琦的腦袋瓜子就靈活多了。

孫寶琦（1867～1931），字慕韓，浙江杭州人，太子少保孫詒經之子，歷任候補直隸道台、軍機處官報局局長、駐法、日、德、奧等國公使等職。此人一生妻妾成群，生下的兒女也多，共有 8 個兒子 16 個女兒，因而姻親滿天下，在晚清「官系網」中遍佈著他的兒女親家。

有一件事可以充分證明孫寶琦的靈活：孫中山赴法國運動革命，不幸機密文件被盜，剛巧孫寶琦出任法國公使，沒過幾天，文件送抵孫寶琦案頭。孫寶琦一邊派人連夜抄錄文件內容，秘密報告

給慶親王奕劻領賞；事後將那份已經曝光了的原件送還孫中山，向革命黨討好。大概是因為這件事給慶親王留下了好印象，沒過多久，孫寶琦與奕劻結成了姻親。

趁孫寶琦回國述職，慶親王略施手腕，將他留在國內出任了山東巡撫，本以為是樁美差，上任之後才曉得是個燙手的山藥蛋。其時辛亥革命正好爆發，民眾紛紛請願的局面燒得孫寶琦焦頭爛額，革命是革命者的狂歡節，山東獨立大會的會場上人山人海，情緒激烈的群眾代表認為，值此緊急關頭，山東須立即宣佈獨立！孫寶琦從沒見過這麼大的場面，不由得有些心虛，嘴上卻仍然硬得很：「我是清朝官員，清政府只要還存在一天，我就要盡一天的責任，決不能率領諸君獨立。」

獨立大會形成了僵局，同盟會派人將會場幾個入口守住，有的軍人跳上演講臺，一邊演講一邊掏出了手槍，在場群眾見狀紛紛鼓掌歡迎。這時，身穿黃嘰嘰軍服、腰繫棕色寬皮帶、佩著肩章的五鎮參謀黃治坤衝上主席臺，拽住會議主持人夏溥齋的胳膊厲聲喝道：「夏會長，我們五鎮二百多支手槍都在等著，如果孫巡撫不答應獨立，這個會就要繼續開。他要是頑固拒絕，也許會出人命！」孫寶琦見此情景，臉上再也掛不住了，略微沉吟片刻，便將頭上的頂戴花翎摘下來往桌上一放，帶著哭腔說道：「既然大家都認為獨立好，對山東有益，我也不再堅持己見。」夏溥齋乘勢大喊了一聲：「孫撫台已經宣告山東獨立了！」全場頓時歡騰起來，同盟會會員們將早已印好的《山東獨立宣言》傳單到處張貼，一陣陣口號聲震耳欲聾，猶如山呼海嘯一般。

然而才宣佈獨立不久，反對山東獨立的政治勢力又不依了，他們串通五鎮內部的反獨立派，成立了「山東全體維持會」，通知剛上任山東軍政都督的孫寶琦來開會。會議進行之時，忽然有人站起來宣佈：五鎮炮標標長張樹元已經下令支起了四門大炮，炮

口對準了都督府，要會議代表立即表決，不然隨時有可能開炮。要山東獨立用的是手槍，現在要山東不獨立用的是大炮，孫寶琦內心本來就反對山東獨立，這一來正中下懷，站在主席臺中央宣佈山東取消獨立，一切恢復舊制。山東從獨立到不獨立，前後只有 13 天。

孫寶琦這一次頭腦靈活，卻並沒有給他帶來好運，宣佈獨立的是他，取消獨立的還是他，如此朝秦暮楚，視政治大事為兒戲，像是牆頭上的一株草，風吹兩邊倒，結果是兩邊都不討好。清廷指責他忘恩負義，是叛臣逆子；革命黨更是義憤填膺，放出話來要挖孫寶琦的祖墳、誅滅族類，孫寶琦連聲歎息：「君親兩負，不可為人。」心力交瘁之下，他對政事再也無心顧及，杜門謝客，害起了政治病，躲進一家外國醫院療養去了。

民國初年，袁世凱讓這位兒女親家孫寶琦出任政府的外交總長，有一次參加光緒皇帝與隆裕太后安葬崇陵的葬禮儀式，孫寶琦穿了一套西服前往。到場的清朝遺老眾多，紛紛身著清朝素袍官服，跪在地上行三叩九拜大禮，孫寶琦看看身上的西服，有點尷尬。他走上前去，行了三鞠躬禮，正要退下，有個叫梁鼎芬的前朝遺老幾步躥過來，用手指著孫寶琦的鼻子問道：「你是哪國人？行的什麼禮？」不等孫寶琦解釋，梁鼎芬提高了聲調大聲說道：「你忘了你是孫詒經的兒子，做過大清的官，今天穿這身衣服，行這樣的禮來見先帝先後，真是辱沒先人，你是個什麼東西？」另一位前清大臣勞乃宣站在一旁跟著幫腔：「問得好！他是個什麼東西？我看他不是東西！」在場的人哄地大笑起來，孫寶琦非常難堪，只好低著頭說道：「是的，我不是東西，我不是東西。」

孫寶琦才華出眾，學貫中西，又長期擔任外國公使，深諳東西方文化，本來是可以為這個國家好好做點事的，只可惜生錯了時代，落到個兩邊都挨耳光的地步。此人兒女多姻親也多，和袁世凱

一樣是政治聯姻的大戶，民國初年很多方面的人物都與孫家扯得上關係，比如才女張愛玲的繼母孫用蕃，就是孫寶琦的女兒。

除了袁家六女籙禎嫁孫家的兒子外，七子克齊也娶了孫家的女兒。大概是受岳父的影響，袁克齊心中也有一個「西洋情結」，連生意投資也不例外。聽說「羌帖」（沙俄時期的紙幣盧布）升值快，他成批量地吃進，幾經倒手，倒也小賺了一筆。然而常在河邊走，鞋子不濕也會濕，當袁克齊傾其所有家當買進「羌帖」，準備大撈一把的時候，碰到第一次世界大戰爆發，沙俄的金幣盧布從流通領域消失，而紙幣盧布「羌帖」也貶值，基本上成了廢紙，袁克齊的發財夢破碎了，想到那些白花花的銀子一去不回，心理怎麼也難以平衡，袁克齊變得愛神神叨叨，像祥林嫂似的逢人便訴苦，神經出了毛病。他的妻子（孫寶琦的女兒）也跟著遭殃，建國後生活失去了經濟保障，幫助街道居委會做些雜事，貼補生活。夫妻倆有一獨子，名袁家藝。

陳啟泰（1842～1909），字伯屏，湖南長沙人，生來便有異稟，額角上有條白印，形似小龍。據說，在繈褓中時就能識「天」「地」二字。進入仕途後，成了個直言敢諫的清流人物。在御史任內，他曾奏劾浙江巡撫任道鎔、副都御史王之翰、湖廣總督涂宗瀛等高官，特別是在雲貴奏銷失察大案中，此人敢於向掌管戶部大權的老臣王文韶開炮，導致朝廷不得不派翁同龢親自審理此案，最後以罷官八十餘人結案，朝野大為震動。

到了江蘇巡撫的任上，陳啟泰發揚敢說真話的優良傳統，又要彈劾官員。這次被他當做靶子的是上海道台蔡乃煌，從級別上講蔡是陳的部下，應該說勝算的把握很大。但是蔡乃煌這個道台不一般，在官場經營多年，對權力圈的潛規則非常熟悉，尤其是他的後臺老闆非同一般——此人是慶記公司董事長奕劻。

　　上司參劾下級，向來無有不准的，重則撤職，輕則查辦，視情況而定。由於蔡乃煌運動了銀子，這回出了新花樣，朝廷命兩江總督端方查辦，上諭中寫得很清楚：既查蔡乃煌，也查陳啟泰。老邁體弱的陳啟泰氣得直發抖，滿肚子牢騷卻又說不出來，只好吞下這枚苦果子，自認倒楣。本以為事情這樣就完了，哪知蔡乃煌還有兩個後臺：一個是兩江總督端方，另一個是江蘇藩司瑞澂，正好一上一下，把陳啟泰平在中間。在公事上設置障礙，處處掣肘，搞得陳啟泰根本開展不了工作。此後不久，他給皇上寫了個請假條，回湖南老家去養病。因為有這個死疙瘩鬱積在心，結果積憤成疾，病越養越重，竟闔目不醒，駕鶴西去了。時人稱陳啟泰是被蔡乃煌、端方、瑞澂三人聯手氣死的，王闓運挽聯云：「抗疏劾三公，晚傷鼷鼠千鈞弩；治生付諸弟，歸剩鵝洋二頃田」。

　　對於這麼一位清流派舊官僚，袁世凱還是頗為看重的，他將善於務實理財的六公子袁克桓挑出來去做陳啟泰的女婿，其中蘊含著讓這對翁婿互補的意思。袁克桓（1898～1956），字巽安，後改名心武，五姨太楊氏所出，少年時就讀於天津新學書院，後與五哥克權、七弟克齊赴英國留學，回國後在北海靜心齋總統府教育專館男館繼續讀書，20歲時結婚，娶陳啟泰之女為妻。

　　此時他父親袁世凱已經去世兩年，經歷了短暫的憂傷之後，袁克桓沒有沉淪，而是毅然站起來，接受了命運的挑戰。他的選擇是辦實業——在那個特殊的時期，這恐怕也是最好的選擇。開灤煤礦和啟新洋灰公司是袁世凱在世時支持周學熙創辦的兩個大型企業，曾經有一度，政治嗅覺靈敏的周學熙感覺到民營之風將要在中國興起，於是放棄官銀號的優惠貨款，轉向民間資本尋出路，將企業逐漸轉變成私人股東，其中大量股票以「報效」的方式饋贈給了袁氏家族。當時袁氏家族如日中天，賺錢撈銀子有袁世凱操心，妻妾和子女們只負責花錢就夠了，根本沒有人把這些股票放在眼裏。

到了老袁歸天，袁家日暮途窮之時，才想起還有兩個大型企業的股票壓在箱子底。樹倒鳥飛散，袁家諸子各奔前途，紛紛將這些股票低價抵押、轉讓、出售之際，袁克桓動起了腦子，他將這些花花綠綠的紙片統統收進囊中，然後拿這些紙片去和總老闆周學熙談判：他袁克桓也是大股東，有權決定企業的前途命運。

袁克桓進入開灤煤礦後，接替大哥袁克定擔任公司的常務董事。以前，公司內部事務（包括用人權等），都由擔任總經理的英國人說了算，袁克桓提議說，既然公司是兩家合營，那麼中英方都得有人負責，最後袁克桓的意見被採納，他的權力無形中增加了許多。

原來的啟新洋灰公司，負責管理企業的全是周學熙的舊屬親信，清一色安徽人的天下，袁氏家族的河南系難以與之抗衡。袁克桓進入公司不久，即著手改變這種狀況。他說通了八弟袁克軫（也就是周學熙的妹夫），一起聯手來扳倒這棵大樹。在 1924 年新春召開的一次董事會上，袁克軫站出來率先發難，當面指責周學熙用人不當，把公司搞得一團糟，臉紅脖子粗地說道：「對待你的姑爺如此偏祖，為何對老姑爺我就不照顧照顧？」周學熙梗得說不出話，河南幫的其他成員跟上助陣，會場亂成了一鍋粥。周學熙原來在啟新是八面威風的，現在老姑爺給他難堪，他也不便多計較，從此以後對啟新公司的事，也不願多過問了。這正是袁克桓所要的結果。到了 1927 年，啟新公司改選董事會，袁克桓為首的河南系就佔據了顯耀位置。1933 年，袁克桓坐上了公司總理這把交椅，一坐就是 13 年，直到抗戰結束，風傳何應欽將派人以「資敵罪」沒收啟新公司，袁克桓為保全公司存在，迫於各方壓力，才不得不和啟新洋灰公司脫離了關係。

後來，袁克桓還在湖北創辦了華新水泥廠以及南京的江南水泥廠，都是建國前大名鼎鼎的大型企業。除了水泥廠外，他還辦過玻璃廠、紗廠。據袁克桓的兒子袁復回憶說：「他一輩子都沒叫過累。我父親每天早晨七點鐘準時起床，穿戴收拾好，八點準時到，工友

還在打掃衛生呢！……我父親沒有別的嗜好，他就是應酬應酬、打打麻將。舞場、賭場、馬場、妓院從來不去。舞場為什麼不去呢？理由很簡單，有一次他辦完房子買賣，吃完飯，很早就回來了，我問其他叔叔呢，他說去舞場了。我問他為什麼不去，他說，『手底下的人都去玩，我往那兒一坐，人家還玩不玩？』我父親喜歡看歷史，也喜歡講歷史。一生從來沒有假期、星期天。我父親一生沒有私產房，地無一畝。全部精力都投入到搞實業中去了。」這一席話，將勤奮、自律、好學的袁克桓形象勾勒得準確而又生動。

袁克桓有二子五女，二子家宸（即袁復）、家衛；五女家英、家仙、家渠、家菽、家芯。1956 年 9 月，袁克桓因心臟病發作在天津去世，時年 58 歲。當時的重工業部給袁克桓的家屬發來了唁電，並送了花圈，贈與了幾千元的撫恤金。

袁世凱的兒女親家中，剩下的這兩個舊官僚都是清末民初頗富盛名的大教育家。

張百熙（1847～1907），字埜秋，湖南長沙人，同治進士，授編修，歷任禮部、戶部、郵傳部尚書。戊戌新政中，張百熙任京師大學堂第一任管學大臣，應該說是很被提倡維新變革的光緒皇帝所賞識的，奇怪的是，戊戌政變之後，慈禧太后重掌大印，廢除了光緒的若干維新舉措，唯獨保留下來的就是這所京師大學堂。由此也可以看出，慈禧對興辦教育也很重視，對張百熙這個人是信得過的。

讓張百熙當管學大臣，負責清廷的教育工作，算是選對了人，他不僅愛才惜才，而且能辨才識才。有一個年輕人，向來為張百熙所看重，張的寵妾生了病，這個年輕人在家設香案祈禱，事後又來張百熙家裏大獻殷勤，把這件事說得滿城皆知。張百熙搖頭歎息：此人雖說有幾分才，德性操守卻太糟糕。此後遂漸漸疏遠了這個學生。易宗夔在《新世說》中專門記載了這件事，稱其「愛才如命，不喜善諂者」。

　　張百熙管大學堂，第一個問題是聘請總教習，他看中的是桐城派大家吳汝倫。放下架子上門懇請，吳汝倫捻著鬍鬚說：人老了，這個事恐怕不能答應。哪怕張百熙死乞白賴，吳老頭也不肯鬆口。弄急了，張百熙一膝跪在地上，不肯起來，吳汝倫只好答應了，但是有個條件：先到日本考察了再上任。結果，吳老頭拖著老邁的身子去了一趟日本，回國後就病倒在榻一命嗚呼了，張百熙的一跪也算是白費了。不過，他「愛才如命」的名聲，從此更是遠播四海。

　　張百熙的女兒嫁給了袁家三公子克良。

　　袁世凱在世時，曾經罵這個老三是「土匪」，心底裏認定他成不了什麼大器。和袁家其他兒女比較起來，老三袁克良似乎真是個「莽夫」。曾經在大哥袁克定手下跑過腿，幹點偵緝隊之類的活計，抓個人綁個票，派他去最為合適。最典型的一個事例是怒砸三希堂法帖碑。袁世凱去世後，黎元洪繼任大總統，派副官唐中寅清點物品，有一天，唐中寅正在巡邏，忽然發現一隊小工抬著幾塊石碑往外走，唐副官上前追問，此時袁克良不請自到，大模大樣地叫小工繼續搬運，唐副官自然要阻攔，脾氣火爆的袁三公子搬起一塊石碑，狠狠朝地上一砸，石碑頓時碎成了幾塊，袁克良仍不解氣，又朝地上狠狠砸了幾塊，方才甘休，揮了揮手，帶著一干人馬揚長而去。只是可惜了那些三希堂法帖石碑，價值連城的寶物「玉碎」了。

　　袁克良一家住在北京八面槽錫拉胡同——這是他父親袁世凱留下的一筆遺產。娶了張家小姐過了幾年，他又娶了個小姿，是個唱戲的，叫孫宜卿。再過了兩年，袁克良忽然瘋了，不是那種滿街撒潑癲狂的「武瘋子」，而是挺文靜地躺在床上，默默看著漆黑的屋頂度日子。袁克良一家後來搬到了天津大營門，他有二子三女，二子是家增、家霖；三女是家潛、家佶、家芷。

　　陸寶忠（1850～1908），字伯葵，江蘇太倉人，光緒進士，官至禮部尚書。他擔任湖南學政時，闈場考風狼藉，有童生公然買通

監考官幫忙作弊，陸寶忠留心訪查，懲辦數起，弊情有所減輕。有一年，陸寶忠到湖南衡陽監考，有個童生進考場大概是沒聽招呼，被當地縣官狠狠訓斥，童生頂撞幾句，又挨了縣官的一頓板子，這事把當地老百姓惹毛了，圍攻了縣衙門，搗毀了簽押房，還揚言要放火燒房子，縣官嚇得不敢出面。事情平息之後，縣官感到自己受了辱，提出要對那個童生處以極刑，陸寶忠經過一番調查後，認為這是個冤案，童生其實並無大錯，錯的反倒是縣官。經陸寶忠保全，結果未戮一人，在衡陽當地獲得了極高的評價。「愛才如命」四個字，送給陸寶忠也是很貼切的。

陸寶忠晚年有吸食鴉片的嗜好，朝廷下令嚴飭戒斷，他立即執行，光緒三十四年（1908）正月，他向朝廷報告戒掉了鴉片，結果到了四月，就死掉了。

袁世凱的五女兒季禎嫁到陸家兩年不到，就病故了；第十三女經禎續嫁陸家，成了填房夫人。說到袁家先後嫁到陸家的這兩個女兒，兩家還有一段恩怨。五女季禎出嫁前，身體就很虛弱，對父親做主的婚事也不滿意，嫁到陸家後不久，就與夫君鬧彆扭，情緒鬱鬱寡歡，病倒在床上又不肯吃藥，結果年紀輕輕命喪黃泉。季禎去世後，陸家對袁家耿耿於懷，認為把這個身體不好又不大情願的女兒許配到陸家，是搞「假冒偽劣」，袁世凱為了表明心跡，又把十三女經禎許配給了陸家。不過，袁經禎嫁到陸家後，夫妻倆感情不錯。

4.黎家有女初長成

辛亥革命槍響之後革命黨才發現，由於起事倉促，參加人員中官銜都不高，聲望不足以服眾，因此急需要找一名領袖。據革命黨人回憶，當時清廷官員聽到起義的消息紛紛躲避逃命，協統黎元洪

155

也換了便衣，在執事官王安瀾引領下躲到了參謀劉文吉家中避難。當革命軍尋蹤至此，黎元洪躲在蚊帳背後不出來，有個叫馬榮的士兵拉了幾下槍栓，又把子彈推上膛，大聲喝令「狗官出來」，黎元洪才從蚊帳背後心不甘情不願地走出來。也有另一種說法，黎元洪當時躲在姨太太黎本危的床底下，是被班長虞長庚用槍逼著出來的。黎元洪被革命軍帶到省諮議局（即今天的武昌閱馬場紅樓），將其關押在樓上，黎元洪像尊泥菩薩，不管革命軍說什麼他都是一聲不吭。

有人說黎元洪的總統是別人硬塞給他的，話不中聽，卻有幾分道理。革命軍起初推舉他當湖北都督，黎元洪用濃濃的黃陂口音連聲說：「莫害我，莫害我。」有人憤懣地罵道：「不識抬舉，乾脆給他一顆花生米算了！」有個叫李翊東的革命軍扣動扳機，威脅他說：「我槍斃你，另選都督。」黎元洪只好在心裏對大清朝說聲抱歉，接受了革命軍都督一職。1911 年 10 月 17 日，湖北軍政府前祭壇高築，香火繚繞，祭壇上供著黃帝軒轅氏的靈牌，旗杆上飄蕩著十八星旗，鞭炮齊鳴，鼓樂喧天。黎元洪跪地誦讀祝禱文，三軍鳴槍，全體跪拜，山呼萬歲。黎元洪從此踏入仕途，後來還當上了民國大總統。

很多人瞧不起這尊「泥（黎）菩薩」，袁世凱卻不這麼認為。在清廷的舊官僚中，黎元洪清廉樸素，兩袖清風，也算難得。尤其是此人期望中國走改良漸變之路，不主張暴力革命，這一點更是與袁世凱的想法不謀而合。在民國初年錯綜複雜的政治格局中，這尊菩薩像個不倒翁似的立在政壇上，自有其不同尋常之處。何況，袁世凱想在總統位置上坐得更穩當，還確實得爭取黎元洪這股政治勢力。

袁世凱是個權術高手，對黎元洪採取的是「胡蘿蔔加大棒」方式，既拉攏利用，又百般防範，偶爾還使個暗絆子，在黎府安插個

間諜什麼的。民國政府成立以後，黎元洪被老袁請到北京，做了個木偶似的民國副總統，成天哪裡也不能去，實際上等於是個政治囚徒。黎元洪的左右秘書郭泰祺、瞿瀛和湖北籍參議員劉成禺等人暗中策劃，試圖讓黎元洪逃離北京，到南方去重新組織政府。袁世凱似乎預料到了黎元洪會有這一手，事先打通關節，略施小計，花了兩萬元，就把最核心的機密情報搞到手了。

　　擔任「間諜」角色的是黎元洪的小妾黎本危。此人原名危紅寶，是個倚門賣笑的妓女，晚清時有大臣鐵良來湖北視察政務，文武官員按日接宴款待，這天同僚在漢口南城一家妓館徵花侑酒，黎元洪多喝了幾杯，半醉半睡中獨佔花魁，竟夜宿在危紅寶室中。黎元洪是個生活作風嚴謹的人，怕擔心落個嫖妓的惡名，遂迎娶危紅寶為小妾。危紅寶此後改名黎本危，成為民國政壇上著名的一枝交際花。

　　黎本危跟隨副總統老公來到京城之後，本以為能享受人間榮華富貴，殊不知卻被關進了政治牢籠，心情有點鬱悶。她擅長交際，京城卻人生地不熟，只能和一些湖北老鄉來往。在她交往的好友中有個「手帕姊妹」（意思是連手帕也能交換著用），黎本危與她無話不談。哪知這個「手帕姊妹」是個女特務，她的老公是湖北交涉員胡朝棟，而胡朝棟又與老袁的鐵杆幕僚楊士琦關係密切，一來二去，結交上了袁克定。有一天，「手帕姊妹」將價值兩萬元的一串珍珠項鏈送給黎本危，直接說明是袁府大公子袁克定的一點心意，黎本危警覺地問：「袁跛子有什麼想法？」「手帕姊妹」搶白道：「人家能有什麼想法？他是關心你們黎家呢。」姊妹倆相視淺淺一笑，底下的話不言自明。

　　此事過了不久，就逢上黎元洪收拾細軟準備出逃，黎本危一來不想離開京城，二來也不知道政治鬥爭的複雜性和殘酷性，只想著收了人家的厚禮無以報答，就將老黎要出逃的消息告訴了「手帕姊妹」。情報很快到了袁世凱那兒，迅速派軍警包圍了黎副總統的府

邸，進出人員一律嚴密盤查，黎元洪見此情景，顯然已經走漏風聲，出逃的計畫無奈破產。

民國三年（1914）春節剛過不久，袁世凱請黎元洪一家到袁府做客。幾句寒暄過後，袁世凱把家中兒女一個個叫出來見這位黎叔叔，當著兒女們的面，老袁說出了換親的想法：「我們兩家要交換，你給我一個女兒做兒媳婦，我也給你一個女兒。」事出意外，黎元洪臉上有點變色，略一沉吟後回答道：「我先給你一個吧。我有兩個女兒，你要哪一個？」袁世凱說：「不管哪一個，只要是你黎元洪的女兒就行。」說罷兩人對視而笑，氣氛寬鬆了許多。就在此次袁、黎兩家的家庭會議上，定下了將黎家次女黎紹芳許配給袁家九公子袁克久的一門婚事，那年黎紹芳8歲，袁克久11歲。

可是回到家裏，老婆吳敬君卻滿臉不高興，她的理由也正當：二女兒黎紹芳是自己親生的，百分之百正宗嫡出；可是袁家九公子聽說是五姨太所生，是偏房所出，這不明擺著讓黎家吃虧嗎？黎元洪勸慰說：「沒辦法，這是政治婚姻，不然老袁不會和我合作。」吳敬君是個傳統的婦道人家，很難理解這種政治婚姻的意義，對黎元洪大發河東獅吼：「不管什麼政治不政治，我女兒不能吃虧。」黎元洪沒辦法，只得苦著臉解釋，袁世凱正室夫人只生了一個兒子，叫袁克定，不僅已有老婆，姨太太也是一長串，莫非叫女兒排隊去做姨太太？再說如今老袁是中國頂尖的大紅人，連慈禧太后都想過要同他結親呢，何況這次又是老袁主動提出來的婚姻。如此這般，說了一大堆理由，吳敬君不懂，也不想聽。

黎元洪畢竟是一家之主，既然答應了這門親事，肯定不能反悔，即使老婆和他鬧彆扭，夫妻間一個多月沒說話，老黎仍然堅持不能退婚。他選中袁克久，是因為此九公子生得面重耳長，有這種面相的人將來能成大事。過了不久，袁家派言敦源送來袁克久的生辰八字，並索要黎紹芳的八字，黎元洪生平難得過問家務，只好去

問妻子，吳敬君一聽怒火又上來了，指著黎元洪的鼻子又罵叨起來。老黎沒有辦法，四處打聽女兒的生辰八字，最後終於在黎紹芳的一個嬤母嘴裏問到了，不免喜出望外，將這個好不容易弄到手的生辰八字交給了袁世凱的高級幕僚言敦源。

正式訂婚的儀式中，袁家送來了聘禮，吃的東西居多，有幾匹綢緞，有一些銀首飾，但是，像翡翠、珍珠、鑽石之類貴重的聘禮幾乎沒有，這又惹得吳敬君發了一通脾氣。親朋好友全都到齊了，女方主婦卻不願意出面，後經許多人好言好語勸說，她才以大局為重，勉強出來應付了一下場面。

對於男女雙方來說，這椿婚姻從頭到尾始終是一個悲劇。訂婚時黎紹芳 8 歲，對愛情之類的東西一概不懂，聽說父親要把她許配給別人，嚇得躲在被子裏哭了大半夜。稍微長大以後，黎元洪夫婦把她送到天津南開學校上學，可是唯讀了一年就退學了，此時黎紹芳已有輕微的神經衰弱症，很難繼續完成學業。遠在美國留學的姐姐黎紹芬給她寫了一封信，勸她凡事想開點，閒暇時節也可以到美國去走走，散散心。黎紹芳把信撕掉，沒有理睬姐姐。她向父親提出要解除婚約，這輩子誰也不嫁，黎元洪狠狠把她罵了幾句，還砸碎了一個茶杯。一來二去，黎紹芳更加鬱鬱寡歡，病情加重，精神開始失常了。

袁世凱、黎元洪先後去世後，袁家曾派人來催娶。1930 年 2月，黎元洪的妻子吳敬君病故，黎家長子黎紹基請黎元洪的秘書劉鍾秀向袁家講明情況：「紹芳精神已經不正常，是否還準備迎娶？」袁家那邊很快就回話了：「婚約是先父定下的，不能有變，婚後老九陪她玩玩就會好的。」袁克久自己也對黎家長女黎紹芬明確表態：「我是為了父親犧牲自己，才答應和令妹結婚的。」籌辦婚禮時，袁家老六克桓請黎元洪的秘書劉鍾秀給黎家代話：「我嫁個妹妹花了 20 萬，叫他們黎家千萬別小氣啊！」到了舉辦婚禮時黎家

也已經衰落，陪嫁的嫁妝並不豐厚，五姨太楊氏（克久生母）打開箱子過目，臉上呈不悅之色。

袁克久（1903～1973），字鑄厚，幼時與其他幾個袁家子女一起赴美國留學，在美國待了十年，1930 年回國後在天津耀華玻璃總廠擔任英文秘書，後來又協助六哥袁克桓在啟新洋灰公司辦實業，出任過公司營業部主任。此人對歷史有濃厚興趣，喜歡泡在故紙堆裏鑽研，在昔日帝王的榮耀中找到一些精神上的慰藉。

然而在現實生活中他過得太不如意了，婚後一年餘，黎紹芳病情加重，被送進了北京瘋人院，1949 年病故。袁克久後來又娶了一個妻子，生活過得比較平淡，無兒無女，兩位老人相依為命，直到 1973 年袁克久病逝。

5.樹倒「猢猻」仍未散

袁叔禎是袁世凱的三女兒，後改名袁靜雪，20 世紀 60 年代寫過一個五萬字左右的回憶錄，題為《我的父親袁世凱》，發表在全國政協主編的《文史資料選輯》上，流傳甚廣，影響很大，提供了許多袁世凱家庭生活的細節，給研究袁氏及其家族提供了一些寶貴的史料。但是關於袁叔禎個人的情況，一般讀者卻瞭解得不多。

籌備洪憲帝制期間，袁世凱一直住在居仁堂內，瞭解外界的消息主要依賴日本人辦的一份中文報紙《順天時報》，哪知道他所看的《順天時報》，全是袁克定串通袁乃寬等人偽造的假版報紙，這個秘密最先是被袁叔禎捅破的。有一天，叔禎的一個丫頭要回家看她父親（這個丫頭是一個老媽子的女兒，是自由身，所以准許她隔一些時間回家探望一次），叔禎喜歡吃黑皮的五香酥蠶豆，便讓她

順便買一些回府。第二天，這個丫頭買來了一大包，是用整張的《順天時報》包著帶回袁府的，叔禎吃蠶豆時，無意中看到這張報紙和她平時看的《順天時報》論調不一樣，趕緊把同一天的報紙找來核對，結果日期相同內容不同，顯然有人造假。當天晚上，她把這張真版《順天時報》拿給袁世凱看了，袁皺著眉頭，沒有任何表示，只說了一句「你去玩吧」。第二天一大早，叔禎被一陣叫罵聲吵醒了，起床一看，在大哥的跪地求饒聲中，袁世凱正提著皮鞭教訓人，一邊打一邊罵袁克定「欺父誤國」。

袁世凱做民國大總統的時候，大概是出於緩解與清皇族矛盾的考慮，想把袁家的一個女兒嫁給末代皇帝溥儀，挑來挑去選的是三女兒叔禎。有一天，袁克定向叔禎半開玩笑半認真地透露了這個消息：「三妹，把你送到宮裏去當娘娘好不好？」袁叔禎立馬哭鬧起來，鬧到父親袁世凱面前，老袁也很有意思，恐嚇她說：「再哭，非把你送禮不可。」叔禎聽了更是不依，頂撞道：「我又不是家裏的鼻煙壺，愛送給誰就送給誰。」老袁聽了哈哈大笑，連聲誇道：「我們家三女兒有個性，理智高，鬥志強，要是個男孩子就好了。」一旁的五姨太見老袁如此開心，酸意十足地說了句：「你看她這樣不聽話，將來誰娶了誰倒楣。」老袁笑著反駁說：「那也不見得。」這件婚事後來沒能成功，大概是清皇室不肯「俯就」的緣故。

袁叔禎後來嫁給了偽山東省長楊毓珣，此人是安徽泗州楊氏家族的後裔。比較普遍的說法認為楊毓珣是楊士琦之子，臺灣著名作家、歷史學者高陽在《粉墨春秋》中寫到楊毓珣時，也持這個說法。關於袁世凱的「智囊」楊士琦，晚年寓居滬上，在亞爾培路和巨籟達路拐角處買了幢房屋，時人稱做「楊五爺公館」。精神落寞，生活便隨之放縱，到了夕陽紅的歲數，仍然娶了兩個小老婆，一個叫小白菜，一個叫小菠菜。這兩盤菜新鮮可口，卻是大眾化的速食，有一天楊士琦回家後，發現小白菜和小菠菜正與其子同榻作樂，當

場氣極而暈，僵坐在沙發上說胡話：要把兒子和兩個小妾統統處死。小白菜和小菠菜嚇得臉色發白，還是小白菜膽大，從抽屜裏找出一瓶毒藥水，滴入茶中，送到楊老爺子嘴裏吞下，片刻而死。這椿轟動上海灘的毒死楊氏家主案，後來成了眾多小報炒作的花邊新聞（參見劉成禺：《世載堂雜憶》233頁）。

其實楊毓珣的父親並不是楊五爺士琦，而是楊門兄弟中最小的老八楊士驄。此人是清朝候補四品京官，掌過山西鹽政，民國初年當選過多屆眾議院議員，係桐城派弟子，喜愛圍棋，書畫也有點名氣。

他的兒子楊毓珣仰仗伯父楊士驤、楊士琦的關係，與北洋舊屬混得很熟，尤其是和東北軍打得火熱，當過張作霖的副官處長。曾有一段時間，東北軍在上海招兵買馬，交了一大筆白花花的銀洋讓楊收編散兵遊勇，楊毓珣從中賺了不少錢。財大氣粗，出手也闊綽大方，官場情場麻將場，場場到場，這樣的風流公子，自然是時尚女性的追捧對象，在眾多傾心愛慕的花蝴蝶中，楊毓珣選擇了袁叔禎。

在民國初年錯綜複雜的政治格局中，楊毓珣原本是個無黨無派的自由人，日本兵佔領中國後，汪精衛在南京籌備汪偽國民政府，拉他下水，有高官厚祿的誘惑，楊公子乖乖入甕，擔任了偽山東省政府省長。這是他人生中的一大污點。日本戰敗投降後，國民黨大規模逮捕漢奸，執行者是特務頭子戴笠，他沿襲常用的那套老辦法，借李宗仁北平行宮指揮所的名義舉行招待宴會，發出了一批「敬備菲酌，恭請光臨」的請柬，到場的五十多人都在日偽政權任過職，明知是鴻門宴，也只能「今朝有酒今朝醉」，晚上八點，眾人正在開懷暢飲時，戴笠忽然出現，宣佈了逮捕令。按照國民黨政府的《處理漢奸案件條例》，楊毓珣在炮局監獄關押了一段時間後被槍決。

十四女祜禎，八姨太郭寶仙所生，是袁世凱在世的最小的一個女兒（十五女早夭）。她的第一個丈夫是曹錕的長子曹士岳。

　　曹錕（1862～1938），字仲珊，直隸天津人，幼年在家排行老三，曾讀過私塾，好習武，稍大即以販布為生。後入天津武備學堂學習，畢業後投奔天津小站的袁世凱，在新建陸軍中歷任幫帶、管帶、統領、統制、總兵等職。

　　這個人一生中最著名的事是賄選總統。民國初年，習慣了幾千年封建帝王制的中國人還未完成政治轉軌，民選意識仍在沉睡，選舉總統本身就帶有鬧劇色彩。不過像曹老三這樣公開用鈔票賄選總統的，他還是第一人。

　　在選舉總統前，曹錕曾有過一次預演。那是在徐世昌當傀儡總統的時候，政府實際上的掌權者段祺瑞為了拉攏曹老三，許下一個諾言：要讓民眾「選舉」曹錕當副總統。曹老三當然樂意。老段跑去找議員眾多的安福會商量，安福系議員們大不以為然，提出條件：選舉曹老三可以，多少錢一張選票？老段領銜的北京政府臨時決定，將撥給曹錕部隊的 150 萬元軍費改為競選副總統的活動經費，並暫定每票二百元。哪知道議員嫌錢太少，暗地裏罵娘：「曹老三剛娶了個五姨太就花了十幾萬，我們堂堂議員，不及小妾五十分之一？未免也太不拿議員當回事了。」到了選舉那天，會場上冷冷清清，到場的議員不夠法定人數，結果選舉流產。事後一調查，議員大多數去了天津南市的妓院。

　　這次副總統選舉未遂讓曹老三很沒面子。到了 1923 年，直系軍閥以鬧餉、逼宮、劫車、奪印等手段逼走了總統黎元洪，曹老三感到機會又在招手，再次做起了總統夢。凡事預則立，他決定及早著手，首要任務是籌措選舉經費。直隸一百七十多個縣歸曹錕管轄，他的如意算盤是「借軍餉」，按大中小三個等級，各「借」一至三萬；錢還不夠，有人讓曹老三去「捉財神」：派人將參與販毒制毒的幾百名人犯統統抓起來，組織特別法庭審理，拉出幾個小頭目槍決示眾，留下的大財神果然跪地求饒，大量銀子流進曹氏腰包。

　　當時的《大公報》曾有這麼一則報導，說是有個名叫樹德堂的人，主動提出要借給政府二百萬作為大選經費。提出的條件是利息二分二，交錢時先扣一年息錢，並以直隸的鹽餘為擔保，從次年一月份起，分十個月還清本息。這是個極端苛刻的借款條件，後經知情者透露，「樹德堂」並無其人，實際上是曹錕之弟曹銳化名搞的鬼。因此人們議論說：曹錕到底當過布販子，遇事真有經濟頭腦。

　　想玩金錢政治的並不止曹錕一人。黎元洪到了上海，他的一批擁護者獻計獻策，用重金招降納叛，凡是到上海的議員每人發三百大洋。一批議員紛紛南下，如過江之鯽，為錢而來。曹老三針鋒相對，在報紙上發表公告：「議員返京，每人可領六百大洋」。南下的議員再次北上，去領曹錕的賞銀。選舉的日子快到了，曹老三規定，普通選票每張五千，另有入席費加五百，帶病入席者再加五百。這樣一來，大多數議員「病倒在床」，曹錕見勢不妙，趕緊將五百元減少到二百元，「病倒在床」的議員紛紛抗議，只好重新改回五百元。

　　總統大選是在盛況空前的氣氛中進行的，597名議員早早來到選舉會場，竟遠遠超過了法定人數。議員們拿著選票還在擔心，選票的銀子怎麼兌現？在哪家銀行兌現？會不會不兌現？亂哄哄的鬧劇還在繼續上演，曹老三的反對派在六國飯店緊急成立了反賄選機構，凡是不投曹錕票的每人發六千元，憑選票兌現。後來見六千吸引力不夠，又漲到八千。議員們拿著選票舉棋不定，不知道該投哪邊好。八千元的誘惑自然要比五千元大，許多議員臨時倒戈，棄曹錕而直奔反對派陣營，遺憾的是反對派起事倉促，籌措的經費不夠多，只收買了四十幾個議員就沒有銀子了。有一些遲到的議員表示強烈不滿，責怪反對派銀子準備得太少，他們想改投八千的卻沒有機會了，只好重新回到投五千的隊伍中。讓人憤懣又哭笑不得的是，有的議員趁亂鑽空子，在曹老三這邊拿了五千，又到反對派那邊去拿八千。據說曹錕現場表現得相當大度，面對兩邊跑來跑去的

那些議員，臉上始終洋溢著笑容，時人評論其有「三大」：大資金、大氣魄、大總統。

曹錕為賄選總統準備了二千萬，結果只用了一千三百萬就搞定了。他登上大總統寶座的時候，國人皆罵，可是想想這次選舉中的眾生相，想想議員們暴露出的人性的貪婪與脆弱，幾句罵聲未免太蒼白。

曹錕一生有一妻三妾，曹士岳為二姨太陳寒蕊所生，是曹家的長子。生曹士岳那年曹錕已有 57 歲，才得頭生兒子，心頭喜悅難於言表，下令庭園內外張燈結綵，慶賀半月。大概是從小溺愛過分的緣故，曹士岳長大成人後完全是一副浪蕩公子的派頭。北洋元老言敦源為其說媒，介紹的女方是袁世凱第十四女袁祜禎，兩家門當戶對，都是民國總統的後代，曹、袁二人見面後彼此印象也不錯，於是在 1937 年底結了婚。

新婚燕爾，小夫妻倆感情還融洽，雙方談論各自父親過去的輝煌，大有「昔日帝王舊時花」之慨，非常有共同語言。可是結婚後才四個月，他們發現生活並不是聊天吹牛就能夠打發的，還有柴米油鹽醬醋茶，樣樣都需要操心。起初是為一些家務瑣碎事爭吵，繼而發展到大鬧大罵。曹士岳從小養成了天不怕地不怕的性格，拿起掛在牆壁上的步槍威脅，情急之下扣動槍機，子彈打中了袁祜禎的右臂。

年過七旬的曹錕大為惱火，袁祜禎住進醫院的第二天，就派家中另一個兒媳送三千元到袁家，並轉達了他的歉意。聽說袁家要打官司，又派老部下吳毓麟去做工作，疏通兩家的關係。袁家主持家政的袁克定鬆口了，答應不再控告，給曹老三留面子，可是袁祜禎的生母八姨太郭寶仙不同意和解，一口認定曹家是欺負袁家無人才敢開槍，執意要與曹家對簿公堂，討個公道。袁克定去勸解，八姨太對他說：「以往袁家的事都是你做主，今天這個事我一定要做一回主！」袁克定陪著苦笑，也是無能為力。

最後還是袁祜禎站出來解圍，她說這樣的醜事鬧到公堂上，對
袁、曹兩家都不利。在她的勸說下，八姨太總算收兵了。之後雙方
簽訂了離婚協議，以後男婚女嫁各不相干，曹士岳賠償袁祜禎醫藥
費、贍養費等合計六萬三千元，袁祜禎的陪嫁屬於婚前財產，應予
無條件退還女方。一樁轟動津門的婚變案至此畫上了句號。

曹士岳離婚後情緒低落，經常拿著大把的金錢去青樓買笑，卻
買不回失去的快樂。建國後精神狀態有所好轉，努力鑽研中醫，在
天津辦了家曹氏針灸診所，1982年病故。

袁祜禎離婚後去了美國，再婚的丈夫是位聯合國官員，定居紐
約，與同住紐約的袁家騮、吳健雄夫婦經常來往。2005年底，袁
祜禎因病去世，享年90歲，她是袁世凱32個子女中最後一個離開
人世間的，至此袁家克字輩的子女全部謝世。

四兒子袁克端娶天津鹽商何仲璟之女何慎基。

何家原本就是天津大戶，何仲璟的父親何維楷，先放江西臬
台，後放甘肅藩台，官當得不小，相當於今天省部級幹部。何仲璟
沒有去走仕途，而是轉行經商，幹了不幾年開始大發，成了津門有
名的暴發戶。庚子年間全家逃難，由天津來到山東濟南，在按察史
街建宅安居。其時袁世凱正任山東巡撫，通過周馥家親戚一個伯母
的介紹，何家結識了袁巡撫，又由周伯母做媒，將何家大女兒何慎
基嫁給了袁四公子克端。

說到鹽商文化，一言難盡。早期鹽商熱愛習武，俗尚奢華，天
津歷史上鹽商「八大家」，家家皆莫能外。康乾年間，著名鹽商查
日乾起造園林，延攬名士，引進文化成為風尚，遂使民風民情大為
改觀，由尚武而崇文，大鹽商查日乾功不可沒。這個查日乾有個後
代叫查良鏞，筆名金庸，金大俠成名作《書劍恩仇錄》中描述的剽
悍民風，就有當年鹽商的影子。

　　在袁世凱的政治生涯中，這位名叫何仲璟的親家幫了不少忙。慈禧太后死時，袁世凱跑到天津避禍，住的就是何家的樓房；後來在彰德洹上村做「隱士」，靠的是何仲璟提供的經濟支撐，才得以買下成片的府第院宅。官與商總是相互勾結相互利用的，袁世凱是政壇巨星，何仲璟是商界大鱷，政治聯姻能給雙方帶來好處，何樂不為？

　　袁克端早年畢業於天津新學書院，其人性格古怪偏執，也有點自命不凡。大概是因為北洋舊屬馮國璋、段祺瑞反對過洪憲帝制的原因，他對馮、段二人恨之入骨，經常當著人面罵他們是烏龜王八蛋，認為父親親手扶植起來的這兩個北洋紅人關鍵時刻不抬轎反拆臺，是袁家的死對頭。袁克端娶了個大富翁的女兒，腰包裏始終不缺錢花，做起事來派頭很大。上街逛時如看中了某樣東西，拿起來就走，老闆也不喊他付賬，知道事後會有僕人跟來付錢的。這個人書法上有點水平，字大如豆，自成一體，自比當年的雍正皇帝，刻製了一枚「皇四子」的印章，可惜一次也沒有用上。

　　有滿腔抱負，面對現實卻不得不低下高傲的頭顱，父親袁世凱去世後，袁家子女的日子普遍不好過。遇到挫折，有的人振作，有的人沉淪，袁克端選擇了抽大煙來打發精神上的空虛。家裏有金山銀山，也經不起抽大煙的折騰，何況妻子何慎基在他的鼓動下，也成了一名女癮君子。袁克端落魄後，在東北軍閥張作霖的元帥府裏當過一段時間的掛名參議，沒上一天班，白拿錢。後來又在開灤礦務局當掛名董事，每月銀元三百。再後來，這等掛名白拿錢的好事沒有了，於是跑到老大袁克定家吃大戶，住在頤和園清華軒裏消磨生命的時光，直到 1951 年去世。袁克端有二子一女：袁家禮、袁家賓、袁家倜。這個女兒袁家倜早年曾過繼給二姑袁仲禎，後來成為一個實業家，後邊再敘。

　　十一公子袁克安是袁氏家族的一個異數，此人是五姨太楊氏所出，早年在美國留學十年，取了個英文名字叫亨利·袁，生活習性

上「全盤西化」，甚至還在美國出版了一部研究英國文學的學術著作，發行量不大，沒有什麼影響。因為年幼出國，中文變得生疏，回國後曾經和幾個姪子輩的一起讀家庭私塾，二十幾歲的同學和幾歲的蒙童坐在一條板凳上，他也感到難為情，主動辭學，發誓要靠自學成才。不過此人確實聰明，背古文、讀詩詞、習顏體，中文長進相當快，還學了幾出京劇。

他的婚姻是自由戀愛的，第一個妻子是天津大鹽商「李善人」李士銘的女兒李寶慧。李氏家族是天津歷史上的一個望族，其樂善好施由來已久，傳說在清道光年間，李家祖先李文照避難定興，黑夜泊舟，依稀聽到有人呼救，李文照披衣下床，提燈細看，四周並沒有人。可是躺在船艙裏，又聽見呼救聲，再起床看，仍然無人。如是再三，李文照想，江上一片寂靜，只有三五點漁火閃爍，也許是魚群求救吧？遂出資收買了漁人捕獲之魚，悉數放入河中。從此得到了「李善人」的稱號。「李善人」傳到李士銘這一代，已經是第八世了，李士銘秉承父志，一生中創辦了保生社、救生會、施醫局、戒煙所等慈善機構，捐資修建了文昌祠、千福寺等。長子李寶臣（李寶慧的哥哥）組織過中國慈善會、天津慈善事業會等，擔任過天津備濟社、積善社、明德慈濟會的董事，是中國著名的老一輩慈善家。

李寶慧病故之後，袁克安開始追求天津租界外號叫「美國張」的張某的女兒張美生。當時張美生是天津洋場聞名的一枝交際花，追求者眾多。袁克安能獨佔花魁，證明他在征服女性上有實力，也有魅力。袁家人提到袁克安，都說他更像是一個美國人。袁克安有二子：長子袁家華（律）、次子袁徽。

比起袁克安來，十二子袁克度洋化得更厲害，民國時期在天津租界，提到袁克度可能有人不知道，提到「湯姆‧袁」則不可能不知道，尤其是外國那些公使家眷的夫人小姐們，對神秘的「湯姆‧袁」崇拜得五體投地。這不僅僅是他英文說得好，會說美國方言俚

語，說英文繞口令是拿手好戲，更是因為他有一手絕活：仿造法國高級香水，可以亂真。

這手絕技與「湯姆‧袁」在美國的留學經歷有關，在美國，他學的是化學專業。抗日戰爭爆發後，有一天，袁克度聽交際花嫂嫂張美生說到一件事：租界法國香水奇缺，他用鼻子吭了一聲說：那有什麼難的？回到家裏就著手研製，幾天後仿真香水試製成功，和巴黎香水的顏色和香味都一樣，「湯姆‧袁」掛牌銷售，標價高得離譜，一小瓶香水售幾十塊大洋，但求購者依然趨之若鶩，因為市場上真的香水壓根就見不到。袁克度也是個怪人，銷售了二、三十瓶以後，就停止供應，並且聲明不再配製假香水，讓那些求購者鬱悶不已。至於配方秘技，他是絕對不外傳的。

後來有人請他出山辦肥皂廠，他滿口答應下來，人家把煉製肥皂的豬油指標搞到了，袁克度卻撂挑子，說什麼也不願意幹了。是他沒研製成功肥皂秘方，還是壓根就不想幹？誰也摸不清他這個人。提到袁克度，所有瞭解他的人都是這句話：「他一輩子不幹正經事。」

袁克度娶的第一個妻子是天津富商羅雲章的女兒。羅雲章，字東朝，是清末立憲派首領孫洪伊的妹夫。袁克度後來又娶了個姨太太，娶進門後不久，第一個妻子羅氏生了一場大病去世了，袁克度和姨太太一起繼續過。1976 年唐山大地震後，袁克度也去世了，留下破爛不堪的一個家庭，姨太太只能靠賣冰棍過日子。袁克度有一獨女：袁家敏。

十四子袁克捷，袁世凱六姨太葉氏所出，娶山東祝家之女為妻。此人情況詳細知道的人不多，建國後遷居到了青海，最後死在了那裏。

十五子袁克和是八姨太所出，娶的妻子是張調宸的女兒。張調宸是河北河間人，也是鹽商出身，曾任鹽運使，與北洋舊屬段芝貴關係不錯，在馮國璋手下當過副官。據馮國璋臨死前給後人交待，

張調宸曾侵吞了馮氏家產三百萬，可見此人很有經濟手腕。袁氏家族衰落後，袁克和一直默默無聞生活在人世間，據說建國後到河南教過一年書，以後又回到了天津。1962 年，因患食道癌病故。袁克和有子女各一，子袁家懋、女袁家詢。

十七子袁克有，袁世凱的六姨太葉氏所出。此人是袁世凱最小的兒子，他出生時，袁家的鼎盛時期已經過去，幼時見到的就是家庭頹敗的景象。不過瘦死的駱駝比馬大，袁家雖說開始走下坡路，卻比一般大戶人家也差不了多少。袁克有是個「機靈鬼」，也是個「荒唐鬼」，仗著腦袋瓜子靈活，經常做點出人意外的勾當。有段時間他在北京開了家私人診所，醫生做得好好的，忽然別出心裁，暗地裏開了家作坊做假首飾。結果被人查出，後果很嚴重，面子很難堪。

他在戀愛婚姻上也有驚人之舉，由於經常泡劇院的緣故，認識了京劇演員于雲鵬的女兒，經過一番追求，二人結為了夫妻。可是袁克有天生是個不安分的性格，過了幾年，居然離家出走，跑到河南老家項城拉起了一支隊伍，要打日本兵。他模仿當年祖父輩袁甲三建造袁寨的辦法，修築了幾座堅固的炮樓，和日本人真刀真槍地打了幾仗。後來日本投降了，他又把槍口對準共產黨。這一次沒那麼幸運，他被解放軍繳了械，當了俘虜。正好俘虜他的那支解放軍部隊負責人是他的老同學，聽說是袁克有，心想，這個人明明是醫生，怎麼會當土匪的？一定是搞錯了，於是把他釋放了。出來後袁克有身上一分錢也沒有，一路上撿豬骨頭，將這些豬骨頭打磨成圓型、方形各種形狀，給人刻公章和私章，攢了點錢，才回到了天津。1953 年，袁克有因胃潰瘍大出血去世。留在世上的有二子一女，長子袁家興，另一子姓名不詳；女袁家譓。

袁世凱其餘幾個子女的情況大致如下：十女思禎嫁漢奸偽北京憲兵司令鄒文凱；十一女奇禎嫁天津王家，後離婚，去向不明；十二女瑞禎在臺灣；十六子袁克藩、四女、八女、十五女均早夭。

第六章　盤根錯節

1.扯不斷的紅絲線

在袁世凱的一生中，有個人的命運始終和他綁在一起，這個人就是徐世昌。

徐世昌（1855～1939），字卜五，號菊人，河南汲縣人。此公的一大特點是耐得住寂寞。考中進士後，徐世昌在翰林院任編修，這是個不起眼的七品官，俸銀甚少，生活清苦，遠不如外放當個知府之類的州官來得實在，也有同僚暗中教他招數：為官之道要捨得投資，拿點銀子去疏通上司，弄個辦學差、試官的肥差，去外省撈它一把，回報大大高於投資。徐世昌搖了搖頭，依然慢條斯理踱著八字步去上班，他心裏清楚，心急吃不了熱豆腐，機會總是為那些有準備的人提供的。

板凳坐得十年冷，到了第十年，機會終於來叩門了。袁世凱在小站辦新建陸軍，請他這個老搭檔出任軍務營務總辦，相當於總參謀長兼秘書長，實際上是袁的內當家。老徐欣然赴任，總攬內務文案並參與機密，成為袁老四的核心智囊。

辛亥革命初起，徐世昌在京城聯合奕劻、那桐等一幫滿清權貴積極運動，請洹上村的「隱士」老袁出山，立下大功，哪知袁老四登上大總統寶座後，徐世昌卻激流勇退，跑到青島暫避風頭。這個

清朝遺民心頭有難言之隱：半生受清廷厚恩，卻幫袁老四挖了大清的牆角，如果再去做民國的官，臉面上也太掛不住了。先找個世外桃源，休養生息，過渡一下，方才顯得不著痕跡。徐世昌當官當得實在精，怪不得他得了綽號叫「水晶狐狸」。

徐世昌在青島當寓公，原本就是做做樣子，經不住袁老四一請兩請又三請，徐世昌終於動步了。據說啟程赴京前，其弟徐世光對他有一番肺腑之言：「大哥你竟忘了皇恩浩蕩？議和之際，你曲從袁謀，已為人所議；今再為袁效力，將有何面目見先帝於地下？」徐世昌歎了一口氣，小弟畢竟年輕，中國官場的政治他還不懂，自古以來都是識時務者為俊傑，英雄要有用武之地，還非得掌權不可。民國四年（1915）五月，徐世昌正式出山，任北洋政府國務卿，時人呼之「徐相國」。

袁世凱稱帝，連徐世昌這位老朋友也不買賬，袁、徐攜手共進的局面難再。徐世昌曾在日記中大發感慨：「人各有志，志在仙佛之鄉者多，則國弱；志在聖賢之人多，則國治；志在帝王之人多，則國亂。」字裏行間，流露出對袁老四搞洪憲帝制的不滿。

民國七年（1918），64 歲的徐世昌被新國會選舉為第五任中華民國大總統，他向全國通電，表示辭讓不就，全國挽留，遂決定任職。徐世昌當總統，只是塊金字招牌，一切實權都在段祺瑞的「安福系」手上。他也樂得清閒自在，充分享受傀儡總統的好處與實惠。徐世昌內心一直有濃郁的「大清情結」，即使當了民國的大總統，仍然念念不忘清朝的官銜，和他同為清末太傅的世續死後，皇室追贈「太師」。周馥死時，小朝廷也破格追贈他「太師」，徐大總統羨慕不已，央人向清室表示，希望生前能得到「太師」的封號。梁鼎芬、陳寶琛等晚清忠臣聽了，對他這種熊掌和魚都想要的做法大為鄙夷：「既為清室臣，又為民國職，怎麼可以？」

　　徐世昌一生在政壇上混得熱鬧，家庭生活中卻有點冷清，娶了六個老婆，奇怪的是沒生下一個兒子，只有二姨太石孺人生了兩個女兒：長女徐緒明，次女徐緒根。袁世凱在世時，袁、徐兩家曾有婚約：袁家十子克堅娶徐家次女緒根。按說這也是一樁門當戶對的婚姻，袁、徐大半生的政治聯盟，需要兒女用婚姻再加一個注腳。可是老徐不知從哪裡聽來了一個消息，說十公子袁克堅品行不端，在美國哈佛大學留學攻讀政治經濟學期間不好好讀書，追求哈佛大學校長的女兒，據說還翻過美國閨女的院牆，被校長逮了個正著，給予他開除學籍的處分。這事傳來傳去，傳到徐世昌耳朵裏，已經是一樁嚴重失實的桃色事件。

　　袁克堅聽說徐世昌要退婚，去找未來的老岳父說理，誰知老徐根本不見這個女婿，讓僕人將他攔在門外。好不容易見了面，徐世昌歎口氣佯裝為難：「如今時代變了，這事我也做不了主，女兒追求自由戀愛，她要嫁給中央銀行的許大純。」袁克堅去問徐緒根，徐小姐低著頭默默流淚，什麼話也不肯說。

　　經歷了退婚風波，袁克堅的情緒十分低落，對父親在官場裏的那些人際關係也看淡了。當時有不少同情袁家的北洋舊屬，大罵徐世昌是不搽粉的活曹操，這讓袁克堅感到了一絲溫暖，更有熱心人給袁克堅介紹對象，女方是陸建章的女兒——仍然沒有脫離北洋系的範圍。

　　陸建章（？～1918），字朗齋，安徽蒙城人，北洋武備學堂畢業，歷任哨官、幫帶等職，民國二年（1913）任軍法執法處處長，殺人如麻，因此人們送他「陸屠夫」的稱號。這個人在殺人前，一般會表現得特別溫文爾雅，派部下送來一張請柬，約請在哪家酒樓共進晚餐，一番觥籌交錯後，送客時背後打一黑槍，「客人」應聲倒地，至死也不知道斃命的原因。時人將他送的請柬稱做「閻王票子」。

　　「陸屠夫」恐怕做夢也沒有想到，他經常用來對付「客人」的那套辦法，會被人照搬了來對付他。這個人叫徐樹錚（1880～1925），字又錚，江蘇蕭山人，秀才出身，是段祺瑞的「小扇子軍師」，幕後的鵝毛扇搖得滴水不漏，深為段歪鼻子賞識（段祺瑞一生氣鼻子就氣歪了，故有此綽號）。他被認為是段祺瑞的靈魂，在老段手下擔任過政府秘書長，權勢熏天。據北洋政府財政次長李思浩回憶，那天徐樹錚請奉系軍閥楊宇霆在天津吃飯，正巧陸建章中途來訪，楊宇霆對徐樹錚說，此人很是討厭，怎麼他還活在世上？徐樹錚一笑，英雄所見略同，我看這個人不順眼也不是一天兩天了。

　　陸建章被衛兵帶到後花園時，心裏似乎明白了什麼，轉過身問了一句：「又錚要殺我？」徐樹錚臉上露出了一個奇怪的笑容。殺了陸建章後，徐樹錚給段祺瑞打了個電話，老段一聽陸屠夫被殺大驚失色，連連跺腳說道：「這個又錚，這個又錚，真是……」下邊的話誰也不明白是什麼意思。等段祺瑞趕到，徐樹錚編造了一個陸建章通敵、勾結土匪、煽惑軍隊、企圖倡亂的通告，讓老段簽字發佈。通告中寫道：「陸建章身為軍官，竟敢到處煽惑軍隊，勾結土匪，按照懲治盜匪條例，均應立即正法。現既拿獲槍決，著即褫奪軍職勳位勳章，以昭法典。」

　　通告上的官樣文章，與事實真相相去甚遠，徐樹錚對楊宇霆說「看不順眼」那句話，其實也是順水推舟，是為殺陸臨時找的一個托辭。陸屠夫殺人無數，確實該死，但是陸建章這次到天津是來講和的，當時段祺瑞的皖系與馮國璋的直系、張作霖的奉系之間矛盾非常激烈，已到了一觸即發的地步，幾方都坐在火藥桶上，陸建章認為他有能力說服老段不動武，屠夫要扮演一回和平天使的角色，卻因此而搭上了性命。在徐樹錚看來，此時正是幫助老段用武力統一全國的大好時機，豈容陸屠夫鼓搗三寸不爛之舌，把老段拉到主和的陣營中去？徐殺陸，是要斷了老段的退路。其實，對小扇子軍

師的這番良苦用心，老段也是心知肚明，加之他過於偏袒手下這名愛將，也就只好聽之任之了。

徐樹錚殺陸建章，是幾乎所有人都沒有想到的，因為他們兩家的私人關係並不一般。徐樹錚和陸建章的兒子陸承武是同班同學，陸承武的太太和徐樹錚的太太也是同學，相互間走動得十分密切，經常在一起參加各種社交活動。為了政治利益，再親密的關係也要下毒手，使人感到不寒而慄。

徐樹錚為了他的政治得罪了陸家，陸家很生氣，後果很嚴重。民國十四年（1925），陸建章的內侄女婿馮玉祥發動北京政變，與陸建章之子陸承武秘謀暗殺徐樹錚。段祺瑞聽到風聲，告訴徐樹錚不要來京，小扇子軍師不以為然，進京第三天就被殺害。段祺瑞聞訊後失聲痛哭，親筆撰寫〈故遠威上將軍徐君神道碑〉，並在段氏祠堂裏供奉了徐樹錚的神位。

陸建章之死，死得不是時候；徐樹錚之死，死得又不是時候。其時正是蒙古鬧獨立，徐樹錚奉命任西北籌邊使兼西北軍總司令，率領邊防軍進發庫倫，將長期謀反叛亂的王爺叛臣一網打盡，使百萬平方公里的國家主權重新回到了民國政府手中。在這樣的時候，馮玉祥殺有「愛國將領」美稱的徐樹錚，又是件讓人唏噓不已的事情。

徐樹錚死後，徐世昌送的一幅輓聯是：「道路傳聞遭兵劫，每謂時艱惜將才」。有意思的是，當年陸建章死時，「水晶狐狸」徐世昌送的也是同樣一幅挽聯。真實的歷史，確實比小說更有趣。

連結這幾個人關係的是袁家十公子袁克堅的婚事。此人與陸建章的女兒結婚後，跟隨馮玉祥手下「五虎將」之一的宋哲元，當過一段時間的英文翻譯。建國後在天津教書，1960 年去世。袁克堅有二子一女：袁家熹、袁家誠（傑）和女兒袁家文。其中次子袁家誠長期研究袁氏家族史，不知道他在接觸到以上這段史實時，內心裏會湧出怎樣複雜的滋味？

2.原來是吞日的天狗

　　北洋三傑中，馮國璋被稱做「狗」。馮國璋（1859～1919），字華甫，河北河間人，家庭出身沒什麼背景，在堂叔馮甘棠資助下，到保定蓮池書院讀過兩年書，家裏窮，實在讀不起了，這個貧困生只得輟學，去天津報名當兵，投靠到淮軍將領聶士成部下。畢竟讀了兩年書，見識比起一般窮當兵的又有所不同，為人又比較樸素，經常幫不識字的士兵寫封家書、為伙食房記點賬目，大家都覺得這人不錯，很快也得到聶士成的賞識，延攬為幕僚，做點抄抄寫寫的文案工作，並給他報了個候補知縣的虛銜。不久天津創辦北洋武備學堂，聶將軍推薦他成為第一期步兵學員，進入袁世凱的視野，從此平步青雲。

　　辛亥革命槍聲響起，馮國璋的心理狀態有點矛盾，一方面想報效朝廷，迅速開赴武昌前線打革命軍；另一方面對清廷開缺袁世凱有意見，不大服從陸軍大臣蔭昌的指揮。等到清廷明確表態，讓袁世凱重新出山掌管了指揮大權，他才收起磨洋工的念頭，猶如餓狗撲食，指揮麾下的李純、王占元、陳光遠部對革命軍輪番進攻。雙方激戰正酣，馮國璋見革命軍借助街道民房拼死抵抗，就下令放火燒掉那些商店和民房，讓革命軍無處藏身。大火燒了三天三夜，方圓三十裏的繁華商埠成了一片廢墟，馮國璋卻憑藉這一把火，被清廷封為二等男爵。

　　狗頭狗腦的馮國璋，正準備一鼓作氣拿下武漢三鎮，忽然接到袁世凱的密令，叫他暫時按兵不動。馮國璋感到莫名其妙，對老袁開始起了戒心。據說，馮國璋曾經親自跑到京城，找到隆裕太后，請求撥餉銀四百萬兩，當場誇下海口，有了這筆餉銀保證能夠平息

「叛亂」。隆裕太后是小女人心眼，擔心自己的銀子又被人騙走了，只答應給他三個月的軍餉。袁世凱聽說了這件事，心裏很不高興，立馬作了個決定，撤換掉這隻北洋之狗，改派北洋之虎段祺瑞上陣。

　　追溯起來，袁、馮之間的裂隙就是起於此時。從這以後，馮國璋表面上還是很給袁老爺子面子，但是背地裏不免磕磕絆絆，經常和老袁鬧點小彆扭。最為著名的例子是袁世凱稱帝期間，馮國璋公開反對。馮國璋想，即使中國要有人當皇帝，也輪不到你老袁，那把龍椅歸清幼帝溥儀坐哩！他曾親赴北京，問袁世凱是否有帝制自為的想法，袁世凱的回答乾脆俐落：「華甫，你我都是自家人，我的心事不妨向你說明，歷史上帝王奠基之主年皆不過五十，我已是近六十的人，精力也大不如前。再說你看袁家，老大是個跛子，老二整天想做名士，我就算當皇帝，連個繼承人都沒有，只能招禍，百害而無一益，我怎麼會做那種傻事？何況帝王家庭從無好結果，我即為子孫著想，也不能貽害他們。」

　　袁世凱確實很會演戲，說到情深處眼眶也紅了：「我已經託人在英國買了房子，他們硬要逼我當皇帝，就去英國做寓公，也該享受一下幸福的晚年了。」馮國璋見老袁如此信誓旦旦，也信以為真，走出袁府就當起了老袁的免費宣傳員，到處向人解釋：袁世凱稱帝絕無此事。馮國璋根本不知道，等他前腳剛跨出袁府的門檻，袁世凱便把房門一摔，嘴裏憤憤不平地咕嘟道：「馮華甫豈有此理！馮華甫豈有此理！」

　　馮國璋離心離德，不和老袁在政治上保持高度一致，老袁肚子裏怨氣沖天，表面上還真拿他沒辦法。思前想後，總算想出了一條「美人計」。

　　馮國璋的正室妻子名叫吳鳳，是未發跡時娶的「糟糠之妻」，生有三子一女，夫妻倆感情不錯。宣統二年（1910），吳鳳在保定病逝，此時馮國璋已年過 50，暫時沒有考慮續弦之事。到了民國

元年（1912），清皇室退位，民國建立，馮國璋的仗也打完了，回京述職期間，他想到了娶個如夫人。袁家五姨太楊氏最先知道了這件事，回家給老袁吹枕邊風，當花邊新聞說給袁世凱聽，老袁略作沉吟，問道：「你看周老師如何？」

袁世凱說的「周老師」名叫周砥，字道如，祖籍安徽合肥，生於江蘇宜興，在袁家當家庭教師，此女也是名門之後，祖父是淮軍將領周盛傳。馮國璋早年當兵習武，最初投奔的正是周盛傳，依稀聽說過這個知書識禮的將門千金，如此說來，老袁要將周小姐介紹給馮國璋，還是有點緣分的。

周砥原來是天津女子師範的女學生，在校勤奮異常，為晚清女才子呂碧城看重，畢業後原想進身教育界，恰巧袁世凱正要請一個女教師，解決家中幾個姨太太的教育問題，聽說有個品學兼優的高材生，格外重視，特地派長子袁克定上門去請。周砥果然是個優秀女教師，不僅學問淵博，品行端正，而且態度嫻雅，頗有大家閨秀風範，和袁家幾個姨太太、大小姐關係相處很好。袁世凱罷官被黜，回到洹上村當「隱士」，周砥經不住眾多女眷慫恿，也隨同歸隱，其實袁家早已把她當做一家人了。

周小姐在袁家生活多年，只有一件事不如意，年齡已是 30 開外，依然待字閨中，眼睜睜看著成了昨日黃花。袁世凱也曾想過替她物色佳婿，無奈他手下的北洋文武一個個都是妻妾成群，讓周小姐去做姨太太，等於是逼她跳江。周小姐自己的態度呢，年輕時有人提到婚嫁之事，她壓根不為所動；等到年齡漸大，有人再提到這事，她乾脆一口回絕，說自己這輩子不嫁人了。

嘴裏說得挺硬，心裏卻經常發虛，聞知老袁要將她許配給馮國璋的消息，心思便有幾分活了。她自己不好出面，就叫弟媳周太太幫助張羅，加上袁府姨太太們熱心撮合，馮國璋那邊很快回了話，不僅滿口同意，而且還將北上「親迎」。

　　這一場轟動南京的文明婚禮果然辦得隆重熱烈，盛況空前。袁世凱不僅派袁克定和三姨太做送親的儐相，還委託江蘇民政長韓國均代表自己為證婚人，並將袁府中一名能幹的保姆送給周小姐做陪嫁老媽子，與周家姻族至親一起護送周小姐到南京。袁府家眷和大小姐們聽說周老師要出嫁，有的送首飾，有的送珠寶，有的送綢緞，老袁本人也送了奩資五萬元作為新婚賀禮。袁家賀禮連同周家陪嫁物品，金銀首飾、珠寶玉器等足足有一百二十餘擔之多，讓一生愛財的馮國璋笑得眼睛合不攏縫。

　　老新郎倌馮國璋這邊自然也不敢怠慢，親率軍署人員過長江到下關迎親，周小姐下轎時，軍艦上鳴響了二十一響禮炮致敬，規格相當於總統級別的待遇。周小姐一行的汽車駛進公館，沿途軍樂隊吹吹打打，更是點綴了喜慶氣氛。次日舉行婚禮儀式，北京、上海、蘇州等地遠道而來的政界要人不計其數，社會各界嘉賓高朋滿座，馮國璋穿起上將禮服，佩戴勳位勳章，雖說有點老邁，不過卻也還威風。

　　這雖然又是一樁政治婚姻，但是馮將軍和周小姐婚後的生活還算幸福。蜜月剛過完，馮國璋便陪周小姐去視察江蘇女校，此後馮國璋有意讓周砥參加與教育相關的社交活動，曾擔任過江蘇教育會會長。周砥在南京的幾年間，熱心參加一些扶助教育的社會募捐，尤其重視對兒童的教育。

　　有人說周砥是袁世凱安插在馮國璋身邊的女特務，這實在有點冤枉老袁。據《馮國璋年譜》載，1914 年 5 月 4 日，周砥偕江蘇名紳許星璧乘火車北上，曾在北京盤桓數日。其時周小姐結婚不到四個月，她赴京是面謝袁家夫人和姨太太的，一些作家將這件事演義成傳奇小說，完全是憑空想像出了一個女間諜，與事實相去甚遠。

　　傳說中馮國璋的家產超過千萬。臨死之前，他在病榻前給兒子交待後事時說：「我們家的財產，其實並沒有那麼多，除去南京燒了570 萬元，張調宸這小子侵吞了 300 萬元，王克敏這小子騙去了 40

萬元，此外都與賬上相符，你要好好保管。」賬上資金有多少？據
幫助馮家清理遺產的北洋之龍王士珍宣佈：總計達到二千三百多萬。

馮國璋愛財是有名的，段祺瑞稱他有「錢癖」，這個農民出身
的人，喜歡錢的方式有點離譜。人在官場，心繫商海，即使當上了
民國代總統，也還要資本市場上博弈一把，他自己開有銀行、錢莊，
又在周學熙的開灤煤礦、啟新洋灰公司投資股票，家鄉還有千畝良
田。大錢賺飽了，小錢也不放過，在北京任代總統，一眼就看上了
中南海的魚。明清兩代，帝王后妃常常在中南海放生，許多魚鰭上
拴有放生標誌的金銀牌或銅環，幾百年一直沒有捕撈過。馮國璋開
價十萬元出賣捕撈權，這錢竟也流進了老馮的腰包。

民國六年（1917）四月，馮國璋在南京的府邸因為電線漏電而
發生火災，房屋財產損失慘重，面對熊熊燃燒的火勢，馮國璋悲痛
欲絕，大呼「天滅我」，竟欲投火自焚，家屬部下拼命勸慰，才將
他拉出了火海。什麼叫愛財如命？這個人就是。

馮國璋與袁世凱的關係雖說有裂隙，但總體說來私誼仍然不
錯。得知老袁的死訊後，馮國璋當場大放悲聲，嚎啕大哭一通過後，
又轉為笑臉，對家人說：這是一件大喜事。事件的前後互相矛盾，
正好是馮國璋內心矛盾心態的真實寫照。他是個講感情的人，袁世
凱病亡周年，他請夫人周砥赴河南祭奠；直到 1919 年，袁世凱的
原配夫人于氏去世，馮仍派私人秘書惲寶慧和長子馮家遂前往弔
唁。他和袁世凱之間的複雜關係，三言兩語說不完。

3.北洋有虎，此虎食素

段祺瑞是袁世凱的另一個得意門生——這當然說的是天津小
站練兵時期。

　　段祺瑞（1865～1936），字芝泉，晚號正道老人，出身在安徽六安。父親一生種田，是個老實巴交的農民，段祺瑞不甘心一輩子和泥巴打交道，徒步來到山東，投奔在威海駐軍中任管帶的族叔段從德，從此開始了他的軍旅生涯。20 歲時，段祺瑞考入天津武備學堂，李鴻章為在軍隊中培養高級人才，選派了一批「苗子」出國留學，段祺瑞就躋身其中，進入德國柏林軍校學習，學成歸來即被蔭昌推薦給袁世凱，成為北洋著名一虎。

　　袁世凱對這個留學生印象很好，關鍵時刻總是特別提攜。初進北洋時，王士珍、馮國璋先後通過了考試，被提拔到領導崗位上，段祺瑞雖然有才華，但是考場上臨場發揮不好，考了幾次也沒有過關。眼看著年輕有為的小段惴惴不安的樣子，老袁只好用舞弊的方式幫他一把。考試前，將考卷內容透露出來，終於讓段祺瑞坐上了幹部末班車，當上了第三協的協統（相當於旅長）。

　　袁對段的關照，其實也不止這一次。進入武備學堂的第二年，段祺瑞回鄉完婚，婚禮還未辦完，忽然接到一封電報：袁世凱要檢閱隊伍，催他速回。段祺瑞打點行裝正要上路，第二天又接到一封電報，是袁世凱親自簽發的，叫他先辦婚姻大事，回津之事可延緩幾日，隨同電報來的還有老袁的一張銀票。這讓段祺瑞十分感動。十幾天後，段祺瑞回到小站營中，袁世凱命手下大張筵席，軍樂隊奏樂，又特意為小段慶賀了一番，並將全部花銷記在了公款消費名下。之後不久，老袁想到小段離家太遠，妻兒不在身邊有諸多不便，於是差人接來他的妻兒，同來的還有段祺瑞的妻弟吳光新。

　　袁世凱以「半子」之誼待段祺瑞，段也始終將袁視做「恩人」。此中淵源，與段祺瑞的夫人張佩蘅關係極大。據曾在段公館做過事的王楚卿回憶：「張夫人名叫張佩蘅，張家和袁世凱是世交。袁世凱沒有閨女，就把張佩蘅認做義女。段祺瑞斷弦以後，便由袁世凱主婚，把張佩蘅嫁給了段祺瑞，從此袁段二人除了多年的袍澤關係

外，無形中又成了親戚。這和袁世凱給馮國璋撮合婚姻一樣，都是他籠絡部屬的慣用手段。」（王楚卿：〈段公館見聞〉，文史資料選輯第 41 輯）。這段回憶中除了說袁世凱沒有閨女是個錯誤外，其餘皆是事實。

關於張佩蘅，袁世凱的三女兒袁叔禎（靜雪）在〈我的父親袁世凱〉一文中曾有說明：「她是張芾的女兒。張芾死後，僅僅留下一妻一女，家境很貧寒。我父親看到他們這種無依無靠的情形，就把她們母女二人接到自己任上。當時，張的女兒還正在吃奶。從這以後，她們就始終住在我們家裏。我父親和我娘還把這個女兒認做自己的大女兒，後來我們也就把她叫做大姐。其後經我父親介紹，嫁給了段祺瑞。在她過門之後，雖然她的母親也跟了過去，但還是認我家為娘家，來往是極其密切的。她每次到了我們家，對我父親和我娘，仍然是爸爸、娘的叫得很親熱，我們也把段祺瑞叫做姐夫。」（參見《八十三天皇帝夢》68 頁）

張芾字小浦，陝西涇陽人，清道光年間進士，授編修，曾任江西巡撫、廣東巡撫。張芾做官的這段時間，正值太平軍佔據南京，在長江兩岸和清廷軍隊以及曾國藩的湘軍大打拉鋸戰，張芾的官當得很辛苦。先是駐守九江，兩江總督陸建瀛移至九江後，又去守瑞昌，結果九江、瑞昌相繼失陷，張芾革職留任，也就是不戴官帽仍然在原來的領導崗位上做事，以觀後效。後來他守護南昌城有功，官復原職。過了不久，有人參劾他截留雲南、貴州的鉛銀自肥（其實他是給部下發了餉銀），又被免官。這之後張芾在宦海中幾經沉浮，一會兒當官一會兒免職，搞得他既傷心又灰心，給上司曾國藩寫了個報告，要回老家去休養——實際上是害政治病，用撂挑子的方式給曾國藩施加壓力。

偏偏在這個時候，大西北回民起義，回民連破數州縣，直逼省城。皇帝急得直抓瞎，從官員名單中挑出了這個陝西人，令張芾督

辦陝西團練，會同陝西巡撫瑛棨防剿。瑛棨是個官油子，歡迎張茆的儀式上說了他一大通好話，把張捧得高，是因為想把張推到前方戰場。張茆果然中計，率領數騎慷慨赴往，到了渭南倉頭鎮，見到起事的回民，曉以利害，回眾頗感動。其中有個頭頭叫任老五，看到回眾軍心動搖，衝出陣來，照準張茆胸前就是一刀，張茆當場倒地，大罵不絕口，遂被肢解。接著任老五等回眾大開殺戒，跟隨張茆前往的五十多人全部遇難。事後有人前往尋覓遺骸，僅拾到幾塊骨頭。

張佩蘅一生都對袁世凱心懷感激之情。老袁搞洪憲帝制，段祺瑞明裏不反對，暗中常玩小動作，每當張佩蘅聽到段有什麼對袁不利的風聲，回到家裏段便會受氣，老婆當著客人的面罵他「沒有良心」，段祺瑞也不敢反駁，賠著笑臉低聲說：「我對總統（指袁）是愛莫能助呀！」

袁世凱的二女婿薛觀瀾曾經講述過這麼一件事：民國七年（1918），薛觀瀾帶著老婆孩子到段公館探親，薛跪在地上行了個大禮，段祺瑞還禮時膝蓋未著地，被夫人張佩蘅看到了，當場叫段重新還禮。段祺瑞叫薛觀瀾的名字，夫人又不依，非要段叫薛為二妹夫。這搞得老段祺瑞很沒面子。段祺瑞當面不好發作，只得暗暗向薛觀瀾做鬼臉，其場面莊重而又滑稽。坐下來聊天，張佩蘅仍然念念不忘袁家的好處，她對薛觀瀾說道：「你大姐夫沒有禮貌，他是老糊塗了，我們住的這所房子，都是爸爸（指袁世凱）賞賜的，你們住在這，千萬不要客氣。」（薛觀瀾：〈我所知道段祺瑞的一生〉）

袁世凱去世以後，袁家聽到一個傳聞，說段祺瑞要帶兵來圍攻總統府，並且要殺死袁府全家，袁府內大為驚慌。袁克定、袁克文跑到段府，要去問個究竟，段姐夫一聽，鼻子又氣歪了，拍著胸口保證絕無此事，叫袁氏兄弟別相信流言蜚語。為了保證袁家的安全，派夫人張佩蘅帶著兒女到袁家一起守靈，讓他們住在袁府，段

姐夫自己也天天過來看望和照料。由於這場虛驚，袁家人心裏更是留下了難以抹滅的陰影，但是他們對段姐夫對袁府的感情，從此再也深信不疑了。張佩蘅這門親事，後來還有一點延伸。她嫁給段姐夫後，生了四個女兒，式彬、式巽、式荃和式荃，其中式巽嫁給了袁世輔的孫子袁家朗。

據袁家輝、王愛珠著《同愛共輝》一書中介紹，張佩蘅嫁段祺瑞為繼配夫人，是袁段兩家的第一次聯姻。段祺瑞原配夫人吳氏生子宏業、女式萱後去世。張夫人生二女兒式彬、三女兒式巽、四女兒式筠、六女兒式荃，其中式巽嫁給袁世凱的侄孫袁家鼐為妻，是袁段兩家的第二次聯姻。

回頭再說段祺瑞。此人也是一個奇人，一生最大的優點是清廉，真所謂兩袖清風，一身正氣。生活上不追求奢侈，飲食以清淡為主，到了晚年信奉佛教，更是吃齋食素，穿衣服不講究名牌，平日在家裏經常穿件長衫，頭上戴個瓜皮帽，誰也想像不到這是個大人物。他在任國務院總理期間，服裝和車馬排場還不如一個總長（部長），這在喜歡按級別享受待遇的人看來，是不可思議的。

段祺瑞一生不賭不嫖，不愛錢，不抽大煙，不包二奶，不收紅包，但是有一樣他特別喜歡：下圍棋。出錢養了一批圍棋高手，當他的棋藝顧問，有時候也陪他下棋聊天。陪老段下棋要有一套本領才行，他下棋只想贏不想輸，但是輸給他多了，又瞧不起你，因此陪他下棋的高手經常是輸他半子左右。段祺瑞有個兒子叫段宏業，棋藝也好，不給老爸留面子，一上陣就殺得老段落花流水，這種時候老段的鼻子又會氣歪，將棋桌掀翻在地，指著小段狠狠地罵：「你這個小子什麼都不懂，就會胡下棋！」

老段這是氣憤之餘說的話，也還符合實情。雖說他對長子段宏業寄予了很大的希望，但是段公子不爭氣，是個不務正業的執綺子弟。段公子曾在陸軍部執法處掛名當了個提調，可是他並不好好當

差，上班不是曠工就是遲到，天天泡在外頭喝花酒。段公子本來有妻室家眷，卻是「老婆基本不用」，娶的小老婆都是從妓院裏接出來的，而且三天兩頭退貨，搞得妓院老闆怨聲載道，卻是啞巴吃黃連，說不出口。

段祺瑞是個清流派，嚴格要求自己，也愛嚴格要求別人，這樣的行為理解的就好，不理解的就會被認為是苛刻。事實上說段剛愎自用的人確實不少，他和一些同僚的關係也很不融洽，老段身上有強烈的排他性，先後排擠出了唐紹儀、黎元洪、馮國璋，和他共事的人最後結果往往是反目，鬧得不歡而散。

袁世凱稱帝，是導致他聲敗名裂的最直接的原因。這件事對他是致命一擊，此後他的精神垮了，身體也垮了。病榻上的袁世凱依稀看到，在那些眾叛親離的人群中，也有他極為依賴的段姐夫的身影，這是尤其讓人感傷的。

據薛觀瀾分析，段祺瑞反對袁世凱稱帝的原因有三：

一、段祺瑞與馮國璋皆以袁之繼承人自命，帝制果成，彼等將永無繼位之望，且黎元洪封親王，龍濟光封郡王，段姐夫僅獲公爵，而生異心；

二、段與袁克定關係不好，擔心克定繼位後會對自己不利，這是段姐夫反對帝制的主要原因；

三、段姐夫雖為陸軍總長，軍權實在袁手，老段快快不得志，而其副手徐樹錚野心勃勃，最為袁氏嫉恨。袁設模範團以訓練將校，凡各鎮將校官，悉由老袁親自任命，段姐夫無用人之權，很不滿意。他曾向老袁請示，要求自營長以下的官，由陸軍總部直接任命，老袁召見段姐夫：「芝泉，你臉上氣色不好，休養一時吧。」段姐夫退出，即請長假休養去了。這無疑使段姐夫對「岳父」袁世凱多了一層隔膜。

縱觀段祺瑞生平，其最景仰者袁世凱，最信任者徐樹錚，最深畏者夫人張佩蘅。此人後期雖說反對帝制，但一生與老袁關係密切，一舉一動，無不模仿袁氏，甚至平日在家所戴方頂小黑帽，也同老袁的帽子一個樣。袁世凱死後，段祺瑞以袁氏繼承人自居，但是北洋舊屬並不買他的賬，尤其馮國璋，後來成為他在政壇中強有力的競爭對手。

儘管如此，袁世凱與段祺瑞還是有許多不同。

比如在用人之道上，段祺瑞喜歡上一個人，往往就什麼事都要交給這個人辦，最後甚至到離不開這個人的地步，在徐樹錚問題上表現得特別明顯。袁世凱則不同，袁是因事而用人，好鋼用在刀刃上，把該用的人才用到最需要、最合適的地方。辛亥對付清室，袁世凱用胡維德、趙秉鈞、梁士詒；對南方革命軍議和，用唐紹儀、汪精衛；欲聯絡黎元洪，用張國淦、夏壽康；二次革命癸丑之役，用二段（段祺瑞、段芝貴）；對日本二十一條之交涉，全部權利交了善外交的曹汝霖；搞洪憲帝制，用楊度；想要操縱政黨，用黎元洪、湯化龍；在海陸軍大元帥統率辦事處，重用王士珍；建立模範團，用陳光遠；對英國交涉，委託蔡廷幹結納朱爾典；為疏通美國總統威爾遜，竟重用當時名不見經傳的顧維鈞。總而言之，袁世凱所用之人，個個都是某個領域的突出人才，不能不說其駕馭有術。相比之下，段祺瑞只用自己信得過的人，則相形見絀。

在性格上，袁與段二人，既有相同也有不同之處，薛觀瀾是袁世凱的女婿，又是段祺瑞的連襟，對他們的觀察分析細緻入微，頗為中肯。

袁段二人性格上的相同之處是：

一、皆志在掌握北洋軍，欲以軍事勢力擴張為政治資本；

二、袁以政治手腕謀南北統一，段之政治手腕不夠，故主張武力統
　　一，換句話說，他們對革命軍皆無信心；

三、對於議會政治，二人均深惡痛絕；

四、對於國家經濟皆無良策，只知借款度日；

五、二人態度蕭穆，令人起敬。唯段氏威儀勝過黎元洪徐世昌而遜
　　於袁世凱。段喜用四書成語，有學究氣，袁則要言不繁，言必
　　中肯。論中文根底，袁勝於段。

　　他們性格上的不同之處是：

一、袁素來主張總統制，以美國為藍本；段則一生迷信責任內閣
　　制，以法國為榜樣，故薄總統而不為。

二、段對清室不甚買賬；袁在任內則將清室優待費如數撥給，每年
　　四百萬元，清室借此得以維持十數年。

三、袁最不喜歡派別之爭，用人較廣泛；段則多用同鄉，有派別觀
　　念，北洋系遂無團結可能。

四、袁的腦筋較段為新，袁喜西法，重用留學生，平時注意人才，
　　每逢接見賓客，動輒先查履歷；段則一切馬虎，沒有人才觀念。

五、段親日，袁骨子裏反日。但是袁世凱有兩個國際友人，一為英
　　國大使朱爾典，一為日本大使林權助，二人事袁如「長兄」，
　　由此可見袁世凱政治手段靈活。

六、袁一生不打牌、不吸煙、不好飲酒、不愛京劇，唯獨喜歡吃北
　　京烤鴨和黃河鯉魚。段雖然也嗜好不多，但癡迷圍棋，陷入太
　　深，只要他在下棋，「天子呼來不上船」，經常見他左右站著等
　　候請求公事的下屬，容易誤事。

七、從服裝上看人之個性，袁氏喜歡穿軍裝，肩章三顆星，渾似中
　　山裝，可見其英姿颯爽。袁氏從來不穿西服，但是喜歡看年輕

人穿西服。段則相反，不喜歡穿軍裝，最恨西服，尤其不喜歡硬領與皮鞋，每逢接見宴請之類的禮節儀式，穿燕尾服需要別人幫忙。

八、段祺瑞言行、衣飾皆效仿袁世凱，但不能學到惟妙惟肖，往往形似神不似。孫中山逝世之後，在北京開追悼會，段祺瑞原準備參加的，後因腳腫，皮鞋穿不進去，取消了這個計畫，既失禮，也給政敵攻擊以口實，這是段氏修養不到家。這方面袁世凱則高明得多，政治永遠擺在第一位，皮鞋穿不進穿布鞋，也要去參加追悼會。

袁世凱與段祺瑞，後期關係變得微妙，又有袁克定梗塞其中，彼此之間更為複雜。段祺瑞和馮國璋本是老袁一手扶持起來的，原來是百依百順，隨著職權的提高，對袁漸有不聽調度之表示。北洋三傑中，老袁最放心的是王士珍，此人不爭權，不重名，只有一樣，對清廷感情特深，民國成立以後便主動提出告老還鄉，回山西老家當遺老去了。老袁要排斥段祺瑞，最好的辦法是借重王士珍，他派袁克定乘火車專程赴山西正定府，接王士珍進京，授為「陸海軍大元帥統率辦事處」坐辦，處長即是袁世凱，王士珍的角色相當於三軍副總司令（總司令是老袁），實際上剝奪了段祺瑞的軍權。

另外一個舉措是成立模範團。眼看著親自帶起來的北洋舊屬漸漸不聽指揮了，袁世凱曾經感慨地說：「小站舊人現在暮氣沉沉，華甫（馮國璋）要睡到下午才上班，芝泉（段祺瑞）又經常裝病不到衙門，叫我怎麼辦？」袁的辦法是棄舊人用新人，忽然重用了蔡鍔、蔣方震等日本留學生。模範團成立於民國三年（1914）年十月，團址設在西城旃檀寺，由袁世凱親任團長，陳光遠任副團長，袁無論多麼忙，每星期必定要騎馬來觀操一次，召集軍官訓話一次。第

一期畢業，成立拱衛軍四旅，炮兵騎兵各二團，機關槍一營，成績奇佳。第二期改由袁克定任團長，陸錦為團副。袁世凱與段祺瑞摩擦最劇烈者，即為模範團之事。尤其讓段不能容忍的是，模範團第二任團長，竟是跛足的袁大公子，這明擺著袁對段不放心，把兵權一點點從他手中奪光了。

　　段姐夫是有個性的人，袁稱帝以前，小站舊人恢復了對袁的跪拜禮，段祺瑞認為，民國了，一切要有新起點，不願意曲膝下跪。馮國璋勸他說：「總統就是過去的皇帝，脫帽行禮和跪拜都一樣，何必在意形式？」馮國璋帶頭在袁世凱面前跪下來，段祺瑞見狀只得跟著跪下磕頭。袁世凱還比較謙遜，連忙把二人扶起，嘴裏念叨：「不敢當，不敢當。」到了大公子袁克定那兒，兩人也要行跪拜禮，心中自然十二萬分委曲，更憤懣的是袁克定竟端坐不動，受之泰然，跪完之後段祺瑞怒衝衝地朝馮國璋發火：「大少爺的架子比老頭子還要大！我們做了上一輩子的狗，還要做下一輩子的狗！」事後袁克定淡然地說：「這正是我希望看到的，他們都是老頭子養大的，現在尾大不掉，我偏要折折他們的驕氣。」

　　有張佩蘅這麼一層關係，袁克定成了段祺瑞的大舅子，可是兩人的關係形同水火。當初成立模範團，袁世凱提議第一任團長由袁克定來當，段祺瑞堅決反對，袁世凱同他商量半天，依然是兩個字：不行。鬧得袁世凱很不高興，最後只好攤牌：「你看我當行不行呢？」這樣一來，段祺瑞無話可說了。但是到了第二期，模範團的團長還是由袁克定當了，這件事使段祺瑞很鬱悶。

　　袁克定架子大，對段姐夫很不客氣，洪憲帝制時，因段祺瑞不贊成帝制，袁克定對他尤為怨恨。據袁家女婿也是段家妹夫的薛觀瀾說，段祺瑞在公府乘坐人力車，克定幼弟三五成群，紛紛以雪球擲之，指其為段歪鼻子，如此當面侮辱，段姐夫豈有不留遺恨之理？袁世凱將義女許配給段祺瑞，結下這門姻親，恐怕沒想到後來會演

變成這樣的局面。在政治利益面前，姻親關係也變得脆弱，只能退居二線。

不過在段祺瑞心裏，對袁世凱還是有深厚的感情，有一次段入袁府，行三鞠躬，袁世凱命坐，忽然關切地來了一句：「你的氣色還不見好。」段祺瑞答道：「多謝大總統賞賜的人參，吃了便覺得好多了。」袁世凱沉默片刻，長歎一聲：「到今天才看出來，只有我倆的老交情是最可貴的。」聽袁世凱提到「老交情」三個字，段祺瑞眼淚水就快掉下來了。袁對段的心理戰，輕鬆取勝。洪憲帝制取消之前，袁世凱日夜難眠，派人給段祺瑞送了一封密函，請段速到新華宮，袁世凱看著段祺瑞的眼神，低沉地說：「你一定要幫我的忙啊！」看到自己跟隨了二十多年的老主子這副可憐的模樣，段祺瑞心情極其複雜，站起來說：「只要大總統取消帝制，一切善後事宜，當全力以赴。」

袁世凱死後，北京舉行盛大的政府公祭，段祺瑞以國務總理的身份主祭，當送柩的專車從前門火車站出發時，段祺瑞肅立在站臺上，目送著徐徐駛去的列車，聆聽著一聲聲漸漸消散的禮炮聲，內心裏的複雜感情難以言表，他的眼睛有些潮濕了。

4.姻婭之親：一匹駿馬來頭大

張鎮芳有個姐姐嫁給了袁世凱的大哥袁世昌，因此袁家稱張為「五舅」。姐姐出嫁的時候，張五舅年齡還小，他沒有想到自己日後的仕途生涯會與此有關，而且關連極大。在河南項城，張家和袁家一樣，也是望族大戶。其祖父張致遠，飽讀詩書，應童子試名列前茅，仕途有望。但是臨考之前縣太爺放出風聲，意在索取賄賂，張氏因此而無意仕途。乃父張瑞禎，半生苦讀，考運卻不佳，直到

50 歲才中了個鄉試舉人，有點窩囊。但是張瑞禎的妻子卻有點來頭，是漕運總督劉永慶的姑姑，名叫劉靜齋。張瑞禎夫婦眼看自己這輩子不行了，便把全部希望寄託到了兩個兒子身上，父母是子女的第一位老師，張鎮芳、張錦芳兄弟就是在這麼一種嚴謹的家庭環境中長大的。

張鎮芳（1863～1933），字馨庵，號芝圃，河南項城閣樓村人。張鎮芳出生時，張氏家族已經過幾代人的慘澹經營，積蓄日豐，尤其值得一提的是張家修建了一幢書樓，藏經史等書萬餘卷。有幾代先輩的鋪墊和積累，到張鎮芳這一輩也該發跡了，光緒十年（1884），張鎮芳考上廩生，次年為拔貢，再過幾年又中進士，那時他 29 歲，被分配到戶部做了個六品京官，雖說是跑腿打雜，但接觸的人都是朝廷的當紅大人物，當官的凌雲之志遂在心中萌發，宦途大道徐徐展開。

光緒二十六年（1900），八國聯軍攻打北京，慈禧太后和光緒皇帝倉皇西逃。張鎮芳剛服喪回京不久，對驟然而至的事變毫無準備，京都陷落當夜，他看見軍機處、禮部、內閣中書等一幫官員都脫下了清朝官服，換上便裝要逃跑，名義上還有個好聽的詞：護駕。張鎮芳不再猶疑，上街買了套便裝，迅速換上衣服，出西直門去追趕聖駕。出城走了十幾里路，就見逃難的人紛紛返回，上前一問，原來前面有散兵匪徒攔路搶劫，有幾個人哭哭啼啼，哭訴家產已被搶劫一空，周圍的人一片同情之聲。

此路不通，張鎮芳只好折回老家項城，待籌措好盤纏後，再由河南趕到陝西。他日夜兼程歷盡艱辛，一直到潼關才追上鑾駕。這樣一個忠臣，慈禧太后升任他為陝西司行走，直接效勞兩宮。簽訂《辛丑合約》後，兩宮由西安回鑾北京，東繞黃河進入直隸，袁世凱安排了盛大的迎駕儀式。那天晚上，張鎮芳會見了袁世凱，二人談得十分投機。袁力勸張外調地方，並推薦他去山東當官。張鎮

芳權衡利弊，沒有輕易答應，他走的是穩妥路線，還是先回京都看看再說。果然，回到京都，慈禧太后封他四品銜，級別待遇終於上去了。

李鴻章病死，袁世凱接任直隸總督，張五舅靠袁世凱開始飛黃騰達。先是委為銀元局會辦、直隸差委總辦、天津河間兵備道，又擢升長蘆鹽運使，官銜也由四品到二品。光緒三十三年（1907），袁世凱遭御史參劾，回籍養病，直隸總督由張鎮芳代署，這個代理大省長的官職，已經是從一品了。

張鎮芳一生很少與袁世凱鬧彆扭，在政治上與老袁保持高度一致，民國初年，張五舅在袁世凱手下擔任河南都督兼民政長。洪憲帝制，張是擁護派的積極分子，又是袁家的私人帳房，袁世凱事無巨細都與他商量。張勳復辟，張鎮芳也是堅決的支持者，這個晚清遺老被封為議政大臣度支部尚書，掌管「小朝廷」的財政大權。復辟鬧劇只上演了 21 天就草草收場，張鎮芳以內亂罪逮捕，由大理院管轄審理，被判無期徒刑。

政治犯這個詞，是個很難確定罪狀的概念，說大能說成無窮大，說小能說成不是問題，關鍵取決於當局者的態度。北洋時期的官場主要認個錢字，通過段芝貴等人的疏通，更重要的是其子張伯駒以父親張鎮芳的名義捐納賑災銀元四十萬，張鎮芳判刑後的第三天，就以身體有病保外就醫的形式送回天津，坐牢三個月後重獲自由。經歷了這次折騰，張鎮芳對政治心灰意冷，在天津擔任過鹽業銀行董事長，一門心思去考慮如何賺錢了。

張鎮芳一生無子，過繼了弟弟張錦芳的兒子張伯駒為嗣子，這個嗣子後來使張家八面威風，名聲大振。

張伯駒（1898～1982），字家騏，因其姑母嫁到袁家的緣故，他與袁克定、袁克文成了表兄弟，而且一生關係融洽，是莫逆之交。張伯駒是民國四公子之一（其餘三位分別是袁克定、張學良以及溥

儀的族兄溥桐）。張伯駒出入過軍界，從事過金融，最後揚名在文物收藏及詩詞上，所謂「詩詞歌賦，無所不曉，琴棋書畫，無所不精」，指的就是張伯駒這樣的人。

同時他是個全身充滿矛盾的人物，繼承千萬家產，富可敵國，生活上的樸素卻令人難以置信，不抽煙，不喝酒，不賭博，不穿絲綢，長年一襲長衫，飲食很隨便，有個大蔥炒雞蛋就是上好菜肴，坐汽車從不講究，只要有四個車軲轆能轉就滿意。他反對袁世凱稱帝，與袁克定在政治上形同水火，但是彼此之間私交特別好，袁克定晚年窮困潦倒，全靠張伯駒接濟幫襯。張鎮芳病故後，張伯駒子承父業，接手鹽業銀行，卻不愛管事，只掛了個「總稽核」的名義，偶爾去銀行查查賬。但是他在經營上，有時候算盤撥得特別精。有一年紫禁城出賣一批舊地毯，到處兜售沒人要，有人送到鹽業銀行，被識貨的張伯駒看中了，吩咐留下來，讓京劇界泰斗余叔岩買下，結果大賺了一筆，先是請人把其中的金絲抽出來，賣了三萬元，再賣地毯，又賺三萬元，余叔岩晚境不富裕，能賺這筆錢，對張伯駒很是感激。

張伯駒先後娶了三個妻子，其中與第三個妻子潘素最為鍾情。

潘素，又叫潘妃，蘇州人，彈得一手好琵琶，曾在上海西藏路汕頭路口「張幟迎客」。張伯駒認識潘妃之時，潘已經名花有主，男方是國民黨中將臧卓，雙方到了談婚論嫁的程度。張伯駒這個大才子第三者插足，懂詩詞擅歌賦，還懂兒女情長，把個潘妃鬧得心旌搖盪。臧卓是一介武夫，採用的辦法也橫蠻，在西藏路漢口路的一品香酒店租了間房子，將潘妃反鎖在裏面。潘妃以淚洗面，託人帶信給張伯駒，張伯駒託朋友開了輛汽車到一品香酒店，買通看守的衛兵，把潘妃帶回靜安別墅，然後雙雙飛回京城。

張伯駒最大的興趣喜好是收藏，是民國以來著名的大收藏家。張伯駒視收藏為生命，卻在建國之初，向政府獻出了最愛的八件珍

稀國寶，計有陸機《平復貼》、杜牧《張好好詩》、范仲淹《道服贊》、蔡襄《自書詩冊》、黃庭堅《草書卷》等，獻寶那天，張伯駒在字畫上撫摸再三，如骨肉之離散。文化部長沈雁冰代表政府發給一張褒獎令，然而褒獎令上墨蹟未乾，聲勢浩大的反右運動席捲而來，張伯駒書生氣十足，認為自己誠心愛國，政治風暴干卿何事？豈料到，他終於還是上了右派分子的黑名單。

此後他的遭遇也是可想而知。

1968 年冬天，張伯駒在「牛棚」裏關押了八個月後，實在審不出什麼名堂，組織上決定將他發配吉林舒蘭縣勞動改造，妻子潘素伴隨著他。大卡車把他們拉到一個偏僻的小山村後就一溜煙開走了，只剩下兩位孤苦伶仃的老人。這一夜，張伯駒和潘素只能在一間廢棄的茅草屋中勉強棲身，正值三九嚴寒，窗外北風怒號，好不淒涼。

第二天一早，生產隊長來敲門，迎面就下逐客令：「這裏一不是你們的原籍，二沒有你們的親戚，落不上戶口，我看你們還是走吧。」潘素感到委屈，眼眶有些潮濕：「是單位拉我們來的，事先沒同你們說好？」生產隊長很直爽地說出了真相：「你們已經被單位辭退了，他們把你們當做包袱丟在這兒。」聽到這兒，張伯駒再也忍不住了，一仰脖子：「潘素，我們走，天無絕人之路，我們回北京。」

重回北京，昔日的京城玩主感慨萬千。大半輩子錦衣玉食，想不到卻要暮年出關，而且人家村子裏居然不肯要，遭遇這樣的屈辱，情以何堪？不過，此刻張伯駒顧不上多想，首先是到街道派出所落戶。派出所的小民警看一眼遞上的證明材料，冷漠地說：「全國人民都想來北京，北京盛得下嗎？」張伯駒申辯幾句，小民警不耐煩了：「這事我們管不著。」「想不到，我在北京住了大半輩子，現在成了『黑戶』。」張伯駒苦笑著對妻子潘素說。

　　1968 年冬天，是張伯駒人生的最低谷，平生野雲閒鶴的張伯駒，成了北京城的「黑戶」，不得不彎腰為稻粱謀。潘素的青綠金碧山水畫在中國畫壇堪稱一絕，深得張大千等名畫家贊許，有一天，某權貴故交光臨，開門見山，要與潘素做一筆交易，請她每月作畫一幅，一年十二幅，先付 500 元定金，事成後再付一萬元，但是有個條件，潘素此後不能為別人作畫。當時的一萬元，莫說一般人，對張伯駒也是個天文數字，可是張伯駒、潘素夫妻一口回絕：「廉士重名，此議請莫再提。」即使貧寒如洗，依然能保持可貴的氣節，實屬不易。

　　在章詒和的《往事並不如煙》中，我們看到老人晚年生活的一個情景：老態龍鍾的張伯駒手柱拐杖，從恭王府二門口走出來，一個青年扶他坐上自行車後架，馱著他去參加一個高等學府的學術講座。一輛輛小轎車從他身邊駛過，作者感歎道：「在張伯駒『發揮餘熱』的夕陽情調裏，含著一絲傷感，一縷悲涼。」然而更可貴的是，名士張伯駒沒有停留在傷感與悲涼的境地，他佝僂著腰，始終保持向前的姿勢，一直走到了生命的終點。

5.袁家班底小盤點

　　唱京劇分京班、徽班、梆子班，乞丐討飯分南北二派，搞政治分安福系、政學系、交通系、黃埔系等等，五花八門。袁世凱粉墨登場，要在歷史舞臺上演一出大戲，必定要打造一個強有力的領導班子。

　　袁家班底的主角是北洋系，其核心層是被稱做「北洋三傑」的王士珍、段祺瑞、馮國璋，前邊章節已經說到，不再贅述。除此之外，週邊還有小站舊人王懷慶、段芝貴、曹錕、陳光遠、張懷芝、盧永祥、雷震春、田中玉、孟思遠、孟恩遠、陸建章等，以及受袁

節制的舊軍將領姜桂題、張勳、倪嗣沖等。這批人有的後來進入袁的核心層，他們在中國政治舞臺上相當活躍，形成了「武夫」掌國的北洋軍閥統治時期。到了後期，袁世凱感到北洋系暮氣日重，許多舊屬不聽他的指揮了，遂有啟用新生力量的想法，蔡鍔即為其中一例。可是因為老袁此時搞洪憲帝制觸犯眾怒，這股新生力量反倒成了他的掘墓人。

袁家班底還有一個核心層是他的幕僚智囊。這個班子最早萌芽，是袁世凱在朝鮮幫助編練親軍時期開始形成，只有三個人：茅少笙、紀堪沛、陳長慶。他們看不起年輕的袁世凱，袁也認為他們是只會八股文的迂腐老朽，後來的結局也不甚明瞭。袁世凱在朝鮮監國當「小欽差」時，提拔重用了一批秘書智囊，如唐紹儀、阮忠樞、劉永慶、吳長純、吳鳳嶺、雷震春、王同玉、趙國賢、王鳳崗、徐邦傑、唐天喜、吳仲賢、蔡紹基、梁如誥、林沛泉等。到天津小站練兵時期，袁世凱的政治班底和幕僚班子都已基本建成，曾經有一段時期，袁世凱除擔任北洋大臣和直隸總督外，還身兼八職（參與政務大臣、督辦關內外鐵路大臣、督辦津鎮鐵路大臣、督辦商務大臣、督辦電政大臣、會辦練兵大臣等），位重一時，權勢熏天，甚至超過了曾國藩、李鴻章當年的威風。乘借機會，袁世凱在各個機構安插親信幕僚，如朱仲琪、馬廷亮、陸嘉谷、黃璟、張鎮芳、楊士驤、楊士琦、孫寶琦、于式枚、趙秉鈞、梁士詒、周學熙、蔡適幹、朱家寶、毛關蕃、梁敦彥、金邦平、富士英、黎淵、稽鏡、施肇祥、汪榮寶、張瑛緒、高淑琦、蔡彙滄、婁椒生、張一麐、傅增湘、嚴修、吳闓生、蔭昌、凌福彭、沈桐、閔爾昌、何昭然、陶葆廉、胡惟德、陳昭常、齊耀琳、張錫鑾、孫多森、沈兆祉、劉燕翼、楊度、馮學書、曾廣鈞、唐在禮、袁乃寬、丁家立、曹汝霖、章宗祥、阪西利八郎、楠源正三等。（參見李志銘：《晚清四大幕府》，第 273 頁，中國廣播電視出版社 2005 年第一版。）

　　有人曾問袁世凱：總統的輔弼人物，誰最值得信賴？誰最有才能？袁世凱給出的回答是：最親信者有九才人、十策士、十五大將。雄才徐世昌，逸才楊士琦，良才嚴修，奇才趙秉均，檠才張謇，雋才孫寶琦，清才阮忠樞，長才周學熙，敏才梁士詒；善辭李度，善謀王揖唐，善斷張一麔，善計曹汝霖，善策陸宗輿，善治陸宗祥，善政顧鼇，善道施愚；福將王士珍，主將馮國璋，重將段祺瑞，儒將張錫鑾，老將張懷芝，猛將張勳，守將田文烈，勇將曹錕，大將倪嗣沖，戰將段芝貴，健將雷震春，勝將陸建章，強將江朝宗，驍將田中玉。

　　在袁世凱的幕僚中，還有一類特殊人物，高鼻子，藍眼睛，他們是外國顧問和教習。袁世凱在小站練兵時，就聘請了十幾名外國教官，如稽查員伯羅恩、參選營務巴森斯、馬隊第一營總教官曼德等。升任直隸總督後，又大量聘請了日本籍教官，據袁世凱的政治顧問，澳大利亞人莫理循書信中透露，袁幕下計有日本教官六十余人。在這些日本顧問和教官中，阪西利八郎與老袁的關係最深，他在袁世凱身邊十幾年，北洋軍閥的新編制、陸海軍大元帥統率處的籌備等，都是這個日本人一手策劃的。

　　外國顧問中有兩個人尤其值得一提：一個是莫理循，一個是古德諾。關於古德諾，後邊的章節中還要提到，此處略過。莫理循（1862～1920），全名喬治·厄內斯特·莫理循，此人一生極具傳奇色彩。青年時代，莫理循在英國愛丁堡大學習醫，成為醫學博士，但他對醫學並不熱愛，年輕的時候，他在太平洋一艘販賣黑奴為業的船上當過水手；後來迷戀上探險旅行，孤身一人從澳大利亞北部步行到南部；他曾率領一支考察隊，深入當時尚未開化的新幾內亞進行考察；又以徒步和騎馬的形式，從中國上海跋涉到緬甸。他的足跡曾經遍佈了除西藏以外的中國所有省份。一年後，莫理循將中國見聞寫成了一本遊記，《一個澳大利亞人在中國》，並在英國倫敦出版，

引起轟動。正是因為這本書，他被英國《泰晤士報》老闆賞識，聘為駐中國記者，開始了他長達17年的記者生涯。

當時中國正值中日甲午戰爭之後，是世界的一個聚集點，莫理循第一時間採寫的那些獨家新聞，使《泰晤士報》成為報導中國消息的權威報紙，莫理循的名字也不脛而走，被公認為是評論中國問題的專家。

民國元年（1912），莫理循應聘擔任了袁世凱的政治顧問。老袁當時的心理是希望利用莫理循的名聲，來獲得英國政府的支持。但是莫理循在英國政府眼裏僅只是個記者而已，袁世凱也因此而有所冷落。儘管莫理循盡忠盡職，想當好這個政治顧問，但他所提的政治主張和建議老袁並不很當一回事。不過袁與莫理循之間的私誼始終不錯，隔三差五，袁派子女和姨太太給莫理循家裏送花；當莫理循的長子出生時，袁送禮物表示祝賀；民國二年（1913），莫理循的母親和姐姐來中國，袁世凱親自宴請，並饋贈名貴衣料和首飾。民國時期的著名記者黃遠生曾經感歎道：「袁氏外國顧問無數，莫理循君，尤邀殊寵。」

北京大名鼎鼎的王府井大街，以前的名稱就叫做莫理循大街，其英文街名牌一直掛到1949年。莫理循在此置有房產，還有個享譽中外的「莫理循文庫」，這個文庫實際上是莫理循的私人圖書館，收集了有關中國和亞洲的圖書、雜誌、地圖等文獻二萬多冊，極富史料價值，向來為研究中國近代史的學者所關注。莫理循生前留下了大量書信、日記和備忘錄，這些文件大多與他在中國的經歷有關，由於他是袁世凱政治顧問的特殊身份，其中披露了不少鮮為人知的事實真相，澳大利亞華裔歷史學家駱惠敏教授曾收集整理了一部分，以《清末民初政情內幕》的書名由知識出版社出版，但是對於莫理循留下的堆積如山的文字資料來說，這部近百萬字的著作還只是冰山一角。

　　袁家班底還有個「嵩山四友」：徐世昌、張謇、李經羲、趙爾巽。對這個「嵩山四友」老袁給予了極高的政治待遇：免其稱臣跪拜；賞乘朝輿，到內宮換乘肩輿；皇帝臨朝時，四友可以坐板凳；每人每年給二萬元顧問費。此外還有個臭名昭著的「六君子」：楊度、孫毓筠、胡瑛、嚴復、劉師培、李燮和。他們的組織名稱叫做「籌安會」，名義上是一個帶有研究性質的學術團體，由「曠世逸才」楊度牽頭，參加者均為當時社會名流。經過他們的研究論證，共和體制確實不符合中國國情，還是實行帝制對國家發展有利。

　　——以上為袁家班底的基本框架。

　　人們評價袁世凱經常愛用兩句話：治世之能臣，亂世之奸雄。對於後一句話，幾乎所有的人都爛熟於心；對於前一句話，則往往語焉不詳，說不清這個「能臣」究竟「能」在何處。提到袁世凱，到處都在這麼議論：老袁肯花錢，是個玩權術的高手。

　　其實肯花錢也不一定能買得通人心。袁世凱視金錢如糞土，臨死前的家產與「總統」這個職位不相稱，他籠絡人才，除了用金錢外，確實有一套辦法。有一個故事是這樣的：袁的幕客阮忠樞看上了一個叫小玉的妓女，喜歡得夜不能寐，想為小玉贖身。袁世凱一聽，勃然大怒，板著臉說，你是朝廷命官，怎麼能做這等荒唐事？阮忠樞慚愧地低下頭，把滿腔愛意藏進心底。半個月後，袁世凱帶阮忠樞赴天津公幹，辦完公事，晚上和阮忠樞來到一個寬敞的院宅，只見屋裏已佈置停當，大紅燈籠高高掛，紅燭喜字紅窗花，司儀沖著阮忠樞高呼：「新姑爺駕到——」被人糊裏糊塗推進洞房的阮忠樞這才知道，老袁暗中給小玉贖了身，又買了這幢院宅，成全了一對新人。有這種相知的上司，阮忠樞自然會「湧泉相報」。再比如「送命二陳湯」中的那個陳宧，原來並不是北洋系的人，民國時期到天津解散民軍，工作做得頗有創造性，一下子被袁世凱看

中，感歎道：「吾北洋竟無此一人」，事後不久，就將陳宦挖到他身邊成了心腹骨幹。

從表面上看，袁世凱帝制失敗，歸結於蔡鍔領導的雲南起義。實際上袁氏王朝的崩潰，原因之一還是舊班底紛紛鬧起了造反，老袁的忽悠再也不靈了。正如唐德剛先生在《袁氏當國》中所分析的：「袁氏對民國如無二心，他的統治篤篤定定，不會有太多問題；如他背叛民國，來恢復帝制，那他這洪憲王朝，便是個泡沫王朝，一戳即破。」

6.家庭財產‧風水相術‧生活習俗

袁世凱一生，從他手中過的銀子不計其數，但是這個人絕對不是葛朗臺式的守財奴，他向來把錢看得很輕，一生不為錢所累。

據曾經幫袁家管理財產的王錫彤說，袁世凱病重時召見他，案頭置一單，所有存款、股票共約二百萬元，「余之家產盡在於斯」。袁世凱能撈錢，但他所撈的錢幾乎全部用在了政治投資上，從小養成大手大腳的習慣，這個習慣伴隨了他一生。

關於袁氏家產，他的女兒袁靜雪在〈我的父親袁世凱〉一文中說得更具體：「我們家裏的人在我父親安葬以後不久就分家了。大哥克定，因係嫡出長子，獨分四十萬，其餘庶出的兒子，每人各分二十萬元。他們所分的錢數，除了現金以外，還有折合銀元數字的股票（包括開灤煤礦、啟新洋灰公司、自來水公司等股票）在內。我約略記得，他們弟兄每人還分得有十條金子，這是否也包括有上述的錢數在內，因事隔多年，已記不甚清了。女兒們每人只給嫁妝費八千元。我娘和各個姨太太都不另分錢，各隨他們的兒子一起過活。當分家的時候，我父親生前的貴重衣物，大部分都沒有了……在分

家的時候，按著房頭，每房分了一隻皮箱，箱內只盛了半箱的衣服，那還都是我父親生前穿過的。每只箱子裏都放有一件皮衣，有的是皮袍，有的是皮斗篷。我母親分的那一件，卻是極其陳舊的了。」

　　袁氏生前所置的房產，大部分均由袁世凱所認的本家袁乃寬負責管理，計有：北京錫拉胡同兩所，炒豆胡同一所，寶鈔胡同一所，海濱掛甲屯一所；天津勝利路大營門「袁氏老宅」六棟大樓，河北區地緯路一所，原英租界十號路一所，成都道兩宜裏一所；河南安陽九府胡同一所以及洹上村養壽園宅邸。除去房產，袁世凱還在河南老家彰德、汲縣、輝縣等地購置了一些田地，大約有四萬畝。

　　民國時期，袁克定曾在天津主持過袁氏家族的第二次分家，此次所分是北京、天津兩地賣掉的五所房產，以及彰德、輝縣的各一處房產。此時袁克藩（十六子）已夭折，剩下的十六個克字輩的兄弟平分，各得偽聯幣二十四萬八千四百元。當時偽聯幣一角錢可買兩個燒餅。袁世凱的房地遺產一直由袁家老大克定掌握，據說他曾與袁乃寬合謀，將天津海河東岸平安街的一處樓房變賣私分，十子袁克堅聞訊後，找袁克定當面質問，鬧得很不愉快。另外傳聞袁世凱在一家法國銀行存有法朗二百萬元，後來不知去向。

　　袁世凱的喪事，原由民國政府撥款十萬元承辦，但是在北京就用了將近九萬元，其後的移靈、購置墳地、墓園建築、典置祭田以及安葬費用等，據估算需要五十萬元左右。袁世凱的好友舊屬徐世昌、段祺瑞、王士珍等八人聯名發出公啟，請求當朝要人名流解囊相助，各有捐款二千元至一萬元不等，共收到捐贈二十五萬，這才完成了袁世凱的喪事和葬禮。由此也不難看出袁氏家族晚期經濟狀況之一斑。

　　袁世凱一生迷信風水相術，在被清廷罷免回籍「養病」時，懷疑祖墳的風水出了問題，特地請名聲遐邇的風水大師許瞎子來看。

許瞎子認為，袁家祖墳埋得很好，有龍有鳳，只因為四周築了圍牆，導致龍身受制，氣脈阻塞，據說袁世凱後來拆掉圍牆，果然當上了民國大總統。這多少有傳說演義的成分在內，但風水相術對老袁的心理支撐，卻是事實。

北京城早年曾流傳過「西山十戾」的民間神話，有十個修煉成精的妖怪，投胎人世，做了清朝開國以來的當權人物，這十個妖怪是：熊、獾、鶚鳥、狼、驢、豬、蟒蛇、猴子、玉面狐、癩蛤蟆。它們的人身是：多爾袞、洪承疇、吳三桂、和珅、海蘭察、年羹堯、曾國藩、張之洞、慈禧太后、袁世凱。這個神話在民間流傳很廣，根據這個神話，又產生了另外一個傳說：

袁世凱有午睡的習慣，每天都要睡一兩個小時，醒來時要喝一口茶。他有一隻雕刻精緻的玉杯，由一個書僮按時獻茶進去。一天，書僮進房獻茶時，看見一個極大的癩蛤蟆躺在床上，他吃了一驚，手一鬆，玉杯掉在地上摔碎了。書僮嚇得半死，驚慌地去找一個老家人請教，老家人教給他一套話來應付。當書僮再進房獻茶時，袁世凱問他玉杯呢。書僮老老實實回答：摔碎了。袁世凱大怒，書僮講了獻茶時屋子裏發生的一切，不過他把床上躺的那隻癩蛤蟆改成了五爪大金龍，袁世凱聽後怒氣消散，從抽屜裏抽出一張百元鈔賞給書僮，叫他在外邊不要亂說（參見陶菊隱：《北洋軍閥統治時期史話》第二冊 100 頁）。

這個傳說在北洋系中頗為流行，馮國璋在給人講述這個故事後，還得出一個結論：袁世凱當初並沒有當皇帝的想法，只因書僮證明他是轉世真龍，他才相信有做皇帝的福分。馮國璋跟隨袁世凱多年，對袁是非常熟悉的。他說這個話，也顯示出袁世凱身上確實有著濃厚的迷信色彩。

袁世凱一生中結交過多少風水先生？並不清楚。恐怕稍加統計，會是一個驚人的數字。僅在 1913～1914 年間，他就曾找過風

水先生賈興連、張振龍、郭三威、張曉初等算命，求證自己有無「龍興之運」。

　　他身邊的人摸清了袁的這一弱點，也玩起騙術哄老袁上鉤。這方面膽子最大的是袁克定。他向袁世凱推薦的山東人賈興連，是個洋派的風水大師，西裝革履，皮鞋擦得錚亮，還會說幾句英文。袁世凱一聽介紹，對這位現代派風水大師有了興趣，請他看看新華宮的風水。賈大師看過一番後說：紫禁城元初興建，又經明清兩代修葺，氣象恢宏；唯有新華宮氣散而不聚，不可不慎重對待之。老袁問有什麼良策。賈大師獻的計謀是在新華宮左側修建一個廁所，聚其穢氣，問題即可迎刃而解。袁世凱果然在新華宮左側修建了一個廁所，成為民國史上的一段笑話。

　　這樣的把戲不止一次上演。突有一日，北海叢林中升起一道火光，之後平地上莫名其妙地冒出了一堆新土。有人挖地三尺，發現一塊石碑，現場的人誰也看不懂。袁世凱聞訊後，叫梁士詒來看。梁是清朝狀元，有一流的學問，仍然是看不懂。最後召來古文專家劉師培，才解讀出了石碑上的篆文：龍站玄黃，墜統失綱。庶民不和，洪範憲章。天命攸歸，安吉衣裳。新我華夏，山高水長。歸納起來的意思是：宣統失綱，洪憲命歸。明白地說就是請袁世凱當洪憲皇帝。事實的真相是，這塊石碑是袁克定、梁士詒、劉師培合謀偽造的。

　　民國三年（1914），袁家項城祖塋墳丁韓誠匆忙來京報告：袁世凱生父袁保中的墳側生一紫藤，長逾丈許，狀似盤龍，夜間還不時發出紅光，形同火把。袁世凱大喜，即命將祖墳保護起來，並重賞墳丁。其實，這又是袁家大公子導演的一齣把戲。

　　據袁世凱第七子袁克齊回憶，袁世凱性情剛烈，態度嚴肅，寡言笑。他每天起床很早，上午辦公，午飯後睡一小時午覺再出來。他的記憶力很強，見過的人，雖隔數十年後，仍能說出其姓名、籍

貫。袁世凱不好古玩，他經常掛在嘴邊上的一句話是：「古玩有什麼稀罕，將來我用的東西都是古玩。」這話顯示出了袁的大氣魄，倒也是事實。

袁世凱軍人出身，所以無論站著還是坐著，他都是挺直了腰桿，威風凜然，即使是坐在沙發上和人談話，也不改變這個習慣。他坐下的時候總是兩腿交叉，兩隻手經常放在膝蓋上，由於腿短，總是兩腿垂直，彷彿「蹲襠騎馬」的姿勢，從來沒有人看到他有架起二郎腿的時候。他說話的神情很嚴肅，語氣斬釘截鐵，從不絮絮叨叨。袁有一個口頭禪，每當和人談話告一段落時，都要問一句「嗯，你懂不懂？」其實這只是個習慣用語，表示他「重言以申明之」，使聽他說話的人不至於忽略他所談的內容。袁世凱嘴裏始終離不開一支雪茄煙，走路時也叼在嘴上，顯得挺神氣。

袁世凱經歷過諸多人生歷練，為人處世非常圓通，很少能見到他有生氣的時候。不過偶爾也會罵人。下屬或者僕人做錯了事，他認為忍無可忍，或者是心情不好，就會將臉色一板，隨口而出兩個字：「混蛋！」氣憤到了極點，就變成：「混蛋加三級！」袁世凱一直擔任高官，後來又身為大總統，無論是在家裏還在是下屬面前，權威性都極高，不怒自威，凡是同他接觸過的人，沒有一個對他不抱有畏懼心理的。

他的起居飲食，一年四季都有一套刻板的規矩。早晨 6 點起床後，先吃一大大碗公雞絲麵湯，7 點拄著藤皮手杖下樓，走到門口還會發出「哦」的一聲，像是咳嗽，又像是在提醒人們他的到來。上午半天是辦公和接待客人，11 點半吃午飯。他所用的碗、筷、碟等食具，都比其他人的要稍大一些。所吃的菜，不僅花樣很少變化，就連擺放的位置也從不變換。比如說，袁世凱喜歡吃清蒸鴨子，每年入冬以後，必定有這個菜，位置也必定擺放在桌子中央。肉絲炒韭菜擺在東邊，紅燒肉擺在西邊，像護衛隊的兩個士兵，永遠站

在那個位置上。他喜歡吃鴨肫、鴨肝和鴨皮，吃鴨皮的時候，用象牙筷子把鴨皮一掀，一轉兩轉，就能把鴨皮掀下一大塊來，手法異常熟練。袁世凱愛吃的菜有：高麗白菜、朝鮮薰魚、綠豆糊糊等，都是常見的菜肴，對於那些山珍海味，他沒有太大興趣。

夜間休息，袁世凱並不是到各個姨太太房裏去，而是姨太太輪流前去「值宿」。輪到哪一個姨太太當值的時候，就由她本房的女傭人、丫頭們把她的臥具和零星用具搬到居仁堂樓上東間袁的臥室裏去。袁當總統時，大、二、三這三個姨太太已經不和他同居了，輪值的只有五、六、八、九四個姨太太。這四個人，每人輪流值日一個星期，其中九姨太年紀輕，有時候伺候得不如意，因而不到一星期，袁世凱就讓她搬回去，另行調換別的姨太太。

在前清做官時，袁世凱除了上朝要穿袍褂以外，到家就換上黑色制服。他這種愛穿短裝的習慣保持了若干年，在彰德隱居時是如此，後來住進中南海也未改變。他所戴的帽子，夏天是「巴拿馬」草帽，冬天是四周吊著貂皮、中間露出黑絨平頂的黑絨皮帽。帽子前面正中鑲著一塊寶石。他所穿的鞋，夏天是黑色皮鞋，冬天是黑色短筒皮靴，靴內襯有羊毛，兩旁嵌有兩塊馬蹄形的鬆緊帶。袁世凱是從來不穿綢衣服的。他的襯衣褲夏天是洋紗小褲褂，冬天除了小褲褂外，外穿厚駝絨坎肩一件，厚毛線對襟上衣一件，皮小襖一件，厚毛線褲一條。這時外面的黑呢制服也換成皮的了。

他喜歡纏足的女人，他所娶的太太和姨太太，除了朝鮮籍的三個是天足外，其餘都是纏足的。特別是他所喜愛的五姨太，其得寵的原因之一，就是她有一雙纏得很小的「金蓮」。朝鮮籍的三個姨太太原是天足，嫁到袁家後，也仿照從前京劇中花旦、武旦角色「踩寸子」的辦法，做出纏足的樣子來取悅袁世凱。後來她們離開「寸子」時，反而不會走路了（此節參見袁靜雪：《我的父親袁世凱》）。

第七章　太子夢魘

1.出洋考察憲政的隨員是玩票一族

　　光緒三十一年（1905）九月二十四日，清朝出洋考察的五大臣帶領大批參贊、隨員來到北京正陽門車站，準備乘火車啟程。清廷派五大臣出洋考察憲政，是為立憲做準備，其直接動因是：皇位永固，外患漸輕，內亂可弭。說直白點，就是想永葆大清江山萬年長。因此朝野上下，對這次出洋考察都極為重視，派出的五大臣是：鎮國公載澤、戶部侍郎戴鴻慈、兵部侍郎徐世昌、湖南巡撫端方、商部右丞紹英。

　　這天的正陽門車站崗哨密佈，氣氛熱烈莊重，又帶有幾分詭異，在京的朝官貴戚爭相前來送行，風光體面的場面，無疑是他們在政壇露臉的絕好機會。拱手作揖，彼此寒暄，火車拉響一聲汽笛，眼看著就快要開動了，忽然「轟」地一聲悶響，窗玻璃嘩啦碎了，只聽見腳步聲紛紛朝五大臣乘坐的車廂跑，不一會兒傳來消息：革命黨丟了炸彈，車廂裏到處都是鮮血，還躺著幾個人，不知是死是活。

　　丟炸彈的革命黨叫吳樾，他用的是人肉炸彈的辦法，想和五大臣同歸於盡。大概是高官很難靠近的緣故，五大臣中只有載澤、紹英受了點輕傷，吳樾卻丟了性命。在五大臣的隨員名單中，就有袁世凱的大公子袁克定，他當時是候補道員——這是個沒有實權的虛

銜，實際上是個掛名幹部。為了讓兒子在政壇上歷練一番，老袁爭取到這個出國指標，沒想到火車還沒開動，就被革命黨一顆炸彈把夢想給炸飛了。

袁克定（1878～1978），字雲台，是袁世凱正室妻子于氏嫡出的長子。生下來的時候腦門上有一塊胎記，因此小名叫做「記兒」。4歲那年，他隨母親于氏到朝鮮，此後一直跟在父親袁世凱身邊，走南闖北，見了不少世面。袁克定有幾分像當年的袁世凱，年輕時定力不足，心浮氣躁，風花雪月，花天酒地，過著浪蕩公子哥兒的生活。

當時最時髦的要算是京劇票友，其瘋狂程度不亞於今天粉絲追星族，帶上一大幫隨從，人模狗樣地往包廂裏一坐，那個派頭比只會玩錢的現代大款強多了。袁克定經常去的地方是天仙戲院，常年備有包廂，去不去都得給他留著。他的包廂旁邊，是另一個公子哥兒大城李的包廂。大城李長得並不出眾，卻是大有來頭，此人名李福堃，是慈禧太后身邊大紅人李蓮英的親侄子，看著有人在他面前擺闊氣，心裏老大不舒服，派人去一打聽，隔壁那個戴黑色四方帽的瘦高個名叫袁克定，是直隸總督兼北洋大臣袁世凱的大公子。

袁克定清高孤傲，壓根沒把太監李蓮英放在眼裏，何況大城李只是李太監的侄子。一來二去，兩個人暗藏在心中的對立情緒日益增多，彼此間冷眼相對，互不買賬。也是活該有事，有一天，袁克定手下一個跟班因為小事和李福堃的隨從爭執起來，三句話不對頭，雙方大打出手，不可開交，到後來鬧成了一場群毆。

袁世凱聞知消息後，拿鞭子將袁克定狠狠抽了一頓，又派人拿著他的名片去請李福堃。等大城李到了袁府，袁世凱低下架子，一口一個賢侄叫得甚是親熱。大城李本來是準備來吵架的，想到老袁態度如此和藹，脾氣反倒沒了，低聲說了句：「我也有錯。」袁世凱叫來袁克定，給大城李賠禮道歉，隨後又擺酒設宴，把大城李奉

為上賓，好魚好肉招待。此後不久，又讓袁克定和大城李磕頭燒香，結拜成了兄弟。

大城李原來將袁克定視為眼中釘，經過袁世凱幾個來回的「請客」，心中怨氣早已消散，反而成了袁家的說客，逢人便說起袁世凱了不起。老袁與李蓮英之間的關係，也因為大城李的緣故更加活絡。對這一切，袁克定看在眼裏，記在心裏，對父親擺弄人、玩權術的高超手段又多了一分佩服。

史書上說袁克定有斷袖之癖，他愛玩相公，搞同性戀，大概是年輕時候染上的習氣。

據袁克定晚年至交張伯駒回憶：「克定有斷袖癖，左右侍童，皆韶齡姣好。辛亥，先父（張鎮芳）在彰德總辦後路糧台，居室與克定室隔壁。一日夜，有童向克定撒嬌，克定曰：『勿高聲，隔壁五大人聽見不好。』……但先父已聞之矣。」張伯駒還專門為此戲題一絕：「斷袖分桃事果真，後庭花唱隔江春。撒嬌慎勿高聲語，隔壁須防五大人。」（張伯駒：《春遊記夢‧續洪憲紀事詩補注》）。

袁大公子跌進風月場的泥坑，甚至玩起了同性戀，袁世凱早有所耳聞。袁氏父子間有過一次推心置腹的談話，老袁用的是當年叔父袁保桓、袁保齡教導過他的那一套辦法，因人施教，循循善誘，盡力調動袁大公子內心裏潛藏的另一種激情——對政治和權力的欲望。這一招果然奏效。過了不久，袁克定收拾起玩興，告別花花世界，一心一意搞起了政治，投入到權力遊戲的漩渦之中。

跟隨五大臣出洋考察憲政是個好機會，可惜被革命黨一顆炸彈粉碎了夢想，不過也沒什麼，只要老袁在位置上，機會總是會有的。此後不久，清廷成立農工商部，這是清末政府為促進發展實業而設立的中央機構，掌管全國農工商、森林、水產、河防、水利、商標、專利諸事，老袁把袁大公子塞進去當了右丞（相當於今天的司長，省廳級幹部）。袁克定很快在仕途中嚐到了甜頭，他與其頂頭上

司——時任農工商部尚書的載振關係相處不錯，甚至結拜成了兄弟，載振是慶親王奕劻的貝勒（兒子），曾赴英日等國考察新政，滿腦子半生不熟的新思想，是個既想變革又要玩樂的新派人物，此人在天津迎娶歌女新星楊翠喜為妾，在晚清政壇上鬧了一出大風波，不過那是後話。

袁世凱遭貶罷官，來到彰德洹上村當「隱士」，袁克定仍留在京城當農工商部右丞，實際上這只是個幌子，他的真實身份是老袁在京城的聯絡員，負責收集政治情報，在父親的那些老關係中穿針引線，把一盤棋局盤活。這段時期，袁氏父子的電文往來異常密切。

武昌起義爆發後，袁大公子的觀點很鮮明，認為這是報仇的好機會，他極力唆使老袁和清廷分庭抗禮，聯合革命軍打進京城，去坐那張龍椅。袁克定曾與革命黨吳祿貞密謀，在北洋軍中發動武裝政變，直接打進京城皇宮；又與四川的幾個革命黨聯手，弄了一批炸彈想放進清廷宮殿裏。袁世凱玩政治多年，頭腦比袁大公子清醒得多，手段也高超得多，如果公開與清廷對著幹，北洋舊屬會很生氣，後果也將很嚴重，於是派人殺了吳祿貞，將武裝政變扼殺在搖籃中，又將袁克定派到彰德「辦事」（相當於軟禁），使那批炸彈沒能安放進清廷宮殿（這兩則掌故可參見袁克文《辛丙秘苑》）。

袁大公子介入老袁的政治，從這個時期就已經開始了。

早期革命黨有個英俊小生叫汪精衛，因刺殺攝政王而被捕，開始被判處死刑，後為肅親王善耆所看中，結成忘年之交，並將其保釋出獄。據說，在營救汪精衛的過程中袁克定也出過力。因此，袁克定和汪精衛後來結拜成了兄弟。

看來，袁克定也深諳處事待物的前瞻性，在後來的政治鬥爭中，他與汪精衛的兄弟關係果然派上了很大的用場。辛亥革命爆發，袁世凱派袁克定代表自己赴武漢前線，袁克定正是利用汪精衛

的這層關係，將革命黨的內幕摸得一清二楚。據同盟會員李書城回憶，汪精衛此時也對革命黨打過招呼，他派人到武漢，「密告南方同志，袁世凱不是效忠清室的人，如南方革命黨肯舉袁為第一任共和國總統，袁是願意和我們一致行動的。」

有一個故事，能說明袁大公子在老袁的政治棋局中所取的作用。

馮國璋被清廷封為一等男爵的重賞後，意欲一鼓作氣，渡過長江拿下武漢三鎮，氣得袁世凱大罵，急電馮國璋切勿打過長江。馮國璋莫名其妙，搞不懂老袁葫蘆裏賣的什麼藥。有一天，一個不明身份的人從武昌渡江北上，被前沿哨所截獲，以為是革命黨的間諜，要拉去槍決。那人急忙稱自己名叫朱芾煌，是奉袁克定的密令來與黎元洪接洽和談的，並且從內褲裏摸出了一張龍票，上頭果然有「欽差大臣袁」五個字。馮國璋致電袁世凱詢問此事，很快老袁的回電來了：「此事須問克定。」不久，袁克定的電報也來了，電文中稱：「朱即是我，我即是朱，若對朱加以危害，願來漢與之拼命」。馮國璋只好放人。袁大公子玩的政治手腕還是嫩了點，字裏行間透露出的霸道，這讓馮國璋感到很不舒服。

南北談和中，袁克定代表袁世凱，向他的換帖兄弟汪精衛提出了解決時局的三個條件：一，推舉袁世凱為臨時總統；二，實行南北統一；三，袁世凱對蒙藏地區仍沿襲皇帝名義。汪精衛曾就此事致電黃興徵求意見，黃興在回電中明確表示：「中華民國大總統一位，斷舉項城無疑。」經過老袁的經心謀劃，小袁等人的實地操作，1912 年 2 月 15 日，南京臨時參議院選舉袁世凱為臨時大總統，以接替兩天前辭職的孫中山，並選舉黎元洪為副總統。

就在黎元洪入京就任副總統那天，袁克定應袁世凱之召趕回京城，他騎馬馳往彰德車站，途中從馬背上墜地，當場昏厥，不醒人事，迅速被送往北京一家醫院就診，三天後才逐漸蘇醒過來，總算保住了一條命。不過手心的皮也被毀掉了一大塊，以至於後來他出

入社交界，經常得戴上手套。更糟糕的是右腿嚴重致殘，瀟灑的袁
大公子成了跛腳。

2.袁大公子挖了一個巨坑

袁克文在評價其兄袁克定時，有一句中肯的評語：「大兄因
驕致敗」。縱觀袁大公子一生，這句評語確實很到位，他一日三
餐，正襟危坐，不苟言笑，無論見到誰都裝鱉，即使到了晚年，
家庭境況潦倒至極，仍然不減當年的自負，這個人的派頭真是太
大了。

在北洋舊屬中，他最討厭的人是徐世昌，稱其為「活曹操」。
對馮國璋，他打心眼裏瞧不起，認為此人草包一個。和段祺瑞的關
係鬧得也很僵，雖經袁世凱一再調合，仍然隔閡太深，袁大舅和段
姐夫互不買賬。北洋將領中，只有一個王士珍是他所尊重的，無奈
王士珍心中只裝著一個大清遺民情結，無論是對袁世凱當大總統的
民國，還是對袁世凱當皇帝的洪憲，都沒有什麼興趣，他看破宦途，
歸隱還鄉當遺老，幫不了袁大公子什麼忙。

袁克定要在政治上站穩腳跟，必須要有自己的親信。

籌畫成立「模範團」，實際上是辦了個軍官短訓班，抽調北洋
各師下級軍官為士兵，中高級軍官為模範團下級軍官，擬定每期半
年，培訓出兩個師的軍官。第二期，由袁克定親任團長，他挑選出
的團副陳光遠和陸錦雖說是很聽話的跟屁蟲，指揮起隊伍來卻是兩
個草包。陳光遠不學無術，斂財致富倒是一把好手，此人後來成了
北洋系著名的富翁。陸錦是個看風使舵的人，袁世凱上天壇祀天，
原來安排親自走上天壇的，下轎後陸錦搶上前，攙扶即將登基的袁
皇帝走上臺階，在場官員為之側目。對這麼兩個廢物袁克定感到失

望，不過要他挑選駕馭優秀人才，還真是件難事。比起袁世凱來，袁大公子實在差得太多了。

洪憲帝制時期，袁大公子是最忙碌的一個人，除了偽造假《順天時報》欺騙老袁外，他的主要精力都用在了網羅人才上。1914年7月，袁克定以養病的名義移居湯山，抽調了京畿拱衛軍的三個分隊擔任警衛，此後楊度也遷到那裏，於是湯山成了洪憲帝制的重要策源地。袁大公子曾經打過維新黨首領梁啟超的主意，約請梁任公至湯山赴宴，大談共和體制不適合中國國情，言下之意是探詢梁啟超的口風。可是梁啟超也是政治老手，無論袁大公子說什麼，他始終是一臉微笑，安靜聆聽，自己不發表任何意見。梁啟超在政海浮沉多年，深知玩政治的屬害性，弄不好會有殺頭之憂的，從湯山回到北京第二天，梁啟超率領全家悄悄搬到天津，溜掉了。事後梁啟超回憶道：「先是去年正月，袁克定忽招余宴。至則楊度先生在焉。歷詆共和之缺點，隱露變更國體求我贊同之意。余為陳內部及外交上之危險，語既格格不入，余知禍將作，乃移家至天津。」

袁克定物色的另一個人物是蔡鍔（1882～1916），此人字松坡，湖南邵陽人，從小家庭貧寒，父親是個鐵匠。16 歲時，蔡鍔進入長沙時務學堂讀書，老師是大名鼎鼎的梁啟超。此後留學日本士官學校，1904 年畢業回國，在江西、湖南軍事學堂任教官。1911 年調雲南任新軍 37 協協統（相當於旅長），回應辛亥起義，被推為總指揮，後任雲南都督。袁克定看了這樣一份幹部履歷表，自然心動，心動不如行動，經請示老袁，要將蔡將軍調進京城提拔重用。

電報發到雲南，蔡鍔深感疑惑：雲南是塊好地方，昆明四季如春，風景如畫，在這裏當都督山高皇帝遠，連老袁的北洋勢力也鞭長莫及。如今老袁調他入京，莫非是官場上常用的「明升暗降」之手段？這麼一想，蔡將軍心裏老大不願意，但是又怕不答應，會成

為老袁對雲南用兵動武的理由，在一種矛盾的心態中，蔡將軍依依不捨地離滇，取道越南河內，搭乘海輪到上海，袁世凱派出的代表范熙績早已在上海恭迎。

蔡鍔到京後，立馬被老袁任命為陸軍部編譯處副總裁，總裁是段祺瑞。到了第二年，北京參政院成立，蔡被委任參政院參政，不久又被授予昭威將軍。顯然，無論是袁世凱還是袁克定，對蔡鍔都是極其重視的，但是蔡鍔畢竟不是北洋嫡系，以前和袁氏父子也沒有任何瓜葛，這樣的人再有才幹，如果政治上不可靠也是白搭。

這時候三公子袁克良派上用場了，他所管轄的偵緝隊日夜出動，又是監視又是跟蹤，偏偏又不注意保密，動作做得很大，鬧得蔡將軍心情很是不爽。有一天，棉花胡同 66 號門前人聲嘈雜，蔡將軍剛起床，就聽見有個天津口音的人在外邊大聲咋呼，看門人提醒：「這是蔡將軍的公館，你們是不是弄錯了？」天津口音大著嗓門說：「什麼菜將軍飯將軍，我們奉上頭命令，兄弟們，進去搜！」揮揮手，一群軍人一擁而入，在每個房間裏翻箱倒櫃搜了一通。當然所謂的違禁品是沒有的，蔡將軍是玩政治的人，不會這麼大意。

事後蔡鍔憤憤不平，打電話給袁克定詢問情況，袁大公子的回答是：純屬誤會。據袁克定的解釋，這個案子關係到袁家的一樁家務糾紛：原來，蔡所住的棉花胡同 66 號，是袁世凱的兒女親家、天津大鹽商何仲璟的舊宅。宣統三年（1911），何仲璟在天津欠下外國商人一筆鉅款，幾乎傾家蕩產，何的姨太太曾派人攜帶珠寶細軟到北京，將貴重物品寄存在這所舊宅內。事隔多年，何仲璟死了，何的姨太太也不知去向，只剩下當年攜帶珠寶細軟來此寄存的人，此人即為那個天津口音，如今的身份是「劉排長」。劉排長並不知道舊宅易主，現在住的是蔡鍔將軍，魯莽闖入其內，上演了一出鬧劇。袁克定告訴蔡鍔，這個「劉排長」因強闖蔡公館，已被綁赴西郊土地廟軍法處置了。

　　袁氏父子把蔡鍔當做座上賓，可是在於蔡鍔看來，自己好像是被軟禁了，沒有行動自由，思想更是不敢輕易流露。無奈之下，蔡將軍只好開始演戲，和楊度等人在八大胡同徵歌逐舞，詩酒風流。楊度也是湖南人，又曾留學日本，和蔡鍔私交相當好，二人在一起很談得來，蔡鍔被袁氏父子看中，楊度起了穿針引線的作用。但是現在，楊度是袁世凱洪憲帝制的設計師，蔡鍔感到他和昔日這位同學老鄉之間，隔起了一堵無形的牆壁。

　　蔡鍔出身寒門，生活上吃苦耐勞，也懂得自律，平生從未沾染風流韻事。8歲時訂了一椿婚事，女方是湖南武岡縣劉家，叫劉俠貞，後成為蔡的正室夫人。在雲南擔任都督期間，蔡鍔剛過而立之年，經人撮合，在昆明娶了一位姨太太潘氏。此次北上京城，他就帶著這位姓潘的如夫人。思來想去，蔡將軍只好得罪一下潘姨太了。

　　蔡鍔要導演一齣戲，由他出演男一號，女一號是雲吉班的當紅妓女小鳳仙。這個風塵女子不尋常，原是江南大才子曾樸花80兩銀子買的一個婢女，見其秀色可餐，來了個近水樓臺先得月，將她梳攏入懷，湊成了一椿風流事。不料被特愛吃醋的妻子張彩鸞發現，大鬧河東獅吼，曾樸只好贈送銀子，讓她離開曾家另尋出路，於是小鳳仙流落花界，成了京都妓館的一顆明星。小鳳仙不懂政治，也沒有傳說中的那麼矢志不渝，在她看來，總統和皇帝並無什麼區別，推翻不推翻干卿何事？他對蔡將軍的感情，也並不像電影中那樣美妙。

　　事實上蔡鍔初識小鳳仙，也是緣於一次狎妓活動。小鳳仙垂著眉睫，柔聲問道：客官做什麼的？蔡鍔悶著頭撒了一個謊：皮貨商人。其實一切都瞞不過小鳳仙那雙眼睛，客官氣度不凡，外歡內鬱，絕不是來買笑的商人。小鳳仙也想過脫離妓籍，但她要找的是一個牢靠的男人。蔡鍔用意何在，識人無數的小鳳仙心裏有譜，她並不

想把自己當做人家政治棋盤上的一枚棋子，因此當蔡鍔急吼吼地同妻子鬧離婚，又急吼吼地要納她為妾時，小鳳仙輕言細語對蔡將軍回答道：「落花有主，小女子不能耽擱大人的前程。」言下之意是：在一起玩玩可以，婚配之事免談。

此時曾樸曾因江蘇省公債一事恰巧到京，被蔡鍔偵知，即由常熟翁同龢的孫子翁振伯引見，認識了寫《孽海花》的常熟人曾樸。地點是在北京西堂子胡同劉季平家，劉季平是曾樸的換帖兄弟，琴棋書畫無所不能。蔡鍔旁敲側擊，說出了要請曾樸做小鳳仙思想工作的意思，據說，曾樸樂意成人之美，給小鳳仙點撥了幾句，意欲促成此番姻緣。

蔡將軍從北京出逃脫走，是極生動而又富有戲劇色彩的一幕。故事的版本有多種，大同小異，但都與小鳳仙有關。因蔡鍔本人沒有這方面的記錄留存，傳說中的情景都是由其他當事人事後回憶的，在此汲取一種，以窺一斑：這天，雲吉班中有人擺酒做生日，小鳳仙遂叫了蔡將軍在房中飲酒，大衣皮帽掛在衣架上，拉開窗簾，讓監視蔡鍔的人可洞察室內。等到開往天津的火車將啟程時，蔡鍔不取衣帽，假裝去洗手間，卻趁院中人多雜亂之際，逕直去了火車站，直奔天津（參見《許姬傳七十年見聞錄》）。

一切都在朝對袁氏父子不利的方向發展，袁克定本想將蔡鍔結為政治盟友，期望這位俊逸之才為奧援，結果卻是挖了一個巨坑，斷送了袁氏父子的「錦繡前程」，最終還斷送了老袁的性命。好比下圍棋沒留眼，必定成死棋，袁大公子是個不折不扣的臭手。

蔡鍔離開天津前，對他的恩師梁啟超說了一席話，很是慷慨激昂：「此次維護國體，大任落在老師和我身上，成功呢，什麼地位都不要，回頭做我們的學問；失敗呢，就成仁，無論如何不跑租界，不跑外國。」所謂哀兵必勝，蔡將軍懷了這麼一種背水一戰的心態，其成功也在情理中——何況袁氏父子搞洪憲帝制早已鬧得眾叛親

離了。蔡將軍回到雲南舉義旗時他的兵馬並不多，起事之初只有三千多人，但是袁氏江山像是一副多米諾骨牌，輕輕一推，接二連三就倒塌了。

3.洋人教父和中國信徒

早在民國二年（1913）九月，袁克定曾赴德國就醫，知道底細的人都清楚，袁大公子此行有政治意圖。段芝貴、江朝宗到車站送行，場面頗為隆重。袁克定在德國拜會了德皇威廉二世，德國政府舉辦國宴，歡迎袁大總統之子。席間，威廉二世力陳「中國非帝制不能自強」的觀點，並舉杯祝酒，祝中國未來的新皇帝壽比南山。聽到威廉二世煽情的祝酒辭，袁克定熱血沸騰，更堅定了他支持老爸搞帝制的決心。

回國以後，袁大公子便開始了謀劃洪憲帝制的計畫。

起初老袁對袁大公子那一套說辭將信將疑，從老袁的個人角度講，當總統和當皇帝確實沒有什麼區別，何況，經過修改的大總統選舉法規定，總統的位置可以傳子，甚至可以傳妻，但是作為袁氏家族的一家之主，他還是覺得這些規定對子孫後代不夠穩妥，老袁畢竟是在中國幾千年帝制土壤上長大的，這個歷史局限性成了他的致命傷，使他即使躺進了棺材還要被後人唾罵。

在幫助袁大公子充當說客的人物中，有一個人十分關鍵，此人叫古德諾（1859～1939），美國哥倫比亞大學的法學院院長，美國政治學會的創始人。古德諾來華，是通過卡內基萬國和平基金會介紹的，接待者是袁克定，聽說古先生是研究憲政的專家，袁克定收起大架子，畢恭畢敬地當起了學生。這樣的恭謙姿態，給古先生留下了美好的印象。

　　古德諾作為袁世凱的高級政治顧問，與中國政府簽訂的是三年合約，但是他實際在華服務時間只有一年半。後一年半，古德諾返美出任約翰‧霍普金斯大學校長，遙領在華政治顧問一職，等於是個掛名虛銜。這個「滿腹詩書，胸無城府」的老夫子，拿了二萬五千元的年薪，也不想白拿錢不幹活，使出其看家本領，寫了一部學術著作：《共和與君主論》。古氏這份備忘錄是專為雇主老闆袁世凱撰寫的密件，僅供老袁個人參考，文章中強調君主制優於共和制，沒料到密件到了袁克定手上，就被捧做了推行帝制的「聖經」，在報紙上大肆宣揚炒作。古德諾是世界頂尖的權威人士，他這顆砝碼很重，一放上天平，老袁更是死心塌地要搞帝制了。

　　據看過古德諾這份密件原件的唐德剛先生說：「其實從法理、學理和史實的角度來看，古老頭的這篇謬論，還不算太謬。他的謬，是謬在他老學究的政治天真。他不該在那個緊要關口，寫那篇助紂為虐的文章，學術雖是中立的，但在那個沒有中立存在的是非時刻、是非之地，客觀是非的標準就不存在了。」（唐德剛：《袁氏當國》160頁）古德諾這份密件從純學理的角度對東方政治制度大膽發言，而他對中國近代政治史卻毫不瞭解。這有點雷同老祖宗馬克思那句名言的意思，他播下的不是龍種，收穫的也是跳蚤。

　　有古德諾這麼一位洋人教父，這幕「洪憲」大戲的演員們更帶勁了。此後果然出現了大批古教父的忠實信徒，什麼公民請願團、商會請願團、乞丐請願團、妓女請願團、人力車夫請願團等等，如雨後春筍般層出不窮，「代表」廣大民眾向老袁大上「擁戴書」、「勸進信」和「效忠表」，盜取民意大搞政治黑幕。

　　洋教父的中國信徒中，最著名的是「六君子」，他們成立了個學術組織叫「籌安會」，經過該組織研究，認為中國老百姓素質低下，還是需要皇帝才能確保安定團結。籌安會的宣言中寫道：「我國辛亥革命之時，國中人民激於情感，但除種族之障礙，未計政治

之進行，倉卒之中，創立共和國體，於國情之適否，不及三思。一議既倡，莫敢非難。深識之士，雖明知隱患方長，而不得不委曲附從，以免一時危亡之禍。」

咬文嚼字，真實意思只有一個：中國沒有皇帝是不行的。

「六君子」都不是庸常之輩，領頭的楊度（1874～1931），字晰子，湖南湘潭人，是湘綺先生王闓運的得意門生，早年留學日本，對新政頗多研究，清末出洋考察憲政五大臣的兩篇考察報告〈中國憲政大綱應吸收東西各國之所長〉的〈實行憲政程式〉，就是出自此人之手。從此暴得大名，政府高層人士都知道有個「懂法」的楊度。

這樣的人才，自然會被袁世凱網羅囊中。光緒三十三年（1907），袁世凱、張之洞聯合保薦楊度「精通憲法，才堪大用」，以四品京官充任憲政編查館提調，官銜猛一下升了三級，楊度將此知遇之恩銘記於心，從此開始為袁世凱效犬馬之勞。

在洪憲帝制活動中，他尤為賣力，與「皇太子」袁克定綁在一起，充當老袁戰車前的走卒。最為可惡的是，籌安會在京城石駙馬大街掛牌後，楊度將一己私願鼓吹成全國人民的心願，一手遮天炮製假輿論，營造出萬民擁戴老袁當皇帝的虛假繁榮景象，不僅欺騙全國公民，連袁世凱本人他們也要騙（比如《順天時報》事件）。

盜用民意是中國政客歷來慣用的手段，袁克定和楊度也不例外。籌安會成立以後，還辦了這麼一件醜事：電請各省軍民兩長、各公法團體派代表進京，共同討論國體問題。在表決過程中，籌安會發給每位代表一張表格，讓他們選擇填寫「君憲」和「共和」，結果所有的票全都是「君憲」，換句話說，袁世凱當皇帝，獲得了代表們的一致支持。籌安會由一個學術團體變成了表決機構，帝制本來就是專制，卻又通過「表決」這樣的民主方式來推行（明眼人一看便知是假「表決」），這真是一個政治笑話──這樣的政治笑話在中國政壇上屢見不鮮，時常上演，歷久不衰。

　　楊度一生的行蹤十分複雜，思想軌跡也總是在搖擺不定。袁世凱失勢後，在懲辦帝制禍首的名單中，楊度列在首位，令「著拿交法庭，嚴行懲辦」。後來僥倖逃脫，楊度對政治感到極度失望，遂披髮入山，不再參聞世事，潛心研究佛學，過起了隱士生活。幾年後，經周恩來介紹加入中國共產黨，成了一名中共秘密黨員。

　　籌安會的另外五個人，兩個是學者：嚴復、劉師培；三個是早年曾參加過同盟會的革命黨：孫毓筠、李燮和、胡瑛。

　　孫毓筠（1872～1924），字少侯，出身在山東濟寧的一個望族之家，祖父孫家鼐曾為光緒帝師。早年考中秀才，納資捐了同知，又加碼捐了個三品道台。這人很有意思，對當官似乎興趣不濃，研究佛學入迷，想出家去做和尚。聽了桐城人吳樾刺殺五大臣的消息，熱血為之沸騰，遂決心當革命黨，將妻子送到日本留學（實為避難），鐵下心要大幹一場。不過他始終沒找到殉國的機會（也許小孫當時並不想死），身軀未捐，錢財卻是捐助了不少。孫毓筠出身豪門，從小視錢財如糞土，鬧起革命來，特別捨得花銀子，換句話說，此人也是革命黨的有功之臣。

　　李燮和（1873～1927），字柱中，湖南安化人。此人早年加入光復會，曾是同盟會內部第二次反孫（中山）浪潮的骨幹，後被黃興勸說顧全大局，捐棄成見，共同致力革命。在孫中山發起的募捐活動中，李燮和積極參加，貢獻不小。這個人值得一提的故事是：辛亥起義上海光復後，淞滬軍警準備聯合推舉李燮和為起義軍臨時總司令，李也認為護軍都督一職非他莫屬，哪知會開到中途，忽然闖進一個嘍囉，手裏提著一把手槍，往桌上一站，用手槍指著諸位代表的頭說道：「陳其美為革命立了那麼大的功，又被革命軍抓獲吃了大苦頭，只給他一個軍政長，到底安的什麼心？我提議陳其美任都督，不同意的先吃我一槍。」槍桿子裏面出權力，沒有人敢說不同意。煮熟的鴨子飛了，李燮和只好自認倒楣。

　　胡瑛（1884～1933），字經武，湖南桃源人。此人年輕時思想頗為激進，喜歡搞暗殺，曾和湖北王漢聯手，欲刺殺清大臣鐵良。胡瑛臨陣畏縮，王漢見同伴不敢上前，硬著頭皮迎上去扔了顆炸彈，掉頭就跑，巡邏隊跟蹤追擊，王漢慌亂之中投井自盡。事後胡瑛將這件事講給他的同學吳樾聽，吳樾不以為然，認為王漢魯莽無用，胡瑛是窩囊廢，決定自己去搞一次暗殺，於是便有了後來的刺殺出洋五大臣行動。胡瑛到日本躲避了幾年，奉東京同盟會總部之命，回國參加武昌起義，被叛徒告密，抓獲入獄。在獄中，胡瑛不忘革命，把牢房裏的獄卒當做傳播的受眾，大講清朝必定垮臺共和必定成功的道理，那些獄卒一個個成了他的忠實粉絲，最不可思議的是，看守所的頭頭談國華被其感動，要把自己的女兒許配給他。胡瑛成了大牢裏的貴賓，他所蹲的監獄也成了革命黨的秘密聯絡站，正應了那句老話：最危險的地方往往最安全。武昌起義槍聲一響，胡瑛一腳從監獄中跨出來，直接來到閱馬場前的武昌軍政府，給自己封了個外交部長，占了一幢滿族大員的房子，開始辦公。這個自封的官，一直當到伍廷芳被推舉為革命軍外交總代表才被撤銷。

　　劉師培（1884～1920），字申叔，江蘇儀徵人，早年也是革命黨的信徒，曾改名劉光漢，取光復漢族之意。清末流行政治暗殺，劉師培一介書生，殺人的事不敢做，但可以「借槍殺人」，將革命黨首領張繼贈送給他的手槍借給萬福華，去行刺廣西巡撫王之春。無奈萬福華射術不精，沒擊中廣西巡撫，反而把自己送進了牢房。劉師培其貌不揚，娶了個老婆卻賽似天仙，名叫何震，是有名的交際花。何震有個不明不白的「姻弟」叫汪公權，始終被她帶在身邊，赴日本留學，就是劉、何、汪三個人一起同行的。這個汪公權不僅吃軟飯還吃政治飯，首先被清廷兩江總督端方收買，成為日本留學生中的間諜，隨後又拉何震下水，再將劉師培拖上了黑船。說到底

劉師培是個做學問的人，搞政治是他的弱項，卻偏偏生在了那個以政治為中心的年代，其悲劇就不可避免了。

　　嚴復（1854～1921），字又陵，福建閩侯人，曾在清朝海軍中服役5年，到過新加坡、日本、檳榔嶼等地，是位學貫中西的著名人物，所譯西方名著有《天演論》、《原富》、《群學肄言》等，在晚清思想界影響巨大。嚴復是個性格古怪的大師，總愛同人抬槓，以顯示其不隨波逐流。比如有人在他面前講袁世凱的好話，嚴復馬上鄙夷地回應：「袁世凱是個什麼人，練的兵成了一批驕兵悍將，論治國又無科學頭腦，簡直一無是處。」有人不贊成袁世凱當民國總統，嚴復又會反著說：「居今之世，平心而論，唯有袁世凱當國家元首最合適。」另一方面，袁世凱對嚴復始終重視，民國成立後，袁任命嚴為京師大學堂總辦（北京大學前身，「總辦」相當於校長），又聘嚴為總統府高等顧問。楊度拉嚴復下水的過程，有點像三國中的三顧茅廬，頭一次去嚴復沒理睬。第二次楊度繞了個彎子，說他想邀集幾個朋友，搞一家大規模的股份公司，人人投點資，大家都來發點小財。嚴復聽了這些莫名其妙的話，直朝他翻白眼。第三次，楊度見嚴夫子迂闊，只好把話直接挑明：「又陵先生，我知道你是反對共和的，近來德皇威廉二世也說共和度不適合中國，不如改為君憲制。」嚴復說：「國事非同兒戲，豈容一變再變？」楊度說：「也不是著急要改，不妨先成立個學術團體，研究研究。」嚴復說：「既是成立學術團體，我可以參加，但不要列名為發起人。」從此嚴復對籌安會採取了聽之任之的態度，既不否認列名，也不參加組織活動。直到洪憲帝制失敗，袁世凱氣死，懲辦帝制禍首的通令發出，他仍然沒把這個當成一回事。事後談起這段往事，嚴復寫了十六字的總結：「當斷不決，虛與委蛇。名登黑榜，有愧古賢。」

　　關於懲辦帝制禍首，南方護國軍提出過一張十三人的名單，包括「六君子」和「七凶」（七凶指袁氏籌備登基大典的朱啟鈐、段

芝貴、周自齊、梁士詒、張鎮芳、雷震春、袁乃寬）。可是袁世凱
斃命之後，黎元洪以總統的名義發佈了一道命令，幫老袁說了一大
通好話，這樣一來，洪憲帝制禍首們的罪過大為減輕，加上段祺瑞
等人暗中周旋，百般維護，多方說情，最後只找了幾隻替罪羊，了
結了一樁公案。在黎元洪以總統名義發佈的懲辦帝制禍首的命令
中，「六君子」剩下楊度、孫毓筠二人；「七凶」剩下梁士詒、朱啟
鈐、周自齊三人。其餘的人員被以各種名目包庇下來了。更加有意
思的是，躲在彰德的袁克定聽說懲辦帝制禍首的消息後，給北京政
府發了份加急電報，為張鎮芳、雷震春兩人說情，而且北京政府居
然批准了袁大公子的請求，寬恕了張、雷二人。

4.政壇退隱，後院起火

　　袁世凱病故後，袁克定開始了他一生中最難熬的幾年。
　　由於黎元洪、段祺瑞等人的庇護，懲辦帝制禍首的風波沒有殃
及到他，但是內心的抑鬱灰暗是可想而知的。太子夢斷，腦袋僥倖
保住，應該算是幸運，然而接踵而來一個個的家庭戰爭，給他這隻
破船又劈頭澆了幾盆水。
　　袁克定的正室妻子是吳大澂的女兒吳本嫻，按照風水八字，袁
克定屬虎，吳本嫻小他兩歲，屬龍，夫妻龍虎鬥，不是件好事，需
要找個屬雞的來牽一牽。婚後第二年，袁克定又娶了個小妾叫馬彩
雲。正室妻子吳本嫻雖說是名臣之後，可惜是個聾子，袁克定很難
和她勾通，相互交流要靠寫紙條；馬彩雲出生在小戶人家，長得又
不好看，處處謹小慎微只想討老公喜歡，袁克定懶得正眼瞧她。形
式上的一妻一妾，基本上形同虛設。好在袁克定熱心政治，婚姻生
活幸福與否，他並沒太往心上放。

　　很快，袁克定在京劇髦兒戲班裏相中了一個女坤角，此女名叫章真隨，模樣長得漂亮，身段看著也舒服，但是天下美女都有一樣毛病：脾氣大。袁克定見多識廣，樂於接受這個美女姨太太的大脾氣，包括章真隨偷吸鴉片，袁克定也予以寬容。哪知道這樣一來，章真隨恃寵而驕，脾氣也變得越來越大，動不動在家裏摔臉盆鏡子，鬧得袁克定很不爽。

　　袁世凱去世後，袁氏家族在袁克定主持下分了家，袁克定帶著一妻兩妾以及兒女、傭工僕人搬遷到天津德租界威爾遜路，本想過幾天清靜日子，沒想到章真隨卻天天喊頭痛，只好請了個西醫大夫，隔三差五來袁家醫治。過了一段時間，袁克定慢慢看出癥結：章真隨喊頭痛是假，搞婚外情是真，她和那個西醫大夫眉來眼去，媚眼丟得滿天飛，甚至在袁府裏幹出了茍合之事，被袁克定在床上抓了個正著。

　　丈夫戴了綠帽子，還不能對外聲張，想看袁大公子笑話的人太多了。只好坐下來和章真隨談判，請她搬出袁府，暫時不辦離婚手續，每月付她點生活費。章真隨眼淚汪汪的，含情脈脈看著袁克定：「我錯了，我可以改。」袁克定搖搖頭：「已經晚了。」章真隨搬出袁府以後並沒能一刀兩斷，她不斷地給袁克定寫信，訴苦求援，袁克定也時常給她一些接濟，這樣斷斷續續堅持了七八年。有一天袁克定聽到個消息，章真隨打著他的招牌暗張豔幟，且聽說上門的「主顧」竟有北洋舊屬，袁克定氣急敗壞，叫來袁乃寬一商量，讓人把章真隨送往河南輝縣的舊宅中，生活費用在該縣的地租中按月支付，這叫做眼不見心不煩。

　　剛把二姨太章真隨的問題解決，又出現了一系列新的問題。

　　袁克端是袁氏家族第四子，其母是朝鮮籍三姨太吳氏，在袁世凱任直隸總督時病故。彌留之際，吳氏將袁克定叫到跟前，噙著眼淚將親子克端及女兒祺禎託付於克定，請他代為撫管。長兄為父，此後袁

克定盡心盡力，對克端全家生活照顧達 30 年之久，並將祺禎嫁給清廷陸軍大臣蔭昌之子蔭鐵閣為妻，親自操辦婚事，饋贈了豐厚的奩妝。

可是自命不凡的袁克端，對這位跛足大哥並無什麼感激之情，反倒是滿肚子怨氣，經常在袁克定耳邊念叨，父親（袁世凱）死後分家時，他應得的一份沒有得足，言下之意是有的財產被袁克定侵吞了。袁克定板起面孔訓了他一頓，說道：「老四，人要知足，你從小到大是我帶大的，哪有虧待你？分家產時每人一份，你的二十萬當初在我手上不假，可是後來全被你一次次拿去抽了大煙，怪誰？」袁克端悶著頭在心裏盤算了，算來算去似乎並沒有從袁克定手上拿齊二十萬。過了幾天，他向法院遞了份狀紙，將袁克定告上了法庭。這時候新中國剛成立，審案那天，袁克定準時出庭，袁克端卻不知為何未去，法院以原告無故不出庭，判決袁克端敗訴。官司雖然贏了，袁克定仍然感到十分窩囊。

袁世凱的六姨太葉氏，原是江南蘇州釣魚巷的妓女出身，被次子袁克文介紹給其父為妾之後，最初幾年還能循規蹈矩，可是等袁世凱一翹腳，這個水性揚花的女子舊病重發，控制不住自己的情欲，經常跑去舞場上搞交際。袁克定心裏窩著一把火，怨其辱沒門楣，要將她逐出袁府。繼而又想，葉氏畢竟是父親生前的寵姬，為袁家生了二男三女，如果將她逐出家門，肯定是特大號新聞，報紙將要大炒特炒，鬧得滿世界都知道袁世凱的遺孀不守婦道，這樣反而不好。兩害相權取其輕，袁克定放棄了先前的想法。

哪知這個消息被葉氏知道了，她找到袁克定大吵大鬧，話說得難聽不說，還抖出了袁克定的一樁「秘密」：原來，幾年前，袁家曾經花了一筆公款（庚子賠款留學名額），把幾個兒孫弄出國去留學，其中有袁克定的獨生子袁家融。而葉氏的兩個兒子克捷和克有卻沒撈到這個機會。葉氏操著一口細軟的江南口音，說起話來嘴巴也不饒人：「大家都來鬧嘛，看看這個家誰的醜事多。」袁克定無

奈地歎氣，他實在拿這個漂亮的六庶母沒辦法，只好坐下來談判，六姨太吵鬧的目的也是為了獲取經濟利益，既然袁克定主動讓步，也就順水推舟提出了「條件」：她的兩個兒子克捷和克有未享受留學指標，請補償一筆留學費用。袁克定從自家資本倉庫裏拿出幾萬元股票，才將這件事情了結。

袁世凱的九姨太劉氏，娶進袁家時間最晚，又一生信奉佛教，搬到袁府外邊另住，到民國十六年（1927）悄然辭世時，其子克藩、女經禎都才十二三歲，袁克定將年幼的弟妹接到他家一起過日子。誰知才幾個月時間，袁克藩得了一場大病，不幸身亡。到分家時，袁克定沒將這個夭折的十六弟計算在內，已經出嫁到蘇州陸家的袁經禎大為不服，跑到上海法院起訴，要為死去的胞弟克藩爭這份財產。接到上海方面的傳票，袁克定十分傷感，親生骨肉鬧成這樣子，使這個在政治上觸黴頭的人更加鬱悶。他給袁經禎寫了一封信，聲稱要與她斷絕兄妹關係，袁經禎未予回覆，此事後來不了了之。

後院起火的原因，表面上看起來都與家庭財產有關，暗地裏隱含著袁家子弟對跛腳長兄的不滿。在他們看來，如果不是袁克定一意孤行想做太子，慫恿袁世凱搞洪憲帝制，袁家並不會像後來這麼慘。庶母和兄妹們的怨氣，細想之下還真是很有道理。

袁克定有一子二女：子家融；長女家錦，次女家第。

袁家融（1904～1996），16歲時，父親袁克定給他弄到了留學美國的內部名額，隨幾個叔叔克久、克堅、克安等乘海船飄洋過海，先到麻塞諸塞州私立中學讀書，後轉入賓夕法尼亞與新澤西交界處的拉法葉學院，專業是地質學。袁家融從小對石頭興趣濃厚，學習很是用功，後來又拿到了哥倫比亞大學的地質學博士學位。但是他沒有留在美國，原因一是當時正值美國經濟大蕭條，華人求職很難；二是聽從父母媒妁之言，奉命回國成親。

　　袁家融的妻子，是民國時期湖北都督王占元的侄女王慧。此女自幼父母雙亡，由王占元帶大，情同父女。王慧長得白白胖胖，一看就是富態相，進袁府後果然立下汗馬功勞，一連不歇生了五女二男七個子女，其中老六袁始是美國的一個畫家，後邊章節再敘。

　　1930 年，袁家融回國後先是到開灤煤礦當工程師，這當然是袁克定的特意安排，想讓他歷練一番。袁克定這時已經很倒楣了，大概是不願意跟隨父親背負罵名，袁家融很快跳槽自立門戶，到北京大學去任教。到了 40 年代後期，國民經濟飛流直瀉三千尺，大學裏工資發不出來了，妻子王慧又一直沒有工作，眼看著一大群孩子餓得嗷嗷叫，袁家融也不得不為五斗米折腰，到袁家參股的啟新洋灰公司當了個副經理。但此人對做生意興趣不大，幹了不到兩年，在華北物資交流大會是認識了綏遠省長董其武，董省長知道袁家融的學業經歷後，請他去綏遠主持地質勘探。建國後，袁家融參加了包鋼的地質勘探工作，在白雲鄂博、大青山等地發現鐵礦礦苗，為國家建設作出了貢獻。後來調到武漢地質學校、貴陽工學院先後任教，直到 1964 年退休。

　　袁克定、袁家融的父子關係，後來相處得並不融洽。40 年代後期，在北京大學發不出工資、袁家融一家生活無著落之時，他的父親袁克定經濟上也極度拮据。賣掉天津特一區的一幢住宅所得85 萬元，被貼身傭人白鍾章偷走了，京津兩地所有的古董，又被另一個傭人申天柱以開古玩店為名，全部騙去不見蹤影。袁克定手中僅有的一點股票，本來是用做養老的，袁家融百般懇求，要拿去投資天津新懋交易行，為袁家融換個副經理的位置，說好了利潤隨時支取，充做袁克定的日常生活費用。可是袁家融投資後翻臉不認老父，利息和本金分文不給，害得袁克定晚年只好投靠到表弟張伯駒家中寄居，悽楚悲涼。

　　長女家錦嫁北洋舊屬雷震春之子。次女家第多才多藝，能書善畫，袁克定甚為喜歡，後嫁給江南費樹蔚之子費鞏為妻。前邊第三章有所提及，不再贅述。

5. 最難消遣是黃昏

　　袁克定的晚年有點落魄，也有點淒涼，不過這也是他咎由自取。袁世凱臨死前說的那句「他害了我」，像一根鞭子永遠懸在他的頭上，使他的靈魂難以安寧。他的太子夢禍國誤父，害人害己，也使袁氏家族半個多世紀以來始終與黑暗相隨，很難走出那道陰影。

　　據晚年與袁克定在一起生活的張伯駒回憶：「到了抗戰時期，克定的家境就每況愈下，手頭拮据。那時他還想通過關係，請求蔣介石返還他被沒收的袁氏在河南的家產。老蔣沒答應，克定只好以典當財物為生。華北淪陷，有一次曹汝霖勸克定把彰德洹上村花園賣給日本人。袁家的親戚聽說這個消息，也都議論紛紛。贊同的、慫恿的頗多，其目的無非是每個人借機能多分得些金條罷了。克定堅決不同意，說這是先人發祥地，為子孫者不可出售。」

　　1937 年前後，袁克定表現出的民族氣節還是被人稱道的。當時佔領華北的日本陸軍長官土肥原賢二，以前與袁世凱熟悉，想拉攏袁氏之後，尤其是長子克定。如果袁克定能在華北偽政權任職，恐怕對北洋舊部還能施加些影響。袁克定以年邁多病為由婉言謝絕。過了幾天，《新民報》上登出〈擁護東亞新秩序〉的聲明，簽名者中赫然地列著袁克定的名字。袁克定提筆給《新民報》及各個報館寫信，分別澄清他不在聯名之列，可是所有報館均不敢刊登。他又輾轉託人，得到了一個親華的日本人野畸誠近的幫助，才將他

的這則聲明登在了報紙上。原文大意是：本人身體多病，任何事情不聞不問，並拒見賓客；擁護東亞新秩序的聲明未經本人同意，署名不予承認。

袁克定畢竟是個「名人」，通過一些關係，也多少能享受到日本人的優惠待遇。比如說，有一次他從市內回頤和園住地，途經西直門偽憲警哨所，被勒令下車檢查，還強行搜了他的身。袁克定哪裡受過這種污辱，氣得全身發抖，回家後便大病了一場，到醫院住了多日。曹汝霖來探望他，給他弄了張特別通行證，後來才免除了日本兵的檢查盤問。

他 60 歲的壽辰，張伯駒前來祝賀，親筆書寫了一幅壽聯：「桑海幾風雲，英雄龍虎皆門下；蓬壺多歲月，家國河山半夢中。」並贈壽儀二百金。那天袁克定情緒本來還不錯，見了這幅壽聯，臉上頓時黯然失色，當場退還了張伯駒的壽儀，變成了一個沉默的人。張伯駒事後為此懊惱不已，說道：「我不該送這樣的壽聯，勾起了他往日的懷念，以至他數夜未能安穩入睡。」

到建國前夕，袁克定的生活已經窮困潦倒了，家裏的所有傭人已全部辭退，只剩下了個忠心耿耿的劉姓老僕人，說什麼也不願意離開他。實在揭不開鍋蓋了，這位老僕人就會上街去轉悠，想方設法弄點吃的東西回來。即使到了這個地步，袁克定依然保持著「太子」遺風，進餐時胸戴餐巾，正襟危坐，用刀叉將窩頭切成薄片，蘸著鹹菜就餐。後來老僕人也去世了，只剩下袁克定和馬彩雲相依為命，消磨生命最後的時光。

1949 年以後，北京文史館館長章士釗得知袁克定的情況後，聘他為北京文史館館員，每月領取薪水 60 元，掛空銜不坐班。不久有人提議，像袁克定這種思想反動的人，怎麼還能讓他坐享其成？於是薪水停發了，生活實在沒有著落，就到街道辦事處每月領 20 元救濟金。據張伯駒之女張傳彩回憶，夏天時經常看見他在空

闊的大門樓子裏納涼，總是一個人孤單單地坐在那兒，透過樹林望著天邊的晚霞，像一尊過時的雕像。「袁克定不愛說話，給人感覺脾氣有些怪，沒事時他愛鑽進書房裏看書，他看的是那種線裝書，他的另一個愛好是看棋譜。」（張傳彩口述，李菁執筆：《最後的皇太子：袁世凱長子袁克定的晚年》）

　　1958 年，袁克定病逝在張伯駒家中，終年 80 歲。

第八章　名士韻事

1.滿肚子不合時宜的名士

　　袁克文（1890～1931），字豹岑，自號寒雲，袁世凱的次子，民國著名的四大公子之一。他的出生地在朝鮮，那天中午袁世凱正睡午覺，恍惚間，看見朝鮮國王牽著一隻頸項上套著金黃色鎖鏈的花斑豹笑眯眯地走來，快到門口時，那隻豹子掙脫鎖鏈，跳躍踉蹌，直奔內室而去。袁世凱醒來時，內室傳來嬰兒的啼哭聲，接生的老媽子跪下報喜：恭喜老爺添了二公子。因為這個夢，袁克文被父親賜字「豹岑」。

　　袁克文從小聰慧，讀書過目不忘，平時沒見他比別人多用功，但是詩詞文賦樣樣精通，也沒見他正經練過書法，寫在紙上的字卻別具一格。說袁克文是神童並不過分，然而這個小神童，待人行事的風格卻與袁家格格不入，以至於父親袁世凱反覆告誡他：從小不能養成名士派頭，此非具有真才實學者所為。袁克文連連點頭，但是並不把父親的話往心裏放，等到袁世凱去忙他的政治了，袁老二依然擺出名士派頭混跡江湖。

　　所謂名士，經常見到的典型做法是反潮流，別人這麼做的，名士偏要那麼做，不拘泥於人間常情。比如練習書法，袁克文有他的幾個絕活：一是懸書，寫字時宣紙並不平鋪在桌面，而是讓兩個丫

鬟各提宣紙一角，袁克定懸腕飛龍走蛇，筆力剛健遒勁，宣紙卻不污不破；二是巨書，將宣紙鋪在地上，拿出一桿如同掃帚般的巨筆，站在紙上自如揮灑；三是仰書，這與名士的懶散有關，躺在床上，一手拿紙一手握筆，居然能寫出清秀工整的蠅頭小楷，令觀者莫不稱奇，據說，袁克文的日記就是這樣躺在床上寫出來的。懸書、巨書和仰書，被時人稱做「袁氏三絕」，袁老二後半生落魄了，就靠這個「袁氏三絕」給他換了不少貼補生活的碎銀子，才不至於餓肚皮。那十幾冊《寒雲日記》，曾有少量幾冊落入另一個民國公子張學良的手中，後來也不幸失散，如今存世的是其四子袁家楫保存下來的丙寅、丁卯日記，僅僅是袁克文日記中一小部分。

　　看見袁大公子在京城官場上混得不錯，要風得風，要雨得雨，袁克文也動起了念頭，他給父親寫信，提出要頂官帽的請求。袁世凱在給他的回信中寫道：收到五月十日所發家書，知道你有做官的想法，感到驚訝！你素好虛聲，學步名士，怎麼突然有了做官的妄想？大概是見你父親身為秀才躋身高位，你這個秀才也想躋身高位吧。殊不知時也命也，並不是天下所有秀才都能有你父親這般「好運」的。你父親得到榮祿、李鴻章兩位大佬的賞識，又受太后寵遇，始有今日。然而愈躋高位，傾跌愈危。前月在政務處與醇親王衝突，幾乎想飲彈自殺。宦海風波，瞬息萬變，你父親手握兵權，身居要職，尚且朝不保暮，岌岌可危，屢次謀求激流勇退，無奈太后倚重，懿旨難違，一旦冰山倒（指太后龘命），你父親便辭職歸隱。你小子無知，也想投入政治漩渦之中，實在是不明智之至。我不指望子孫得高官厚祿，但願能儉樸持家，能得一秀才，詩禮家聲，歷傳不替，就心滿意足了。（參見《袁世凱家書》，為便於讀者理解，此處譯成了白話文大意）。

　　袁世凱這封信是他在失意之時寫的。當時慈禧太后病重，袁世凱在軍機大臣的位置上，出洋五大臣載澤等人從國外考察憲政回

國，清廷準備開始實施憲政。有一天，朝廷大員召開會議討論新政，在場的大臣沉默無語，生怕說錯話耽擱了仕途上的發展，袁世凱站起來侃侃而談，力主改革軍機處，改組責任內閣，設總理大臣一人。有人躲在暗處嘀咕：什麼改組改制，說得好聽，還不是想讓奕劻當總理大臣，他袁某人能更加為所欲為。袁世凱一拍桌子：有話站出來明說，讓慶親王當總理大臣有什麼不對？在座的與會者都是滿清權貴，見袁世凱如此囂張，早已忍無可忍，醇親王載灃跳出來，將手槍往桌上一拍：如今的江山還是大清的江山，並不是你袁家的！袁世凱見狀，臉上嚇變了顏色，這才想起「收斂」二字，他在給袁克文的家書上所寫的「在政務處與醇親王衝突」，就是指這段故事。

　　解剖心跡，倒也頗有幾分真實可愛，但是等到情況好轉，袁世凱還是給袁克文捐納了一個官銜：法部員外郎。法部的前身是刑部，員外郎是指正員以外的官員，相當於掛職幹部，作不了什麼數的。不過袁克文過慣了名士生活，不懂官場上的許多規矩，拿根雞毛當令箭，特別把這個員外郎的官銜當個事兒。頭幾天他戒掉了睡懶床的毛病，按照作息時間上班，以為自己是朝廷官員，要參與政治了。結果他發現周圍的人看他的眼神有些異樣，有個同僚悄聲提醒他：不能喧賓奪主噢！袁克文一愣，半天才會過來意思，表現得太積極了，勢必會奪了他人的風頭。原來官場並不像他想像的那麼美好，自己這是何苦呢？

　　這麼一想，名士派頭重新回到了他身上，上班開始遲到，進了衙門也不好好辦事，法部主管刑事犯罪工作，經常需要外出偵查，調查案情，不是鮮血淋漓，就是屍體橫陳，太驚險刺激，搞得夜晚睡覺也做噩夢。因此，碰到辦案的差事，他總是推三阻四，找藉口躲避。有一次，部裏指定袁克文去京城東華門大街會同驗屍，他心裏一百二十個不願意，當著上司的面又不敢直說，只好回到辦公室，用墨汁將眼鏡片塗成黑色，匆匆忙忙去走了個過場。即便這樣，

回家後仍然將手洗了七八上十遍，想到當時的場面就有嘔吐的欲望。思來想去，這樣的官實在沒什麼當頭，袁克文的第一次仕途生涯，就這麼草草地結束了。

玩政治確實不是他的強項。按照俄國社會的劃分，像袁克文這類不滿現實卻又不能挺身反抗、想幹一番事業又無什麼實際行動的貴族青年，是典型的「多餘人」形象，應該和俄國作家筆下的「多餘人」畢喬林、奧涅金、羅亭等人為伍。袁克文果然是這麼做的，回到風月場上，他如魚得水，詩詞歌賦，琴棋書畫，樣樣都精通；吃喝玩樂，賭博嫖妓抽大煙，也是老本行。中國醬缸文化為失意文人創造了獨特的生存方式，「多餘人」的痛苦和煩惱，在中國知識份子身上往往被轉化成玩世不恭。

然而對於身處政治權力漩渦中心的袁克文來說，即便他想躲避，仍然難以擺脫政治權力的糾纏。最明顯的例子是洪憲帝制時期，他與「皇太子」袁克定之間日益尖銳的矛盾。袁克文本質上是一介文人，他不擅長也不熱衷於權力鬥爭，帝制搞得再熱鬧，也與他這個袁家次子關係不大，因此仍然成天泡在花叢之中，寫詩作畫玩女人。有一天，一幫文人詩友聚會，喝了幾盅酒後有點感傷，詩興闌珊中寫了一首詩：「乍著微棉強自勝，陰晴向晚未分明。南回塞雁掩孤月，西去驕風動幾城。駒隙留身爭一瞬，蛩聲吹夢欲三更。絕憐高處多風雨，莫到瓊樓最上層。」袁克文作詩向來不留底稿，隨寫隨扔，並不怎麼放在心上。他沒有料到因為這首詩，差點惹出了性命攸關的一場大禍。

當時在場的名士們見了這首對帝制不滿的詩，紛紛為袁克文喝彩，他有個朋友叫易順鼎，人稱易瘋子，將這首詩略作修改，然後拿到社會上到處傳抄，遂被反對帝制的政治勢力和輿論界利用，當做反對袁世凱稱帝的重磅炸彈，一時間鬧得沸沸揚揚。後世評論依據這首詩稱袁克文「極力反對帝制」，實在是對歷史的一種誤會。

其實，袁名士隨手寫下的這首詩，已轉化成了政治鬥爭的工具，與他的初衷相去甚遠。

面對袁克文的這般行徑，袁克定極為惱怒。袁家老大和老二之間關係向來不和，經常是這個住在京城，另一個就去了彰德，二人像捉迷藏似的，參差避面，互不往還。聽說老二寫了這麼首歪詩，且被反袁勢力利用，袁大公子氣急敗壞，秘密報告給袁世凱，乘機煽風點火，說了一大通老二的壞話。袁世凱也很生氣，下令將袁克文軟禁於中南海，再也不准他與那幫名士相互往來。

袁克文成為一個不明不白的囚徒，被關在中南海享受政治犯待遇，每天和寵姬小桃紅詩文唱和，打發時光。小桃紅雖是女流之輩，卻有頭腦，提醒說：你不怕袁府鬧血滴子事件？這麼一提醒，袁克文如同醍醐灌頂，猛然想起歷史書上那些流血的宮廷鬥爭，不寒而慄。恰好此時，不知從哪裡傳出風聲，說袁世凱將「傳賢不傳長」，袁大公子並不一定是老袁的接班人，老二袁克文、老五袁克權，都是皇位強有力的競爭對手。據袁靜雪〈我的父親袁世凱〉一文中回憶，那段時期袁克定曾到處揚言：「如果大爺（袁世凱）要立二弟（袁克文），我就把二弟殺了！」

即使不介入政治，仍然可能會有性命之憂，袁克文現在對「不幸生在帝王家」那句話有了深切的理解。他去找父親求救，如此這般說了一通，袁世凱微微一笑：「既然你沒有那份心思，又何必庸人自擾？」看見袁老二孤獨無援的模樣，袁世凱暗暗搖頭，覺得這個怯懦的名士兒子真是可憐，叫人給他刻製了一枚「皇二子」的印章，叮囑他快快使用，可以避禍。從此，袁克文拿著這枚「皇二子」的印章到處顯擺，在藏書上、字畫上、扇面上到處都留下「皇二子」的印鑨，此舉無異於告訴袁克定：袁老二並無爭當太子之心。

但是袁克定仍然覺得，二弟袁克文留在京城會耽誤他的事情，於是給袁世凱秘密打了個小報告，事關袁府核心機密，因此聲音壓

得很低：「聽老三（袁克良）說，二弟與六庶母關係曖昧⋯⋯」六姨太葉氏，當初是袁克文從江南蘇州釣魚巷物色到的一名藝妓，獻給父親袁世凱做妾多年，卻依然與二公子情感上藕斷絲連，這是老袁絕對不能容許的。老袁一聽這話，醋缸傾倒，心中盛怒，哪裡還肯作半點調查研究，吩咐人將袁克文逐出家門，再也不想見他。袁克文淒惶惶如喪家之犬，乘火車逃到了上海，躲過了這一場災禍。很久以後，袁世凱始覺此事為莫須有，冤枉了袁老二，派人到上海接他回京，總算了結了一樁歷史公案。

袁克文喜歡唱昆曲，這是一門比京劇更為古老的高雅藝術，問津者極少，然而袁名士偏偏就愛這一口。洪憲帝制時，袁大公子忙於組織人進京城請願「勸進」，「各省請願代表列隊流行至新華門前，高呼萬歲，完畢，每人各贈路費百元，遠道者二百元，各代表請增費，至於狂罵，後各增二百元，糾葛始寢。」袁二公子對這種政治滑稽戲沒有興趣，他也在忙，卻是忙於和一幫票友演唱昆曲。「乙卯年北京鬧洪憲熱，人麕集都下，爭尚戲迷⋯⋯克文亦粉墨登場，采串《千忠戮》昆曲一闋。」（均見張伯駒：《春遊記夢・洪憲紀事詩補注》）

到了一年後，袁世凱駕鶴西去，帝制也幡然成了歷史，袁克文再演唱昆曲，心情大不相同。據克文生前摯友張伯駒在《春遊記夢・洪憲紀事詩補注》中說，當時袁克文演唱的劇目仍然是《慘睹》，劇中建文帝剃度為僧，逃竄在外，一路上看到被殺群臣，以及遭受牽連的臣子和宦門女眷押解進京時的各種慘狀，不忍目睹，因而悲憤萬分，唱出了《千忠戮》這最有名的一折：「收拾起大地山河一擔裝，四大皆空相。歷盡了渺渺程途，漠漠平林，壘壘高山，滾滾長江。但見那寒山慘霧和愁織，受不盡的淒風苦雨帶怨長。雄城壯，看江山無恙，誰識我，一瓢一笠到襄陽。」袁克文「演唱此劇，悲歌蒼涼，似作先皇之哭」。真情演出使袁克文成為票友中的耀眼明

星，也成了當時圈子裏議論的話題。這位滿肚子不合時宜的名士，內心裏豐富複雜的情感偶爾流露一二，常常讓人唏噓不已。

2.怪味契友方地山

名士的一個壞毛病是瞧不起人，最典型的莫過於魏晉時的阮籍，遇見喜歡的人用青眼；遇見厭惡的或者看不起眼的，就使用白眼。這是個恐怖的動作，整個眼球翻進去，只有眼白露出，比今天的憤青傲慢多了。在袁克文身上，這個壞毛病並不突出，他一生結交朋友無數，最為相契的是方地山。

方地山（1872～1936），字爾謙，江蘇揚州人，世人多以大方先生相稱，是清末民初著名的「聯聖」。江南自古多才子，方地山便是其中之一，此人 10 歲中秀才，後來遊幕到京津一帶，被袁世凱看中，聘為家庭教師。他比袁克文大 16 歲，卻絲毫不擺先生的臭架子，平生做事不拘小節，只追求「有趣」二字，袁克文從小對這個老師佩服得五體投地，年齡漸長，遂與方先生結為忘年交，不僅是終身制，還成了兒女親家，讓下一輩也相知相愛。

方地山常常自稱祖籍安徽桐城，是桐城派領袖方苞之後，此說有多少依據還待考。不過此公才思敏捷，善詩詞文章，尤善製聯，卻是有口皆碑。他創作的聯語古樸拙實，對仗工整，平仄協調。北大歷史教授周一良（周馥的曾孫）晚年致力於輯錄方地山散佚對聯，曾將 115 副聯語和墨蹟彙編成《大方聯語輯存》刊佈於世，並有評語論道：「雅言俗諺，情文相生，信口而成，聞者驚服。」

袁世凱做軍機大臣時，曾為方地山捐了四品官銜，他在北京城南賃了三間房屋，納了個天足小妾，自署其名為「大方家」，撰寫對聯一副貼在門楣上：「捐四品官，無地皮可刮；賃三間屋，以天

足自娛。」名士的家庭生活往往不幸，甜蜜的日子沒過幾年，就發生了感情危機，離婚時小妾要帶幾個子女同去，方地山又寫了一副對聯：「獸知有母，不知有父；人知有母，亦知有父。」寫完了往桌上一放，揚長而去。鬧得幾個兒女十分為難，好言好語安慰了母親一番，最終選擇了留下隨父。

有一年除夕將至，袁世凱派人來問這位聯語大師，來年是否解聘？方地山並不回答，埋頭裁好了一張紅紙，提筆寫道：「出有車，食有魚，多謝孟嘗能客我；金未盡，裘未敝，今年季子不回家。」

類似這樣的例子，在方地山的日常生活中舉不勝舉。

袁克文的長子叫袁家嘏，娶方地山的四女方慶根為妻，訂婚之日，袁克文拿出一枚絕世稀珍的古錢作為聘禮。兒女親家的雙方家長都是大名士，婚禮也辦得別拘一格，並未採取煩瑣的結婚儀式，而是以文明婚禮的方式，夫妻雙方相互拜了一拜，就進洞房。這種特殊的日子，方地山當然會有聯語：「兩小無猜，一個古錢先下定；萬方多難，三杯淡酒便成婚。」

畫家張大千路過天津，方地山贈聯一副：「世界山河兩大；平原道路幾千。」張大千閱後樂不可支。另一副聯語更絕：「八大到今真不死；半千而後又何人。」八大指的是八大山人朱耷，半千則指字半千的清初畫家龔賢，一副聯語鑲嵌三個畫家的名字，且意境深遠，實屬不易。後來方地山與張大千終身關係極好，應該與初識時的良好印象有關。

方地山是花叢老手，縱情詩酒聲色，對流落社會底層的女子尤為多情，一律視做尤物，凡妓女求聯語，來者不拒。他的聯句本來就極負盛名，妓女們每求一聯，懸掛於室內，身價立即倍增，因此前來求聯者絡繹不絕。有個藝名「大姑」的妓女求聯語，方地山寫道：「大抵浮生若夢；姑從此處消魂。」將「大姑」二字巧妙嵌於聯內。一個妓女藝名「馬掌」，他寫道：「馬上琵琶千古恨；掌中

歌舞一聲輕。」隱喻趙飛燕的身輕似燕、柔若無骨，不著痕跡地拍馬屁。一個妓女藝名叫「如意」，他寫道：「都道我不如歸去；試問卿於意云何？」俏皮有趣，曲筆寫盡風月場上韻致。妓女藝名「月紅」，他寫的是：「楊柳岸曉風殘月；牡丹亭姹紫嫣紅。」既有才子柳三變，又有佳人杜麗娘。妓女藝名「來喜」，他寫的是：「來是空言，且借酒杯澆塊壘；喜而不寐，坐看明月照嬋娟。」有情有景，情景交融。他贈妓女「嫦娥」的聯句：「靈藥未應偷，看碧海青天，夜夜此心何所寄；明月幾時有，怕瓊樓玉宇，依依高處不勝寒。」贈妓女「小樓」的聯句：「吹徹玉笙寒，休去倚欄，絮絮說東風昨夜；生愁金漏轉，偶來聽雨，匆匆又深巷明朝。」下邊這個妓女藝名取得邪到家了，叫個「烏肉」，方地山寫道：「烏衣子弟偏憐汝；肉食公侯總為卿。」

　　在袁克文的日記中，隨處可見方地山的身影，隔兩三天，都會出現「地山師來訪」、「得地山詩箋」、「與地山師同遊」等字樣，親密程度超乎尋常。因此，方地山贈袁家的聯語也為數不少。袁世凱稱帝，袁府的家庭教師方地山內心不滿，但他與袁的私誼不錯，與袁克文關係尤其密切，於是寫聯語暗諷道：「更能消幾番風雨；收拾起大地河山。」帝制失敗，袁世凱辭歸，方地山那年的春聯是：「埋怨天地，淚眼看天，歎事事都如舊日；剪紙為花，搏泥作果，又匆匆過了新年。」袁世凱病故，他贈的輓聯是：「誦瓊樓風雨之時，南國早知公有子；承便殿共和明問，北宋未以我為臣。」

　　方地山與袁克文關係極好，所贈聯語中有不少是逢場作戲，然而遊戲筆墨中卻也不乏才情。如這個聯句：「冤枉難為老杜白；傳聞又弄小桃紅。」作此聯時的背景是，袁世凱壽辰日，發現袁克文喜得貴子，下令將母子遷入新華宮候見，而生母薛麗清已與袁克文離異，只好將克文的老相好，蘇州妓女小桃紅捉來頂替。瞭解這段掌故再來讀此聯，更為妙趣橫生。袁克文一生納妾無數，方地山贈

聯也樂此不疲，與袁克文調笑逗趣，無分長幼，乃至於謔及姬侍，辭語佻達。有一次袁克文又納新妾，方地山聯語寫道：「寒雲眷屬第十一人于佩文，小名巧寶，余甚涎之，戲為致語云：欲奪天無工，便指星分光，都難乞借；何曾地不愛，怕入山妙手，總是空回。」公開聲稱羨慕別人的美妾，欲強行奪之。更搞笑的是袁克文並不反對，常常將這個聯句拿到公眾場合朗讀，每每逗得人哄堂大笑。這麼兩個人，好到了可以同穿一條褲子的地步。

袁克文患猩紅熱去世，方地山心情悲痛至極，揮淚連作數聯以悼之：「窮巷魯諸生，遊使聲名在三輔；高文魏無忌，飲醇心事入重泉。」「誰識李嶠真才子；不見田疇古世雄。」「自我不見，於今三年，魂夢依依猶昨日；相期與來，聞聲一哭，生徒戀戀勝家人。」

方地山是津門大名士，有錢就花，家無餘裕，更兼恃才傲物，放蕩不羈，以致晚境生計艱難，落拓不堪。每到除夕守歲時，眼看四周鄰居熱鬧過節，聽年飯祭祖，而自家冷冷清清，滿目淒涼，不由得提筆濡墨，和淚寫下春聯一副記其哀情：「埋愁無地，淚眼看天，歎事事都如昨日；剪紙為花，搏泥為果，又匆匆過了一年。」這樣的聯句，讓人為之悵然。此人喜藏書，精考據，對古錢尤為喜愛，書法也自成一格。相傳在他病危時，醫生上門應診，他仍支撐著病體開了個玩笑，手指滿嘴鬍鬚為醫生朗誦唐詩一句：「蓬門今始為君開。」醫生大笑：先生真名士也。

3.納妾好似走馬燈

前邊章節說過，袁世凱善於政治聯姻，袁家子女是搶手的緊俏貨，剛出鍋就有人訂購。袁克文自然不會例外，這次想要訂貨的是個大買主——慈禧太后。

　　老袁進京覲見太后，正經事情說完，老太婆扯起家常，問到袁世凱的子女情況，老袁一驚，打起十二萬分精神回話：「長子克定，已經完婚，親家是江蘇進士吳大澂。」太后又問：「次子呢？」袁世凱答：「次子克文，年方十七。」太后自說自話：「我家有個侄女，待字閨中，要不給他們撮合撮合？」袁世凱沉穩回答：「回老佛爺話，此子駑駘之軀，能與金枝玉葉婚配求之不得，只不過小兒已訂親了。」太后「哦」了一聲，結束了這個話題。

　　袁克文娶正室妻子劉梅真，是新、舊式婚姻結合的產物。溫文爾雅的劉小姐出生在天津鹽商劉家，祖父劉瑞芬，安徽貴池人，是晚清外交英才，曾擔任過英、俄、法、意、比等國公使，為淮軍辦理軍火事宜建功累累，後任廣東巡撫。父親劉尚文另闢蹊徑，將人生戰場從政壇轉移到商海，迅速躥紅成為一名成功的商界精英。此人是名儒商，生意做得好，詩文也研究精深，還是個有名的碑版鑑賞家。家有小女初長成，尤為注意早期智力開發，富商人家捨得智力投資，不惜花重金請家庭教師執教。這個小女子也爭氣，不僅模樣長得靚，填詞賦詩、寫字繪畫，樣樣能來，尤其是彈得一手好箏，讓無數青年才俊暗暗豔羨。

　　這種才貌雙全的美女，很難逃過袁克文的眼睛，即使用挑剔的目光看，也覺得劉小姐是做妻子的合適人選。正好老袁從宮中回家，說到太后有意成全的事，袁克文大膽說出了自己的求婚願望，袁世凱略作沉吟，即表示全力支持，秘密安排媒人前往津門劉家提親。很快，劉小姐的庚貼送進袁府，經過課算，八字相合，隨庚貼附來的還有劉小姐親筆寫的詩詞和字畫，驗證為真才女無疑。於是袁府送去聘禮，選擇吉日，用花轎將劉小姐抬到督署府的後花園，大擺筵席，完成了一樁婚姻大事。

　　郎才女貌，夫唱婦隨，袁克定、劉梅真婚後的夫妻生活有過一個短暫的甜蜜時期。劉小姐善吟詠，是個才華橫溢的文學女青年，

著有《倦繡詞》。有人將她比做李清照，劉小姐淺淺一笑，不置一詞。那麼，袁克文自然就是趙明誠了。一對才情鴛鴦，心心相映，志趣相投，所有的人都祝福他們白頭偕老，演繹出世界上最浪漫的故事，但那對於從小在妓館裏泡大的袁克文來說，卻根本是不可能的。

確實，這個愛情故事從一開始就是一齣悲劇。劉梅真沒有想到，性情那麼率真的才子袁克文，竟會移情別戀，而且像倒下的多米諾骨牌，會有那麼多紅顏知己。劉梅真大哭大鬧，眼睛紅腫得像顆桃子，向公公袁世凱訴苦。老袁壓根不把這個當做一回事，擺擺手對她說：「有作為的人才三妻四妾，女人吃醋是不對的。」劉梅真目瞪口呆，說不出一句話。後來袁克文納妾多了，她終於見怪不怪，聽憑老公走馬燈式地將一個個新姨太太娶進門，只是在財務上管得緊了些，不想再拿家中的銀子讓袁名士去打水漂。

袁府對袁克文納妾的方式有個形象的說法：「有子去母」。具體來說，就是納一個新姨太太進門，就將前邊的姨太太想方設法弄出去。因此，袁名士雖說納妾無數，家庭裏供他日常使用的美妾只有一個。名士畢竟是名士，無愧為花間高手，即使從經濟學的角度看，也是相當划算的，且可以最大限度減輕妻妾間的摩擦，減少家庭戰爭。

袁克文一生究竟納妾多少？這恐怕是一筆糊塗賬，很難算得清楚。據不完全統計，他的侍妾計有薛麗清、小桃紅、棲瓊、小鶯鶯、眉雲、無塵、溫雪、雪裏青、蘇台春、琴韻樓、高齊雲、花小樓、唐志君、于佩文等。至於沒有小妾名分的臨時二奶，更是數不勝數，至少也超過三位數。袁克文就像是人世間的一名匆匆過客，始終在追求什麼，也始終在逃避什麼，那些女人對他而言，精神渴求的意義遠大於肉體佔有的意義。在解釋和她們分手的原因時，袁克文無奈地說：「或不甘居妾媵，或不甘處澹泊，或過縱而不羈，或過驕而無禮，故皆不能永以為好焉。」把責任全部推到那些女性身上，倒也輕鬆省事。

　　薛麗清，藝名雪麗清，克文親昵地稱之為「雪姬」。那句為袁克文惹下彌天大禍的詩「莫到瓊樓最高層」，就是他在「乙卯秋，偕雪姬遊頤和園，泛舟昆池」為雪姬所出的兩首詩中的名句。

　　薛麗清天生麗質，冰雪聰明，是天地間難得一遇的尤物。此女姿色並不出眾，但是皮膚白裏透紅，與眾不同，性情溫柔嫻雅，談吐舉止高貴，袁克文一見傾心，引為知己，將雪姬帶進新華宮，藏進高牆深鎖的院府。遺憾的是，雪姬是一隻在野林子裏飛慣了的金絲鳥，靈魂每個角落裏充塞著自由的天性，對袁克文的自作多情並不買賬，不久便勞燕分飛，跑到漢口去重張豔幟，她所寓居的福昌旅館，成為狗仔隊關注的焦點。

　　在回憶錄《漢南春柳錄》中，薛麗清對這段往事記述如下：「予之從寒雲，也不過一時高興，欲往宮中一窺其高貴。寒雲酸氣太重，知有筆墨不知有金玉，知有清歌不知有華筵，且宮中規矩甚大，一入侯門，均成陌路，終日泛舟遊園，淺斟低唱，毫無生趣，幾令人悶死。一日同我泛舟，做詩兩首，不知如何觸大公子之怒，幾遭不測。我隨寒雲，雖無樂趣，其父為天子，我亦可為皇子妃。與彼此禍患，將來打入冷宮，永無天日，前後三思大可不必。遂下決心，出宮自去。克定未做皇太子，威福尚且如此，將來豈能同葬火坑，不如三十六計，走為上著之為妙也。袁家規矩太大，亦非我等慣習自由者所能忍受。一日家祭，天未明，即梳洗恭聽已畢，候駕行禮，此等早起，尚未做過。又聞其父亦有太太十余人，各守一房，靜候傳呼，不敢出房，形同坐監。又聞各公子少奶奶，每日清晨，先向長輩問安，我居外宮，尚輪不到也。總之，寧可做胡同先生（妓女的別稱），不願再做皇帝家中人也。」

　　如此奇女子，也是一絕。在她眼裏，什麼皇宮嬪妃，高官厚祿，都如糞土般不值一提，唯有放縱自我的情色生活才是生命的終極追求。

　　薛麗清離開新華宮時，是個風情萬種的少婦，她剛剛生下孩子不久，竟毅然訣別老公和孩子，確實需要勇氣，值得佩服，然而她遺棄的這個孩子，卻給袁克文出了道難題。此時是民國四年（1915）年九月，正逢上袁世凱的生日，袁家男女老少按輩分班拜跪，祝老爺子壽比南山。孫輩行中，有一老嫗格外刺眼，只見她懷抱嬰兒，局促不安，袁世凱疑惑地問道：「這是哪來的一個孩子？」老嫗趨前答道：「二爺又添新少孫，恭喜恭喜。」老袁看了看繈褓中的嬰兒，問道：「他母親呢？」老嫗神色慌亂，不知如何回答，旁邊有人幫腔說：「其母現居府外，因未奉旨，不敢入宮。」老袁眉頭緊鎖：「母子分離，豈有此理，即刻令兒母遷居新華宮，候我傳見。」

　　老袁要傳見的這個人，此時正在漢口做皮肉生意，讓袁克文哪裡去找？急難之中，他去同府中老臣袁乃寬、江朝宗等人商量，袁、江也無計可施，有人提醒說：「現在只好找人代替了，二爺在京城可有舊相好？」袁克文一拍腦袋，天大的難題迎刃而解。當天夜晚，江朝宗派兵包圍了石頭胡同清吟小班，將蘇州籍妓女小桃紅活捉入宮。八大胡同佳麗也不知發生了什麼事，受此驚嚇，紛紛逃避，大大影響了妓館營業額。事後手帕姐妹們知道了事情的原由，羨慕小桃紅好福氣，不僅進宮當皇子妃，還白得了個兒子。

　　小桃紅在袁府中陪伴袁克文度過了一段艱難的歲月，在被囚禁中南海的日子裏，除了正室妻子劉梅真外，身邊的女性只有這位俏佳人。然而三年之後，小桃紅還是和袁名士分手了，易名秀英，去天津妓寮落籍。袁克文與小桃紅是協議離婚，分手後彼此關係依然不錯，經常邀約一起看看電影，興致所至偶爾也到包廂小酌，頗有文明社會的情調。直到民國十五年（1926），他們分開時間已有七、八年了，袁克文還不忘舊情，為小桃紅填詞兩首：「提起小名兒，昔夢已非，新歡又隊。漫言桃葉渡，春風依舊，人面誰家？」「薄

幸真成小玉悲,折柳分釵,空尋斷夢。舊心漫與桃花說,愁紅泣綠,不似當年。」無盡的惆悵與憂傷彌漫紙上,讓人嗟歎。

袁克文的諸多小妾中,與他在家庭生活上最為默契的是唐志君。此女是浙江平湖人,善理家政,對老公的伺候也很到位。克文是位癮君子,平時愛躺在床上吞雲吐霧,古董書籍,堆砌枕旁,會客或者寫文章,僅只欠一下身子,安排照應一概由唐志君打點。唐志君也是文學女青年,寫的文章經袁克文潤色後,曾在上海《晶報》發表過,計有〈陶瘋子〉、〈白骨黃金〉、〈永壽室筆記〉等篇。

袁克文對唐志君也是殷勤有加,曾陪伴她一起回浙江娘家,寫有〈平湖好〉、〈平湖燈影〉、〈平湖瑣唱〉等文章,為同赴平湖紀事。其弟唐采之,長期是袁克文的管家,掌管袁家經濟大權。唐志君有一妹,名叫唐志英,年紀輕輕不幸得肺病去世了,志君悲痛欲絕,別出心裁,提出要以克文所珍藏的價值連城的寶物玉盞貯酒酹祭其妹,克文滿口答應,由此可見袁克文對唐女士的器重程度。

與袁克文離異後,唐志君去了上海,生活無著落,只好撿起原來幹過的老本行:看相算命。江湖女術士的生意並不怎麼好,有人給她建議,在報紙上刊登一則廣告,就憑洪憲皇帝袁世凱兒媳婦的名頭,足以招攬諸多顧客。唐志君搖搖頭,她的心裏仍然裝著袁克文,不願意那麼做去傷落魄名士的心。後來克文逝世,消息傳到上海,唐志君親臨《晶報》報館詢問詳情,聲稱要為夫君袁克文寫一小傳。

袁克文這位花帥,似乎從來就沒有停歇的時候。民國十三年(1924),他與小鶯鶯邂逅相遇,一見鍾情,迅速跌入又一場情場的漩渦,瘋狂程度絲毫不減。小鶯鶯,本名朱月真,也是滬上妓家的當紅明星,克文為其撰寫〈鶯徵記〉、〈憐渠記〉,又作〈春痕〉詩十首,以清宮舊製玉版箋四幀,畫朱絲欄,精楷寫贈小鶯鶯。不久在北京飯店舉辦婚禮,在鮮魚口租房金屋藏嬌。這椿桃色花邊新

聞在當時頗為轟動，曾有娛樂記者撰寫八卦文章〈寒鶯夜話〉在報紙上炒作，紅遍了京城半個天。

過了段時間，忽然發生了一場政變，京津兩地的火車阻隔不通，克文和小鶯鶯遂成為牛郎織女，望天長歎。既而袁克文別有新歡，思念之情漸漸被新歡替代。此時小鶯鶯已有身孕，不久生下一女，名為三毛，貌酷似其父，極聰慧。幾年後袁克文聽說了這個消息，託人到上海與小鶯鶯相商，希望能破鏡重圓。小鶯鶯答應了，正準備帶三毛赴京與小女生父重晤，不料袁克文病逝，小鶯鶯聞知音訊，甚為悲痛。

在袁克文走馬燈似的所納小妾中，唯獨有一個女子為正室妻子劉梅真所喜愛。此女姓蘇，名棲瓊，江蘇華墅人，長得乖巧，嘴巴也甜蜜，為了幫她脫籍離開妓館，劉梅真從私房錢中拿出了銀元三千。常常偕同往光明社看電影，或赴共和春、百花村等酒家宴飲，三人結伴而行，也是津門一道獨特的街景。袁克文殘存的詩中，有首是紀念他帶棲瓊同登天羊樓的：「荒寒向夜漫，海天轉蕭沉。入市孤懷倦，登樓百感深。東風舒道柳，朔月黯郊林。何處歌聲咽，愁聞變徵音。」

袁克文有四子三女，長子袁家嘏，次子袁家璋，三子袁家騮，四子袁家楫；長女袁家頤，次女袁家華，三女袁家祉。關於袁氏家族「家」字輩的這一代，後邊章節會專門談及，此處不敘。

4.柏拉圖的信徒太難當

在袁克文的一生中，什麼樣的女子他都要去嘗試一下。比如說民國才女呂碧城，比袁克文大 7 歲，卻因才華超群，久負盛名，使得袁名士心嚮往之。然而，縱觀這二位名士才女的交往經歷，充其

量也只是一場精神戀愛，並不像傳說中暴炒的那樣彼此如何豔羨如何至交。混跡花叢的袁克文當了一回柏拉圖的信徒，滋味其實並不好受。

呂碧城（1984～1943），字循夫，號明因，後改為聖因，安徽旌德人。其父呂鳳岐，光緒丁醜科進士，與清末著名詩人樊增祥有同年之誼，曾任山西學政。呂碧城的生母嚴士瑜是姨太太，在呂家沒什麼地位，其父呂鳳岐中風病逝後，生存境況更是跌落低谷。先是呂氏家族分財產，嚴士瑜生的是女兒，自然沒有繼承權，分得的財產為零。這還不是事情的完結，族人覬覦其美色，竟唆使土匪將姨太太嚴士瑜劫持而去，欲強迫嚴太太做押寨夫人，多虧時為江蘇布政使的樊增祥援手相救，方才脫險。

呂碧城原來許配有夫家，生母出了這樣的事，汪姓夫家認為丟人，單方面毀掉婚約——這只是退婚的一個藉口，真實原因是呂家失勢，政治聯姻變得沒有實際意義了。這次婚變對呂碧城精神刺激極深，此後行為怪誕，終身不嫁，均與此有關。連續遭遇一系列變故，嚴太太欲哭無淚，將女兒送到天津，寄宿在塘沽任鹽運使的舅父嚴鳳笙家。天津此時正處在社會變革、新舊文化交替時期，大辦新式學堂成風，呂碧城因禍得福，從此開始接受現代教育。

呂氏家族有四個女兒，均以詩文名世，有「淮西三呂，天下知名」之美譽。呂碧城是老三，兩個姐姐是呂惠如、呂美蓀。其實四女兒呂雅嫻也是才女，而且在姐妹四人中長得最漂亮，不過幼時其父呂鳳岐將她過繼給堂兄呂葆中，使她的名頭不如三個姐姐響亮。呂氏四姐妹中，以呂碧城最為慧秀多才，工於詩文，亦擅長書畫，且通音律。其成就與名聲均出三姐妹之右。近代大詩人柳亞子稱他「足以擔當女詩人而無愧」，章太炎夫人湯國梨寫詩讚她：「冰雪聰明絕世姿，紅泥白雪耐人思。天花散盡塵緣絕，留得人間絕妙詞。」

在袁世凱的倡導下，天津興辦女學，呂碧城意興盎然，和舅父家一個姓方的秘書之妻約好，欲前往求學。舅父嚴風笙腦袋瓜子有點守舊，聞訊後大發雷霆，見呂碧城仍在申辯她要自由，跳起腳來將她大罵了一通，並要將其鎖入閣樓。呂碧城連夜翻牆逃出，天地間一片茫茫然，該往何處落腳？她想起舅父以前有個幕客，似乎是在位於濱江道的《大公報》社當編輯，遂大起膽子前往《大公報》，沒想到這一去，竟改變了她此後的命運。

《大公報》的總經理叫英斂之，滿族正紅旗人，博覽群書，善吟詠，又接受了西方文化薰陶，22 歲加入天主教，不滿於專制制度，對君主立憲興趣濃厚。這麼一個滿腦子新思想的人，對敢於同命運抗爭的呂碧城十分欣賞，勸她留下來做編輯。落難之中，居然有伯樂相中，呂碧城欣然受命，留在《大公報》做了助理編輯。

清末民初年間，報社有位女編輯，而且這位女編輯還長得不錯，這本身就是時髦新聞。何況呂碧城的詩詞文章剛直率真，有橫刀立馬之氣概，如此特立獨行、桀驁不馴的姿勢，遠勝過今天的超女若干倍，追星族八方雲集，蔚為大觀。

只是有一個人看了她的詩詞文章很不高興，此人是呂碧城的舅父嚴鳳笙。他找到報社興師問罪，大吵大鬧，提出的條件是讓報社辭退呂碧城，且毫無商量的餘地。總經理英斂之很是頭痛，託人找到直隸總督袁世凱，讓其幫助周旋。聽說是與詩詞文章有關的官司，老袁派次子袁克文出面，以袁世凱的名義在酒館請了一桌客，才將此事擺平。

此後不久，呂碧城被袁世凱聘為「北洋女子公學」總教習。又過了兩年，「北洋女子公學」改為「北洋女子師範學堂」，呂碧城又被聘為校長，這年她 23 歲，為我國女子擔任此等高級職務的第一人。呂氏四姐妹，先後從事女子教育，三位姐姐都擔任過校長，大姐呂惠如曾任南京女子師範學校校長，二姐呂美蓀曾任奉天女子師

範學校校長，四妹呂雅嫻則為教員。這道風景，在清末被譽為美談。具有諷刺意味的是，呂碧城的舅父嚴鳳笙在擔任鹽運使期間，因涉嫌賄賂被參劾貶官，袁世凱竟指派他協助外甥女呂碧城辦女子教育，起初嚴鳳笙忍氣吞聲，來學校報了個到，見外甥女氣使頤指，指揮棒在他頭上亂轉，乾脆辭職回籍養老去了。臨別前，呂碧城還乘機對舅父調侃幾句：「要感謝舅父呢，我能有今天，皆是當年舅父您一頓大罵的功勞。」

　　呂碧城與鑒湖女俠秋瑾還有一段因緣佳話。有一天，報館守門人拿著張名片，附在呂碧城耳邊說：「外邊來了位梳頭的爺們找你。」呂碧城疑惑不解，出門一看，一位著男裝梳長辮的人站在門口，長身玉立，雙眸炯然，此人正是江南大名鼎鼎的革命家秋瑾。當晚碧城留秋瑾過夜，次日清晨起床，見床下擺著一雙男鞋，呂碧城不由驚呼，秋瑾燦爛一笑，所有的解釋已屬多餘。據說秋瑾原來的筆名也叫「碧城」，兩位「碧城」，一文一武，給清末民初的歷史畫廊增添了許多精彩。

　　呂碧城自視甚高，性格又極端敏感，常因小事和人翻臉，一生得罪親朋無數。如她與二姐呂美蓀鬧意見爭吵了幾句，幾個月不相往來，朋友一再勸和，呂碧城說：「不到黃泉毋相見也。」她當年的恩人英斂之曾在日記中記錄了這麼一件事：有一次，《大公報》上發表了一篇文章，內容大致是女教習應為人師表，不宜過分妖豔招搖過市，以免誤人子弟。這只是篇普通的雜文，「女教習」也是泛指，然而呂碧城疑心太重，懷疑此文含沙射影在諷刺她，於是給英斂之寫了封長信，批駁那篇雜文，英斂之覺得其觀點幼稚可笑，便寫信規勸，呂碧城收到英斂之的信後，再也不來報館，並與恩人英斂之絕交。

　　辛亥革命後，呂碧城進袁世凱的總統府擔任秘書，洪憲帝制中，傳聞她將出任重要女官，政壇的人事變動往往出乎意料之外，

籌安會事起，呂碧城即攜母離京，寓居滬上。此後幾年呂碧城人生態度發生了巨變，先是與外商合辦貿易，兩三年間，積聚起可觀的財富，其住宅之富麗堂皇，生活之奢華氣派，行事之不懼物議，為滬上人士所豔羨生妒。在呂碧城周圍，迅速聚集起諸多社會名流：葉恭綽、楊雲史、費仲深、張季直、袁寒雲等，均是座中常客。在行為舉止上，呂碧城也變得風流放肆，怪誕不羈。為了張揚個性，常常在大街上表演時裝秀，將個人照片印在襯衣前，引來無數路人好奇觀望。出席交際舞會，則不怕暴露，身著袒胸露背的晚禮服四處調笑，有時候與人合影，她會故意與合影的男士攀肩搭臂，妖冶頹靡，讓老夫子們大搖其頭。

剖析呂碧城這段時期的心路軌跡，婚姻失敗的陰暗始終籠罩著她，每環顧左右，又沒有能與己相配之男子，一種孤獨虛無感油然而生。她那些怪異的行為藝術，瘋狂中摻著一絲悲涼，頹唐中透出一絲絕望，讓人既愛憐又歎息。這位名噪天下的大才女，人到中年時審視自己老處女的命運，自然會有點不甘心，這種不甘心逐漸轉化成了滿腹怨憤，使她向怨婦的佇列迅速靠攏。

此後她遊歷西歐各國，吃的是牛排麵包，喝的是牛奶咖啡，穿的是西服洋裙，完全習慣了西方的一套生活方式。但是在創作上她不贊成「五四」以來的白話文運動，仍沿襲文言寫作，這真是一個奇怪的文學現象。因此，儘管呂碧城的文學成就很高，遠遠超過了新文學史上的其他女性作者，但是陽春白雪，和者蓋寡，後代很少有讀者去關注她，也不能不說是她的另一個悲劇。

上世紀 30 年代初，呂碧城回國後曾去天津找過袁克文。然而袁克文早已不是當年的翩翩名士，整天沉迷於阿芙蓉的夢幻之中，吞雲吐霧，晝夜顛倒，難以自拔。門僕拿著呂碧城的名片上樓，遞給斜躺在煙榻上的袁克文，他眯縫著眼睛看了看，輕輕發出了一聲歎息：「她終於來了，可惜現在晚了。」門僕不解地提醒說：「那人

說是老爺的老朋友，過幾天回美國，務必要見上一面。」袁克文擺
擺手：「代我謝謝她，說老爺正抽大煙，誰也不見。」呂碧城聽到
門僕的傳話，一顆心直往深處沉，踏著樓梯一步步走下樓，她聽見
身後那扇門「哢嗒」一聲關上了，整個世界在那一刻變得無比安靜。

　　呂碧城畢竟是個悟性極高的女子，此後她遊歷天下名勝，在天
臺山，遇見教觀四十三世祖諦閒法師，請求高人引導，諦閒法師說
的是：「欠債當還，還了便沒事了，既知道還債辛苦，以後切不可
再欠了。」呂碧城慧根大開，從此開始吃素信佛，後來她曾兩度出
國周遊，時間達兩三年之久，其間將多部佛學著作翻譯成英文，向
世界各國傳播。1930 年，呂碧城正式出家為尼，法號寶蓮。第二次
世界大戰爆發後，呂碧城移居香港，一心念佛朗經，再也不問世事。

5.文字遊戲和筆墨官司

　　袁克文一生著述無數，但基本上是隨寫隨扔，有的也散見於京
滬兩地的報紙雜誌。他的另一個特點是喜歡發太監貼，寫文章虎頭
蛇尾，甚至有頭無尾，為這個緣故，還與老友張丹翁一度關係鬧得
很僵。

　　不過名士畢竟是名士，他的詩詞文章一出手，就會引起文壇的
陣陣喝彩。

　　《辛丙秘苑》是他最負盛名的代表作，袁克文是為紀念他老爸
而寫這部書稿的，書中人物故事多是他的親歷親見，有為袁世凱洗
刷塗抹的意味。因此寫稿時態度慎重，反覆修改，請人謄錄，按期
刊登在《晶報》上，使得報紙發行量迅速激增。然而連載到第十六
期，稿件供應嘎然而止，《晶報》主持人余大雄大為惶急，關鍵時
刻掉了鏈子，讀者還等著往下看呢！余大雄綽號叫「腳編輯」，意

思是腿杆子跑得勤，和作者聯繫密切，三天兩頭登門求索，哪知袁克文卻提出了一個條件：想得到張丹翁的匋瓶為酬謝，否則沒有興味續寫。

怪才張丹翁是《晶報》主編，平素與克文關係不錯，張恨水曾將「丹翁」二字翻譯成白話文：通紅老頭子。克文為此戲作聯詩一首：「極目通明紅樹老，舉頭些子碧雲殘。」張丹翁的匋瓶，是他在做陝西總督幕僚期間，在西安古玩市場上淘到的幾件寶物，其中以漢朝熹平元年的一隻匋瓶最為珍貴，且有銘文 101 字，其文韻而古，簡而趣，書作草隸，飛騰具龍虎象。

「腳編輯」余大雄將袁克文的苛刻條件吞吞吐吐說了，張丹翁一聽哈哈大笑：「寒雲拿文稿要脅『通紅老頭子』了！」答應是答應了，不過也有條件，克文為《晶報》必須寫足十萬字的《辛丙秘苑》，稿酬抵給張丹翁。為防止袁克文有頭無尾，不守諾言，書稿完成之前先將克文的三代玉盞、漢曹整印、宋蘇軾石鼓硯、漢玉核桃串這四件寶貝質押在張丹翁處，期以一百天完稿。

袁克文得到了匋瓶，非常高興，稿件自然要接著往下寫。誰知連載到第二十八期，又一次中斷了，原因是他的姨妹唐志英病故，袁克文助理喪事，事務極其繁忙，無暇執筆。姨太太唐志君又反覆催促，要袁克文取回質押的三代玉盞，斟酒祭悼她的妹妹。袁克文去找張丹翁索取，丹翁搖頭說，文章沒完稿，怎能取回？袁克文的理由已經想好了：「《辛丙秘苑》已寫了一萬字，現在取回一件，並不違約。」張丹翁態度也堅決：「稿件僅交十分之一，三代玉盞不能歸還。」雙方各走極端，爭執不下，袁克文大發大爺脾氣，拍拍屁股走人，臨走時丟下一句話：「稿子我不寫了，愛咋咋的。」

這樣拖延著，《辛丙秘苑》不續寫，三代玉盞也不歸還，讀者天天催報館，張丹翁給袁克文寫了封信，措辭很不客氣。克文看信大怒，寫了篇〈山塘墜李記〉，揭發丹翁的隱私。丹翁也不示弱，

寫了篇〈韓狗傳〉，回罵克文。克文又用洹上村人的筆名寫了篇〈裸體跳舞〉，談霜月家醜事，以霜月影射丹翁。丹翁第二天即以霜月的名字給袁克文寫了封信：「……小說絕妙，僕之逸事，得椽筆寫生，且感且快。僕顏之厚，不減先生；而逸事之多，恐先生不減僕也，一笑。草草布頌上村人撰安，霜月頓首。」袁克文寫了封信：「不佞以道聽塗說，偶衍成篇，但覺事之有趣，而不論所指為誰，假拈霜月二字以名之，竟有自承者，奇矣。而自承者又為我好友丹斧，尤奇。迷離惝怳，吾知罪矣。寒。」

文字遊戲，筆墨官司，二人在那裏打來打去，急壞了「腳編輯」余大雄，居間調和，兩頭說好話，好不容易總算有了轉圜的餘地：袁克文同意續寫，唯以必得玉盞為先。在丹翁方面，只有一句話：能取回匋瓶，什麼都不再說了。余大雄找了個富商，投資一筆錢，將質押在張丹翁處的四樣珍寶贖回，除玉盞歸還克文外，其他寶物暫放在富商處，等克文的書稿完成後再歸還。至於稿酬則轉為富商領取。至此筆戰告一段落，《辛丙秘苑》接著再往下寫，寫了數則，袁克文再次停筆，從此不再續寫，《辛丙秘苑》最終還是成了斷尾巴工程。而克文和丹翁的友誼，久久不復。恰巧丹翁獲得了漢趙飛燕玉環，克文豔羨得不得了，結果丹翁與之再易古物，二人方才言歸於好。

除了這個未完成的《辛丙秘苑》外，袁克文的重要作品還有《洹上私乘》，最初刊載於《半月》，後由大東書局印成單行本行世。該書分七卷，分別為先公紀、先嫡母傳、慈母傳、先生母傳、庶母傳、大兄傳、諸弟傳、諸姊妹傳、養壽園志等，並附袁氏家族世系表，是研究袁氏家族必備的一本書。繼《洹上私乘》而作的有《新華私乘》，那是為糾正坊間流行的《新華宮秘史》、《洪憲宮闈秘史》等虛構謬誤書籍而寫的，應是袁氏一家之言，可惜此人太善於搞爛尾樓工程，《新華私乘》只寫了三四篇，便不明不白地輟筆了。

　　克文擅長詩詞，曾刊印有《寒雲詩集》，由易實甫選定，共收詩作一百餘首，分上中下三卷。詩集當時印數不多，流傳也不廣，過了幾年，連袁克文自己手上也一部都不剩了。他曾在《半月》雜誌上刊登過幾篇小說：〈枕〉，白話短篇小說，以一位豆蔻年華少女的枕頭為故事主角，寫少女難嫁意中人的憂愁和煩惱；〈夷雉〉，文言短篇小說，是翩翩公子落入桃色陷阱的故事；〈俠隱豪飛記〉，文言短篇小說，是一則類似唐傳奇聶隱娘的故事；〈萬丈魔〉，白話短篇小說，上海某市區經常失竊，居民不安，名探明查暗訪，層層推理，抽絲剝繭，最後成功破案，頗有福爾摩斯偵探小說的味道。這幾篇小說後來由大東書局合印為《袁寒雲說集》一冊，印數極少。

　　其他較長的作品有《三十年聞見行錄》，題目何其大，卻也是興之所至，興盡即止，最後仍然逃脫不掉不了了之的結局。另有雜作《戊戌定變記》，也是子為親諱的作品；《瓶盦瑣記》，記端方入川前往彰德，宿養壽園三夕事；《美藝雜言》為書話雜憶，記敘民國初年藝術家的作品以及點評；還有《聽朱荇青彈琵琶記》、《聞聲對酒譚》、《思舊記》、《春明十日記》、《賓筵隨筆》、《婉轉詞》、《豔雲嘉耦記》、《新年之回顧》、《團圓樂》、《惜秋華》等。

　　袁克文輯錄的有《圭塘倡和詩》，收錄有袁世凱、沈祖憲、凌福彭、史濟道、權靜泉、陳夔龍、費樹蔚、丁象震、閔葆之、吳保初等人詩詞，是研究袁世凱在彰德做「隱士」的重要史料。他輯錄的作品集還有《豕尾集》，收錄有其妻子劉梅真、小妾唐志君、三子袁家騮以及好友步林屋、劉山農、周南陔、周瘦鵑等人作品。此外袁克文還有大量贈與妓女的詩詞聯語，像遺落散失在民間的珍珠，儘管曾經閃爍過綠色光芒，如今卻已不為人知了。

　　窮愁潦倒，賣文買粥，袁克文經常在報紙上刊登「賣字價目表」，以廣告形式招徠顧客。1926 年 12 月 1 日，他刊登的價格是：「榜書，每字五元，一尺以外，每加一尺加五元，篆書倍之；堂幅，

每尺五元，行書；屏條，每尺二元，行書；直幅，每尺四元，楷篆倍之；橫幅卷冊，每方尺四元，楷篆倍之；聯帖，四尺，每幅八元，每加一尺加二元，篆書倍之；扇，每柄五元，小楷、篆書倍之。其他書件面議，惡紙不書，泥金箋，綾絹倍例，磨墨費加一，代擬文字別議，壽挽各件撰書別議。」廣告打出去了，生意還是不怎麼好，過了幾個月，袁克文再次刊登「賣字啟事」：「三月南遊，羈遲海上；一樓寂處，囊橐蕭然，已笑典裘，更愁易米。」即使到了窮愁潦倒的境況，仍然丟不掉名士派頭，真名士也。

6. 大收藏家的行為藝術

眾所周知，袁克文是民國時期的大收藏家，其收藏範圍十分廣泛，涉獵古玩、金石、字畫、藏書、錢幣、集郵等諸多領域，甚至在《晶報》上刊登廣告：收集女子裸體照片和名牌小獅子巴兒狗。袁克文捨得花重金，是收藏界的一條「大鱷」，但是袁克文的收藏癖也同其他愛好一樣，其聚也速，其散也快，來去匆匆，過眼雲煙，是類似於猴子掰包穀的行為藝術，掰一個丟一個，最後留在手上的「包穀」並不多。到了晚年，迫於生計，一次次搞清倉大甩賣，那些曾視若性命的寶貝如野雲鶴影，杳無蹤跡，唯其藏書被一大藏書家收購，歸諸一處，即廣東人潘宗周的寶禮堂。

其弟子俞逸芬曾撰文〈寒雲小事〉記敘：「搜羅之廣博，考證之精審，皆足以自成一系統。」袁克文收藏古籍時間不長，但因實力雄厚，捨得投資，迅速躥紅為藏書界一顆新星，所藏宋版古籍二百種，為自家藏書樓取名「佰宋書藏」，坐擁百城，世人矚目，尤其是宋代巾箱本《周易》、《尚書》等八部經書，字畫細如髮絲，精麗無比，克文特闢「八經閣」以貯之，秘不示人。他收藏的宋刻本

《魚玄機集》，為清人黃丕烈舊藏，跋識累累，且有曹墨琴、張佩珊、玉井道人三人所題，甚是難得，後亦因生活窘迫，轉讓給了老友傅增湘。此書現存於北京市圖書館。

古泉收藏受恩師兼好友方地山影響，一直是袁克文的至愛。如王莽布泉、鉛泉、銀泉、金錯刀、宣和元寶銀小平泉等珍稀錢幣皆收囊中。從董康經處淘得一枚元承華普慶泉，銀質，為元小泉中所僅見，克文甚為喜愛。不料有一天換衣服，忘記拿出，被洗衣婦竊去，他非常痛惜，出高價二百元索求，不得。洗衣婦知道，從袁名士手中出來的寶貝何止價值二百？過了幾年，袁克文在淘寶市場上閒逛，忽然看見有人出售此枚古泉，當場掏腰包買下。失而復得，他大感慶幸，次日辦了一桌酒席，接來一幫大玩家同慶同樂。對於古錢幣，他不僅是收藏家，還是眼力獨到的鑒賞家、研究者，著有《錢簡》、《古逸幣志》、《古泉雜詩》、《貨腋》、《還泉記》等作品，曾在民國報刊上連載。

郵票也是他集藏的一部分。他於 1926 年初開始集郵，經天津郵商張維廉介紹，以銀元一千元的價格從德國僑民蘇爾芝手中購得福州、漢口「臨時中立」時的正式發行票 12 種，引起了他搜羅珍郵的興趣，從此一發不可收拾。1927 年，軍閥張宗昌交給袁克文一個任務，讓他攜帶三萬銀元赴上海辦報紙，克文到上海後，卻拿這三萬銀元用做集郵，每遇珍品郵票不惜重金競購，上海集郵界爭相議論，郵市隨之上漲，不少人因此大賺了一票，袁克文也一躍而為滬上集郵大亨。他所搜集的清末庫倫寄北京的郵函，是蒙古初設郵政第一次寄出，印文「蒙古庫倫已酉臘月初四」，該日即為蒙古郵政局成立日，價值不菲。另有函背貼海關大龍文券五，函面貼法蘭西券二十五生丁一枚，西元一千八百八十六年自天津寄往德意志者，等等，皆為罕見珍品。他曾在《晶報》上開闢專欄，以〈說郵〉為題，逐期刊載，記敘他的集郵情況和他對郵品的評論。張宗昌知道

袁克文拿了他的錢不辦報紙，而是投資到那些花花綠綠的郵票上，大為惱怒，發了一道通輯令，要緝拿郵票大王。袁克文聞訊後廉價拋售了部分郵品，匆匆離開滬上，結束了短暫而愉快的集郵生涯。

袁克文集藏成癖，佔有欲無限膨脹，見到珍愛之物便想據為己有。有一天，在老朋友畢倚虹家中做客，見到一枚牙笏（古代君臣在朝廷上相見時手中所拿的狹長板子，一般用做記事），經考證，是唐代段太尉用以擊朱泚的笏，有股紅斑斕，作紫褐色，如出土的漢玉。克文喜不自禁，拿出珍藏的寶貝貞觀通寶相交換。牙笏到手，將其置於床頭，每晚摩挲數遍，愛不釋手。忽有一日，牙笏上沾染了一些鴉片煙的污垢，擦拭不掉，即用水沖洗，不料牙笏忽然軟化，再加沖洗，竟成了一團黃紙，隱約還有穢氣。袁克文心生疑竇，湊近眼前一看，原來是折疊而成的幾張手紙，外邊塗抹了一層油漆。克文去問畢倚虹，畢作家捂嘴大笑。袁克文便向畢作家討還貞觀通寶，畢作家居然賴賬，笑著說道：「我細看那枚貞觀通寶也不像是真的，已拿去換了酒錢。」克文苦笑，誰讓他擔了個名士的頭銜呢，名士是不應該為區區小事計較的，因此只能吃個啞巴虧了事。

7. 四海之內皆兄弟也

袁克文喜歡和人結為金蘭契友，他的結拜兄弟有著名辮帥張勳，號稱天王老子的張樹聲，內廷供奉老鄉親孫菊仙，龍陽才子易實甫，林屋山人步翔棻，網師園舊主人張今頗，書法家劉山農，著述家周南陔、周瘦鵑等，都通過譜。

在上海逗留期間，他牽頭成立了中國文藝協會，開成立大會那天，到會者 60 餘人，均為滬上名流。推舉袁克文為主席，余大雄、周南陔為書記，包天笑、周瘦鵑、陳栩園等 9 人為審查，嚴獨鶴、

錢芥塵、丁慕琴等 20 人為幹事。不過這個民間文藝團體並沒有開展什麼活動，後來袁克文北上，該組織即陷入癱瘓狀態，無人問津。

他還與步林屋、徐小麟等發起了全國伶選大會，這是一場大規模的全國選美，參加者皆是國內演藝圈的名角，比當今的超級女聲厲害無數倍。袁克文任會長，專門聘請了評委、顧問若干，結果也是有組織無行動，轟轟烈烈開場，無聲無息流產，袁名士做事向來就是這麼有頭無尾，許多有創意的想法做不到頭，等於什麼想法也沒有。

帶有黑社會性質的青幫組織，袁名士也要去插上一腿，他拜的是青幫頭子張善亭為師傅，位列大字輩，在組織內輩分很高。上海的大字輩，黃金榮、張嘯林、杜月笙等，皆是名頭極響亮的人物，都與袁克文經常往來聚會。張善亭死後，袁克文單獨開香堂，收弟子若干，此事一時成為爆炸性新聞，外間傳得沸沸揚揚，有不少人冒附在他名下，魚龍混雜。克文為此專門登報聲明，排列了他門下的 16 個弟子：沈通三、沈恂齋、邱青山、金碧豔、孔通茂、朱通元、溫廷華、李智、董鴻綬、莊仁鈺、周天海、唐敦聘、戚承基、徐鵬、金玨屏、陳通海。除此之外均為冒認者，與他無關。既然收了徒弟，袁克文還是認真負責的，16 人中有金碧豔、金玨屏弟兄二人因行為不檢，克文要清理門戶，將他們逐出組織，還特意寫了篇文章〈小子鳴鼓而攻之〉，拿到《晶報》上刊登。後來王瑤卿來當說客，為金家弟兄求情，克文又寫了篇文章〈勖碧豔〉，大有留在組織裏觀察，以觀後效的意味。

1931 年春節期間，袁克文長女家頤去世，白頭人送黑頭人，他極度傷心。來到老友方地山家中喝悶酒，並與地山師商議葬女之地，擬將愛女葬在以桃花出名的江蘇西沽義地，席間袁克文莫名其妙地冒出一句：「何不多購些地？」方地山不解，問他：「多購些地做什麼？」克文沉默不語，不再回答。方地山感覺此非吉兆，果然

不過月餘,袁克文因患猩紅熱,發著高燒,醫生打針退了燒,他又跑到長期包租的國民飯店四號房間,和一個名叫小阿五的妓女顛鸞倒鳳,玩了一場瘋狂的性愛遊戲,這成了他最後的瘋狂,回家後過了兩天就去世了,享年42歲。

性情中人袁克文,一生交友無數,死後他的喪事也稱得上風光旖旎,據他生前好友唐魯孫說:「靈堂裏輓聯輓詩,層層疊疊,多到無法懸掛。」他的後事由平生契友方地山和大徒弟楊子祥主持,楊子祥按照幫規,給克文披麻戴孝,四千徒子徒孫跪滿一地,哭聲響成一片。前來送行的人群中,最為醒目的是數百妓女,平時穿紅戴綠的紅粉知己們清一色素裝,頭上插一朵小白花,眼角掛著淚痕,默默地為袁克文送上最後一程。張伯駒為他寫了幅輓聯:「天涯落拓,故國荒涼,有酒且有歌,誰憐舊日王孫,新亭涕淚;芳草淒迷,斜陽黯淡,逢春復傷逝,忍對無邊風月,如此江山。」

第九章　寥若晨星

1.風吹動飄零的種子

　　袁世凱去世，大家庭分家，袁氏家族不可避免地走上了沒落之路。在「克」字輩那代人中，能夠為袁家把舵的只有袁克定，然而由於他想當太子，皇帝春夢失敗，威信和地位跌落千丈，儘管袁府擁護者還有不少，反對的呼聲卻也很高，且暗潮湧動，他的號召力遠不如前。次子袁克文只想當名士，對袁府大廈之將傾，既無心也無力支撐。其餘十幾子，更是沒有一個能挑起袁府大樑的。一片茂密的樹林被砍倒了，原先棲息林中的鳥兒四處紛飛，去尋找新的安身之地，只有細心觀察，才會發現眼神中的那一絲淒迷。

　　袁家到了「家」字輩這一代，大多數人已經淪落到了為生計操勞的地步，輝煌的建功立業，對於他們來說成了一個遙不可及的夢想。建國以後，由於眾所周知的原因，袁氏家族更是成了眾矢之的，人生目標再次降低，能做個正常公民已是幸運，有的甚至連維持基本生計也變得困難。這時「家」字輩後代共有 48 人（孫子 23 人，孫女 25 人），大體上分作了兩支，一支在國內，淪落到社會最底層，忍受著生活的艱辛、屈辱和磨難；另一支在海外，默默耕耘播種，內心深處藏著一個願望，期待袁氏家族的再一次收穫。

在海外發展的袁家後代中，以袁克文的三子袁家騮成就最為顯著。

袁家騮（1912～2003），這位後來成為著名高能物理學家的美籍華人，是名士袁克文之子。他的生母花元春是妓館校書，翻譯成現代話就是妓館中的才女，她比袁克文長 6 歲，英雄不問出處，美女不問年齡，薄施粉黛，依然楚楚動人。花才女懷上袁家騮後，袁克文這才感到要付點責任，欲納花元春為妾，夫人劉梅真大不以為然，指著克文的鼻子一頓臭罵，堅決不讓他娶納進門。花元春得知消息，氣鬱胸口，生下袁家騮後落下重病一場，不久便銜怨離開了人世。

大概是因為這個原因，夫人劉梅真感到有愧於花元春，待袁家騮如同己出，從幼時起即進行良好的啟蒙教育。袁家騮天生聰慧，又領略到了人世間的炎涼，從小就懂得自律。在袁克文輯錄的詩文集《豕尾集》中，就有三子袁家騮的習作，那時他才十四五歲，可見其確實才華出眾。

年齡稍長，袁家騮進入天津南開中學讀書，後轉入由英國倫敦教會開辦的新學書院，該校校長是劍橋大學科學博士哈特，在課程上新開設了物理課，引發了袁家騮對物理學的濃厚興趣。他有個舅舅叫劉懋頤（袁克文正室夫人劉梅真的弟弟），畢業於天津北洋大學，在新學書院教書，每年寒暑假，劉懋頤都要給袁家騮補習三角、幾何、微積分等，因此，袁家騮一直是班上的優等生，1928 年考入天津工商大學工學院，1930 年轉入燕京大學物理系三年級插班就讀，1932 年畢業，獲學士學位，1934 年又獲該校碩士學位。

在袁家騮身上，依然殘留著他父親袁克文的影子。比如說，袁克文愛追趕時髦，對一切新奇的東西興趣盎然，袁家騮也是如此，在燕京大學讀書期間，他狂熱地迷上了無線電，空中電波的神秘感

驅使他孜孜不倦，在知識的迷宮中求索。不過，袁家騮的定性比他父親強多了，他的身上多了幾分學者的沉穩之氣。

當時在燕京大學迷上無線電的還有一些夥伴，其中有個大名鼎鼎的「無線電友」名叫司徒雷登，是燕京大學的校長。其父是美國到中國的第一批傳教士，司徒雷登從小在中國的社會環境中長大，是個標準的「中國通」。建國前夕，他當過美國駐中國大使，被毛澤東的一篇文章〈別了，司徒雷登〉點名，成為家喻戶曉的人物，如今 50 歲以上的人提到這個名字，沒有一個不知道的。

此人是個幽默有趣的老頑童，對一切新奇的東西也是興趣濃厚，他經常將袁家騮等人叫到家中研究無線電，家庭佈置得像個無線電沙龍。對袁家騮的才華也頗欣賞，二人結成了忘年交。袁家騮從燕京大學畢業後，到唐山開灤煤礦幹了一年，有一天忽然接到一份奇怪的電報，是司徒雷登發來的，囑他迅速進京，有要事相商。袁家騮收拾行裝來到燕京大學，司徒雷登告訴他，美國加州大學柏克萊有一個獎學金，問他有無興趣。

袁氏家族已經衰落，能去美國留學，無疑是最好的選擇。袁家騮回天津和父親商量，父親天天泡在花叢中，點了點頭，含混不清地說了幾個字，袁家騮也沒聽清，倒是養母劉梅真為他著想，幫他籌措了 40 美金的旅費，送他到塘沽海港登船啟程。

那一年袁家騮 24 歲，是他人生中第一次漂洋過海，站在船弦上，望著一望無邊的湛藍色大海，心中翻騰起百般滋味。他買的是一張三等艙的船票，每餐伙食都是吃腥味很重的沙丁魚，吃得直想嘔吐，他也捨不得花錢再去買一塊錢一碗的白米粥，就這樣在船艙裏顛簸了 16 天，船終於到了三藩市。找個磅秤一稱，足足瘦了 20 磅。

袁家騮在美國讀的第一所大學是加州大學柏克萊分校，這裏聚集著一大批年輕有為的物理學家，有發明並建造了「迴旋加速器」的勞倫斯，有被稱做「原子彈之父」的奧本海默等明星級人物，袁

家驊幸運地生活在一個良好的學術環境中，靠助學金讀完了第一學期的課程。

1937 年，日本發動侵華戰爭，美國開始對亞洲人採取歧視政策，取消了中國留美學生的助學金。為了繼續學業，袁家驊試著給加州理工學院寄了一份入學申請。很快，院長密立肯教授親筆回信，歡迎他到該校學習，並答應給他一筆獎學金。密立肯教授是享譽世界的大學者，曾因測出電子的帶電荷量而獲得過諾貝爾獎，他的回信給了袁家驊極大鼓舞，進入加州理工學院後，他更加勤奮學習，以優異成績獲得了博士學位。

在這期間，袁家驊還有一個最大的收穫：認識了才貌超群的吳健雄，並最終結成了伉儷，共同走過了富有傳奇色彩的一生。

2.胡適先生最得意的女弟子

吳健雄（1912～1997），出生在江南太倉的一個書香門第，父親吳仲裔畢業於南洋公學（上海交通大學的前身），該校由清末洋務派首領盛宣懷發起，目的是培養新型人才，適應洋務實業的需要。吳仲裔是個很有意思的人，身在學堂，心憂天下，在學校組織的遊行集會等活動中，經常是他走在隊伍最前頭。這種熱血的風格，一直在他身上存留，大學畢業回鄉，他還曾主動帶領商團武裝攻打土匪並將之消滅。給兒女們取名字也不例外，「健」字輩按「英雄豪傑」排序，分別是健英、健雄、健豪、健傑，四個子女中只有健雄是女兒。

吳健雄對她父親極為崇拜，在一次回答記者採訪時她說：「父親，是一生中給我影響最大的人。」走遍世界許多地方，接觸過不少傑出人物，直到臨近晚年了，吳健雄仍然認為，像她父親那麼優

秀的男人還並不多。戀父情結跟隨了她一輩子，這也說明父親確實是女兒心目中的一個偶像級人物。據蘇州地方史料記載，吳仲裔老先生興趣廣泛，無線電、手風琴、狩獵、唱歌、吟誦古典詩詞等，均有相當造詣，比如玩礦石收音機，他不僅給自己家中安裝了一台，還安裝了好幾台送給鄉鄰，使鄉親們除了茶館生活外，又多了一個瞭解外部世界的渠道。夏天的時候，吳老先生還經常到上海租了電影拷貝盤帶回家鄉放映。從這些記敘來看，吳老先生真是多才多藝的複合型人才，思想開明，生活有趣，十分難得。

1923 年，11 歲的吳健雄進入蘇州第二女子師範讀書，這所學校在江南很有名氣，除了聘有許多優秀的老師教授新式課程外，還經常邀請著名學者進行學術講座。給吳健雄留下深刻印象的是胡適的一次演講，題目是《摩登的婦女》。吳健雄以前在報刊雜誌上看過胡適的文章，這次演講校方又安排她做記錄，因此她聽得格外認真。胡適在演講中舉例說，假若中國一個窮得不得了的老太太，拾荒為生，無意間在垃圾堆裏撿到一包錢，她是無論如何不會送人的。所以說道德標準與生活水準有關。胡適這種深入淺出、淺入深出的演講，給了吳健雄很大的啟發。

1929 年，吳健雄進入中國公學繼續深造。這是我國第一所私立大學，是幾個留日學生憤恨日本人歧視、集體退學回國創辦的。聘請胡適先生擔任校長，胡親自講授一門文化史的課程。胡適是有名的洋才子，知識廣博，風度翩翩，是青年學生們追捧的偶像，每當他講課時，學校都要開一間最大的教室，即使這樣也是擠得滿滿的，連教室外的走廊上都站滿了人。吳健雄的心目中，除了他的父親外，現在又多了胡適這個明星老師。

有一次考試，三個小時的考試時間，吳健雄只用了不到兩小時便頭一個交卷。胡適很不以為然，誰知道拿起試卷一看，倒抽一口冷氣，那個小女子思維如此清晰，對他所授的課理解得如此

透徹，都是胡適沒有想到的。在教務處辦公室裏聊天，胡適談到了這件事：「我班上一個學生，對清朝三百年思想史剖析得那麼深邃，真不簡單，我給了她一百分。」恰逢大歷史學家楊鴻烈、著名社會學家馬君武在座，也說自己班上有個學生，每次考試都是一百分，三位大學者將名字拿出來一對，他們說的是同一個人：吳健雄。

吳健雄在中國公學以及後來的中央大學讀書期間，結識了幾個手帕交的姐妹：張兆和，出生於安徽合肥的望族之家，後來嫁給了作家沈從文；孫多慈，祖籍安徽壽縣，中國早期著名的女油畫家之一，因其與徐悲鴻的一場師生戀，鬧得沸沸揚揚，後來嫁給了浙江省教育廳長許紹棣；朱汝華，江蘇太倉人，後到美國留學，被推舉為美國化學家協會主席，也是第一位獲此榮耀的女科學家，其侄子朱棣文是 1997 年諾貝爾化學獎獲得者；董若芬，和吳健雄同鄉，後來成為美國化學家協會副主席。

還有一個是曹誠英，安徽績溪人，比胡適小 10 歲，是胡適二嫂同父異母的妹妹，才情出眾，她與胡適之間曾發生過一段感情，雙方當時都已有了家庭，相互約定離婚。曹誠英離婚後，胡適卻因太太江冬秀哭吵打鬧沒能離成。多了這麼一種關係，吳健雄與胡適接觸的機會更多了，對這位明星老師的理解，也比常人更深了一層。

抗日戰爭時期，胡適臨危受命，擔任中國駐美大使。其時吳健雄正在加利福尼亞大學攻讀博士學位。每逢胡適從華盛頓到美國西部，總要在百忙中抽空去看看這位女弟子。吳健雄也借暑假東遊的機會，去探望心中的明星老師。即使純潔的師生情誼，往往也容易引起別人的誤會，在一封給明星老師的信中，吳健雄在述及當年一位北大女教師愛慕胡適的閒話後，深為感慨地寫道：「為什麼又有許多人最愛蜚短流長？念到你現在所肩負的責任的重大，我便連孺慕之思都不敢道及，希望您能原諒我，只要您知道我是真心敬慕

您，我便夠快活的了！」胡適也曾經說過這麼一段話：「無心插柳，尚可成蔭；有意栽花，當然要發。我一生到處撒花種子，即使絕大多數撒到石頭上了，其中有粒撒在膏腴的土地裏，長出了一個吳健雄，我也可以百分地快慰了。」（見《胡適的日記》手稿本，臺灣遠流版）

1962 年 2 月，受胡適之邀，吳健雄和丈夫袁家騮赴臺灣參加中央研究院院士會議，她沒有想到，這竟是與明星老師最後的永訣。那天胡適興致很高，在招待酒會上饒有興趣地說：「我常常對人講，我是一個對物理學一竅不通的人，但我卻有兩個學生是大物理學家：一個是北京大學物理系主任饒毓泰，一個是曾與李政道、楊振寧合作驗證『對等律之不可靠性』的吳健雄女士。」當時在座的還有一位著名物理學家吳大猷，吳是饒毓泰的學生，又是李政寧、楊振寧的老師，論資排輩的話，胡適還是祖師爺呢。眾人說笑起來，感歎世事變幻，歲月滄桑。

誰也沒有料到的是，胡適是在大病初愈後不久參加這次酒會的，由於酒會上過度興奮，多講了幾句話，導致心肌梗塞突然迸發，遽爾病逝。眼睜睜看著躺在醫院太平間床上的明星老師，一生所走過的路程像一幕幕電影在腦海中重播，不由百感交集，吳健雄眼眶紅潤，淚水順著臉頰無聲地流了下來。

3.兩顆行星的相遇

女油畫家孫多慈在一篇文章中，對她的同學吳健雄這麼描述：「遠在民國二十年，即 1931 年，我們同在中央大學讀書，那時的健雄是一個嬌小玲瓏、活潑矯健的女孩子。她是江蘇太倉人，一雙神采奕奕的眸子，靈巧的嘴唇，短髮，平鞋，樸素大方但剪裁合身

的短旗袍。在兩百左右的女同學中，她是那樣地突出，當然她也是一般男孩子的追求目標，不僅男孩子，女孩子竟也有為她神魂顛倒的呢！」

　　吳健雄去美國留學，搭乘的「胡佛總統號」海輪，她和同學董若芬一起，原本打算買兩張二等艙船票，哪知二等艙票賣完了，只剩下一個頭等艙票還空著，若等下一班船需要一個多月，經過與輪船公司的人商量，她們以兩張二等艙票的錢住進了頭等艙。1936年8月，吳健雄的親戚朋友來為她送行，由於大船不能靠岸，只好用小漁劃子接送。那天母親哭得特別傷心，彷彿是一場生離死別，她也站在船上不停地抹眼淚，直到海天一色，岸上的親人變成一群小黑點，然後漸漸消失得無蹤無影。事實上，這一去37年，吳健雄再也沒能回到故鄉，再也沒能見到她的父母雙親。

　　到了美國，吳健雄始終保持著她特有的中國式品味，尤其是在衣著穿戴上，總是身穿一襲暗紅色鑲花邊的高領旗袍，氣質高貴典雅，令人側目相望。這樣的東方古典美人，周圍自然不乏追求者，袁家騮即為其中之一。聽說袁家騮是袁世凱的孫子，吳健雄用好奇地眼光看了他一下，並沒有感到有什麼特別。在袁家騮身上，沒有任何紈絝子弟的影子，相反看到的卻是刻苦用功、生活儉樸、樂於助人等等良好的品德，這使吳健雄對那個衣著樸素的年輕人留下了不錯的印象。

　　但是吳健雄的追求者並不只是袁家騮一個，比如後來在美國高能物理界享有盛名、創立了美國費米國家實驗室的威爾森，就是有力的一個競爭者。在舞場上，威爾森彬彬有禮地向「東方公主」發出邀請，吳健雄落落大方，隨同他的舞步優雅地起舞，配合默契自然。在威爾森的記憶中，年輕的吳健雄像傳說中的東方公主，既高貴典雅，又有幾分神秘，柏克萊物理研究所的國際學舍中，幾乎每個男生都被她所吸引。

　　吳健雄的追求者還有一位名叫史丹利・法蘭柯，他是猶太後裔，天性聰慧，熱情開朗，是個活潑好動的年輕人。史丹利雖說也是加拿大柏克萊物理研究所的一位年輕的科學家，但是他的天性中充滿了猶太人的浪漫氣質，又不乏嚴謹務實的學風，是那種平時看起來並不怎麼用功，但是每次考試成績都特別優異的學生。他骨子裏喜歡一切新奇的事物，熱情地教吳健雄開汽車，沿著海濱公路瘋狂奔馳，租橡皮艇到海上衝浪，迎著撲面而來的浪花發出快樂的尖叫聲。那段時間，吳健雄幾乎快被他俘虜了。

　　1941 年，吳健雄獲得了博士學位，開始在柏克萊加州大學物理系做博士後研究。這年 5 月初，指導教授，著名的物理學家勞倫斯建議她到美國東岸看看，一路上領略美國各地的風光和民情。他乘坐火車從三藩市出發，橫越美國大陸，穿過洛杉磯山脈大峽谷，沿途經過芝加哥、聖路易，到達美國首都華盛頓，後來又到了紐約、波士頓等地方。一路上，吳健雄參觀訪問各地著名的大學，結識美國物理學界傑出人物，使得她眼界大開，學養益豐。

　　在這次旅行中，吳健雄也對自己的感情世界進行了一次認真的梳理。她和史丹利之間的愛情，曾經開放出絢麗的花朵，但是東西方文化的差異，使她決定就此止步。1941 年 8 月，吳健雄在給她最要好的女友阿蒂娜的一封信中，透露了一個重要資訊，她與袁家騮的那層關係，將由秘密逐漸轉為公開：「在假期中，我希望利用整個上午來念書，只有下午和晚間才和你在一起，不知你介不介意？……袁先生十分想見我，但是我實在分身無術。如果你不介意，也許我們可以請他和我們一塊度假，他確實是一個相當沉靜不多話的人。」在信的末尾，吳健雄將袁家騮的地址給了阿蒂娜，讓阿蒂娜去約袁一起來度假。

　　阿蒂娜對袁家騮一直印象良好，從見到他第一眼起，阿蒂娜就附在吳健雄耳邊悄聲說：「基基，這就是適合你的那個人！」阿蒂

娜對好友吳健雄的選擇給予了十二萬分的支持，接到基基（吳健雄的英文名昵稱）的信後，她立即去叫了袁家騮，極力要促成這件美事。吳健雄的其他幾個女友也認為，選擇袁家騮是正確的，袁沉穩可靠，是能與吳健雄終身廝守、會過日子的合適伴侶。

1942 年 5 月 30 日，這是一個星期天，也是吳健雄 30 歲生日的前一天，吳健雄與袁家騮在加州理工學院所在的洛杉磯帕沙迪納舉行了結婚典禮，儀式安排在袁家騮的指導教授密立肯家中進行。密立肯是因測量出電子的帶電荷而獲得過諾貝爾獎的大物理學家，家中的住宅十分豪華，當時正值二次大戰，袁家騮、吳健雄遠在中國的親人無法參加婚禮，由密立肯當他們的主婚人，婚禮舉行得既莊重又不失熱烈。婚禮之後，密立肯太太特別為這對新人在花園裏辦了一場婚禮晚宴，袁家騮、吳健雄的許多同學好友前來出席，當時也在加州理工學院求學、擔任中國同學會會長、後來在中國發展導彈衛星計畫中作出了巨大貢獻的錢學森，還為這次婚禮婚宴拍攝了一部八釐米的電影。

婚後，吳健雄和袁家騮在洛杉磯南部一個叫拉姑納海灘（laguanabeach）的海濱休息了一周，然後袁家騮到美國東岸 RCA 公司從事國防研究工作，吳健雄也接受了東岸史密斯女子學院的聘請。在初到東岸史密斯學院的日子裏，吳健雄十分思念在加州的舊友，經常寫信給阿蒂娜，傾訴心中的友誼，講述她新婚後的狀況，從那些信中可以看出，吳健雄新婚伊始的生活非常快樂，她和袁家騮的感情也十分甜蜜。1942 年 9 月 19 日，吳健雄在寄給阿蒂娜的信中寫道：「在三個月共同生活中，我對他瞭解得更為透徹。他在沉重的工作中顯現的奉獻和愛，贏得我的尊敬和仰慕。我們狂熱地相愛著。」

這兩顆相遇的行星，以各自特有的魅力吸引對方，一起閃爍出色彩斑斕的光芒。

4.大西洋波岸的事業與家庭

　　1942 年 6 月，美國的原子彈計畫正式開始啟動。總部開始設在紐約市曼哈頓區，因此叫做「曼哈頓工程區域計畫」，由二戰傳奇人物馬歇爾將軍擔任主持人。負責這個計畫的科學主持人（實驗室主任），由著名物理學家奧本海默擔任。

　　吳健雄參與「曼哈頓工程區域計畫」，起源於這麼一次機緣：有一天，在柏克萊的物理學家想聽聽原子核分裂的新發展，奧本海默知道吳健雄在這方面鑽研很深，便請她來講。當時對於剛剛起步的原子核分裂發展，吳健雄已經做了許多研究，並有深刻獨到的認識，她先講了一個小時關於原子核分裂的純物理，然後提到連鎖反應的可能。演講相當精彩，贏得了在場的物理學家們的一片讚揚，也讓奧本海默對這位來自東方的女性刮目相看，此後每次開會討論核分裂及原子彈相關問題時，奧本海默總是會說：「去叫吳小姐來參加，她知道所有關於中子吸收截面的知識。」

　　在美國和西方物理學界，已經有人將吳健雄稱為「東方的居里夫人」。柏克萊研究所的所在地奧克蘭郡有份《奧克蘭論壇報》曾刊登了一篇報導，標題是〈嬌小中國女生在原子撞擊研究上出類拔萃〉，下邊刊登了一張大幅照片，吳健雄明眸皓齒，秀麗的臉上透出自信堅定的神情，十分優雅迷人。

　　在「曼哈頓工程區域計畫」中，奧本海默向美國國防部大膽推薦了這位「東方居里夫人」。吳健雄當時到美國只有五六年時間，而且不具備美國國籍，能以這樣的身份，參加到原子彈試驗這種具有國家頭等機密的核心計畫中，確實是出乎很多人意料的。

　　1945 年 7 月 16 日，在美國新墨西哥州的一個沙漠地帶，人類第一顆原子彈試爆成功。它驚人的威力和巨大的蘑菇狀雲層，象徵著一個新時代的降臨。三個星期之後，1945 年 8 月，美國將兩顆原子彈投到日本廣島、長崎，終於促成了二次世界大戰的結束。

　　原子彈給世界帶來的災難和罪惡是有目共睹的，它所展現的悲慘景象和毀滅性後果不僅使世人驚駭，也使許多參與實驗計畫的科學家有屠殺生靈的內疚和罪孽感。但是美國在進行原子彈計畫之時，德國也在進行類似計畫，這些科學家認為，萬一納粹德國先獲得成功，對人類恐怕是一場更大的浩劫。

　　在面對邪惡時，應該採取一種什麼樣的態度？這是一道頗難費解的哲學命題。吳健雄有一顆善良的心，提到參與原子彈製造一事，她心中就會泛起一陣傷痛，談起原子彈巨大無比的摧毀性，她會鎖緊眉頭，輕輕地閉上眼睛，用一種近乎懇求的口吻說：「你認為人類真的會這樣愚昧地自我毀滅嗎？不，不會的，我對人類有信心，我相信有一天我們都會和平地共處。」

　　簡單說說袁家騮。1942 年，二次大戰進入激烈的對峙階段，美國作為同盟國參戰。有著深厚物理學素養和豐富無線電實踐經驗的袁家騮，受命到美國 RCA 公司從事國防軍事設施連波雷達的研製工作。這種雷達的研製成功，使飛機的飛行高度及飛機間的距離可以自動控制，戰後被應用於民間，大大增強了民航飛機與輪船的安全係數。

　　二次大戰結束後，袁家騮先後在美國國家科學實驗室和普林斯頓大學長期從事基礎物理研究，他與合作者們共同取得了很多重要成果，在中子的來源、高能質子加速器、共振物理學等領域，都有新發現和新成就。1959 年以來，他曾獲得全美華人協會傑出成就獎、駐美工程師協會科學成就獎等，曾受邀擔任歐洲、法國、前蘇聯等許多國家和地區的核子物理、高能物理研究機構與大學的訪問

教授，先後被中國南京大學、東南大學、中國科技大學等十餘所高等院校聘為名譽教授。

　　袁家騮、吳健雄的中國夢一天也沒有中斷過。許多次想過回來報效祖國，可是二次大戰剛結束，又是三年內戰，吳健雄的父親看到局勢混亂，寫信要他們暫緩動身，正逢吳健雄懷孕，1947 年生下兒子，回國的事就擱了下來。建國後，袁、吳二人的家庭背景成了阻攔他們回國的極大障礙，尤其袁家騮，誰不知道他是「竊國大盜」袁世凱的孫子？不久朝鮮戰爭爆發，中美關係跌至冰點，成了敵對國，美國國務院對赴共產黨國家的科學家條件非常苛刻，袁家騮、吳健雄的回國夢想再次化為泡影，祖國的優秀兒女無奈地選擇留在異國他鄉。1954 年，他們申請加入了美國籍，斯時他們在美國已工作生活了 18 年。

　　從 1950 年起，袁家騮夫婦就住在哥倫比亞大學一所高級公寓裏，他們家庭始終保持著濃郁的中國情調：紅木傢俱、繡花地毯、牆壁上掛著鄭板橋、張大千、徐悲鴻、吳作人、董作賓等名家的字畫。這對科學家夫婦的原則是實驗第一、生活第二，袁家騮曾這麼說：「家庭生活對我們來說是第二位的，吃穿住都很簡單。做起實驗來，家裏人有時幾個禮拜都不見一次面。這幾十年我們工作的地點經常是分開的，她忙她的，我忙我的，只有週末才回到紐約這個家。」將他這段話與其名士父親袁克文的生活相對比，恍若天壤之別，套用現代小品中的那句經典臺詞：父子兩個人，做人的差距怎麼就會那樣大呢？

　　在家務活上，袁家騮這個「末代皇孫」不愧為模範丈夫，吳健雄整天沉迷於實驗工作，許多家務事自然落到了袁家騮身上，不過，如果有時間吳健雄也會親自下廚，她做的獅子頭、炒雞塊和餛飩很有特色，色香味俱佳，是吳氏廚藝的代表作。吳健雄在一次記者採訪時談到了她的家庭生活：「我總是有大量的東西要看，同時

還得寫信以及處理與我研究相關的其他事情。我有一個很體諒我的丈夫，他也是一個物理學家。」值得注意的是，在介紹到她丈夫袁家騮先生時，吳健雄只用了「他也是一個物理學家」這句話，並沒有提及中國歷史上無比顯赫的袁世凱以及袁氏家族。是的，在袁氏家族「家」字輩這代人的生活中，袁世凱這個名字已經距離他們很遠了，淡得像個影子，飄忽在歷史深處，那是心中的難言隱痛。

結婚那年吳健雄 30 歲，又過了 5 年，才生下了他們的兒子——也是他們家庭中唯一的一個兒子。這年吳健雄 35 歲，孩子的出生頗費了一番周折，預產期到了，肚子裏的孩子仍不肯出來，又過了半個月，臨盆症兆明顯，醫院的醫生說快了快了，結果又折騰了一天一夜，最後還是靠剖腹產取出了嬰兒。

他們為兒子取名袁緯承。從小生長在美國，又是美國國籍，袁緯承對遙遠的中國有種陌生感，甚至不會說中文，連吳健雄也覺得奇怪：「他可以學會法語，但是卻忘掉了中文，我所有朋友的孩子都有同一個問題，他們都忘掉了中文。」對於父母念念不忘的「根」，這些孩子們缺乏感性認識，只有當他們長大成人，理解了人世間的各種生存方式，理解了歷史是人類永遠掙脫不了的臍帶，他們才會對父母生活的那塊土地發生興趣。

父母親都是著名科學家，一星期才能看見一回家長的身影，袁緯承便從小養成了獨立的個性。他在紐約哥倫比亞大學讀書時，選擇的也是物理學專業，大學畢業後繼續讀研究生，指導老師是曾獲得 1988 年諾貝爾獎的李德曼教授。

1974 年，袁緯承與露西・尼恩結婚，這是一位標準的美國小姐，好在袁緯承生活習慣和文化觀念已經完全美國化了，他們在一起生活得很幸福。1978 年生下一個女兒，名叫婕塔。有意思的是，這個美國女兒竟然承接了她祖父袁克文的某些基因，對寫作有著濃厚的興趣，在耶魯大學讀書時，是校園文學社的活躍分子，畢業後

進入《紐約》雜誌擔任編輯，業餘時間喜歡文學創作，有時還寫寫時評和社論。

5.近鄉情怯又情深

上世紀 70 年代，中國乒乓球隊赴日本參加世界錦標賽後，邀請美國乒乓球隊來中國參觀訪問，「乒乓外交」的旋風席捲世界，中美關係二十多年的冰層隨之鬆動。1971 年，美國國家安全顧問基辛格秘密訪問中國。第二年，美國總統尼克森訪問中國，一個對話取代對抗的新時代悄然開始。

回到中國，是袁家騮、吳健雄多年以來的夢想，然而真正要跨出那一步時，他們的心情仍然十分複雜。諾貝爾獎得主楊振寧博士是第一個打破這層堅冰的，1971 年春天，他在中國北京、上海等地停留了一個月，回到美國後，成了那些從中國來美的科學家們心中的政治明星，他們圍著楊振寧問這問那，遊子想回到祖國的複雜心情，難以用語言表達。第二年，楊振寧再次訪問大陸，這次多了個李政道，獲得諾貝爾獎的兩位重量級人物訪華，無疑對那些旅居海外的華人科學家是巨大的誘惑。

1973 年 9 月，袁家騮、吳健雄夫婦終於開始了他們的第一次故鄉之旅。

國務院總理周恩來在北京人民大會堂接見了袁家騮、吳健雄夫婦。有個細節，可以說明周恩來極為細緻的工作作風：袁家騮是河南人，吳健雄是江蘇人，周恩來把接見地點安排在安徽廳，安徽是位於河南與江蘇中間的省份。事後袁家騮夫婦私下議論，天天操心無數國家大事的周總理，竟然對這等細微小節也考慮周到，讓人不能不打從心眼裏佩服。

　　袁家騮、吳健雄夫婦長年生活在美國，對中國國情的瞭解，主要是通過看報紙、聽廣播以及親戚間的私下交流，而得出的綜合印象，他們說話仍是小心翼翼的。周恩來似乎懂得他們心中的隱情，對「文革」中把吳健雄父親的墳毀掉一事，主動向她表示歉意。談到袁氏家族，周恩來並不回避，說袁家出了三個「家」：政治家袁世凱、文學家袁克文、科學家袁家騮，並笑著說：「你們袁家一代比一代進步。」

　　但是，回到賓館房間裏，傾聽親人們半遮半掩、欲說還休的講述，面對親人們抑制不住掉下來的眼淚，他們隱約能猜到這個國家曾經發生了什麼。親人們講到痛心處，往往會抱頭痛哭，那些場面刻骨銘心，讓人一輩子也忘不了。慶倖的是，這個災難深重的國家終於走過了那一段泥濘的路，儘管當時還是步履踉蹌，畢竟已經在朝前趕路了。走出賓館，袁家騮夫婦臉上又洋溢起陽光般的笑容，這可以理解為他們對中國國情的熟悉和服從，也可以理解成他們向前看的積極姿態。這次故鄉之旅，他們到了袁家騮的老家河南安陽，吳健雄的老家江蘇太倉，還到了杭州、洛陽、昆明、長沙、桂林等地，一共逗留了53天。

　　這之後袁家騮、吳健雄夫婦多次回到中國參觀訪問，1984年9月那一次，當時任中顧委主任的鄧小平接見了他們，並進行了長時間的親切交談。

　　袁家騮、吳健雄夫婦對故鄉的感情十分深厚。兩位老人將畢生積蓄的500萬美元捐贈給江蘇太倉市吳健雄的母校，建起了一個實驗設備齊全的現代化學校，還將他們珍藏的一些古玩、字畫、獎品捐給了東南大學吳健雄紀念館。兩位老人還拿出200萬美元，成立了「袁家騮基金會」，用來聘請世界著名的科學家來中國講學，促進中西學者互訪交流。

　　1997年2月16日，著名的實驗物理學家、中國科學院外籍院士、美國哥倫比亞大學美籍華裔教授吳健雄女士因中風去世，享年

85 歲。妻子的去世，對高齡的袁家騮打擊非常大，追悼會上，他輕撫著妻子的骨灰盒，想起那些相濡以沫、共同走過的歲月，淚流滿面。國內外許多著名的政治家、科學家都發來了唁電，當時的美國總統克林頓也送了花籃。

人生最後幾年的路程，袁家騮老人是單獨一個人走過的。他的身上，其實還依稀殘存著父親袁克文的影子，比如說他晚年用的名片，上面「袁家騮」三個字就是用的袁克文的字跡。他常常愛使用一把黑絲綢面摺扇，扇面畫的是幾節竹子，題字為「高風亮節」。有時候，老人還愛聽聽京劇，跟著悠緩的曲調搖頭晃腦，偶爾還哼唱幾句。血濃於水，家族的痕跡是任憑什麼也抹不掉的。

在他生命最後的日子裏，老人最思念的是愛妻吳健雄。由於記憶力衰退，袁家騮似乎經常忘記妻子已經病故，言談中不時會提到吳健雄：「健雄在哪？我能不能去看看她？」有一天，醫院的護士問他餓不餓，袁家騮脫口而出：「我不餓，健雄餓了。」護理人員將袁、吳夫婦早年的一段紀錄片放映給他看，當看到自己和妻子的畫面時，袁家騮老人眼中立刻有了異樣的神采，對著電視喃喃地自言自語：「健雄，你好嗎……」看到這個情景，在場工作人員無不為之動情。

2003 年 2 月 11 日，袁家騮老人走到了他人生的盡頭，陪伴在他身邊度過最後時光的有匆匆從美國趕來的兒子袁緯承，兒媳露西‧尼恩，孫女兒婕塔（中文名袁先潔）。他們佇立在北京協和醫院的病榻前，看著老人安祥的面容，哽咽著說不出一句話。按照袁家騮老人的遺願，他的骨灰盒運送到江蘇太倉，和妻子吳健雄安葬在一起，永遠不再分離。

第十章　白雲蒼狗

1.家族研究者及其研究對象

　　袁世凱的後人，從「克」字輩以後日漸走下坡路，扣在袁世凱頭上的那口大黑鍋，不僅壓得老袁永世不能翻身，也壓得袁氏家族後代喘不過氣來。無論擔當何種社會角色，他們都奉行低調做人、踏實做事的原則，像是進入了蟄伏期，一般人從外界很難看出其家族內部的動靜。由於眾所周知的原因，有關袁世凱後代的情況知道的人並不多，事實真相和傳說演義交織在一起，更是給袁氏家族史罩上了迷霧重重。

　　袁家後人中，有個人一直有志於袁氏家族史的研究。他叫袁家誠，是袁世凱第十子袁克堅的次子。

　　袁家誠生於1938年。出生時袁氏家族已經沒落，他心目中的榜樣人物是物理學博士袁家騮。他甚至還有個單純的想法：袁家騮在美國讀博士，他要在中國讀博士，兄弟倆比一比。幾十年以後他才發現，這個單純的想法是如何不切實際。作為袁世凱的孫子，莫說讀博士，就連上大學都很困難。說起來很荒唐，袁家誠輔導的學生一個個都考取大學了，而他的大學夢不知在何方。為了避爺爺袁世凱的嫌，他改名袁傑，然而無濟於事，大學之門猶如一扇天堂之門，永遠可望而不可及，若干年後，他才進了夜大，總算圓了多年的夢想。

　　前面說過，袁世凱的後代，一支跨越大西洋彼岸，在美國、加拿大等地生活；還有一支留在國內，主要棲息地是天津，拉雜算來有上百人之多。從小生活在這樣的環境裏，袁家誠有個願望：要把袁家這些後代的經歷、故事搜集歸納起來，通過一部家族史，來透視社會中某些帶有規律性的東西。這是一項很有意義的工作，然而做起來不容易。

　　他被安排在一家醫院藥房裏工作了幾年，根據「六·二六指示」要把醫療衛生工作的重點放到農村去的精神，袁家誠隨醫療隊遠離城市，下放到了內蒙古。有一天，醫療隊分配到了一個指標，要求有人去學習 X 光放射技術，那時候人們對 X 光心存疑慮，擔心會影響生育能力，便把這個差事讓給了袁家誠。於是他成了一位放射科專業醫生。

　　在內蒙古一直幹到 80 年代初，袁家誠才回到了天津。

　　袁家誠喜歡運動、唱歌，以前在內蒙古的時候，每天都要堅持打一個小時以上的籃球，還參加了幾次內蒙古自治區的行業籃球比賽。他有一子一女，兒子為矽谷一家晶片公司駐上海的副總裁，女兒是 CCTV 英文翻譯。

　　對袁氏家族深入研究後，他的評價相對而言比較公允客觀。比如說對人物的評價，他認為袁克定在帝制活動中起了推波助瀾的作用，無論是對中國歷史，還是對袁氏家族，袁克定無疑都是罪人。對於袁世凱簽訂的《二十一條》，國人公認是喪權辱國，是袁世凱意欲復辟帝制，以出賣國家利益換取日本人支持的罪惡勾當，袁家誠認為袁世凱骨子裏是仇恨日本的，一直拖延到最後時刻才簽訂了這份臭名昭著的條約，說明袁世凱也有難言的苦衷。在談到袁家的歷史時，袁家誠說他並不是要做什麼翻案文章，只希望恢復歷史的本來面目，不帶偏見地對待袁世凱。他對袁家長輩的這些評價，在史學界並不是唯一的聲音。

　　袁家誠的哥哥袁家熹，建國後一直是個「問題人物」，精神長期壓抑，鬱鬱寡歡，經歷了幾次政治風波之後，更是對自己的前途感到絕望，在一個寒冷的冬夜跳進海河自殺了。

　　留在國內的袁家後人中，成就最突出、名氣最大的恐怕是袁家菽了。她是袁世凱六子袁克桓的四女兒，專業是建築設計，曾主持設計了天津南市食品街、旅館街等工程，贏得了同行和市民的一片讚揚。袁家菽也因此當選了全國政協委員。但是晚年，她離開中國到美國定居，對這件事袁家有不同的看法。袁家倜認為，她放棄了國內施展才華的機會，到完全陌生的美國去生活，是一項錯誤的選擇。袁家誠則認為，她的孩子都在美國，她本人也很有才華，到美國並不是不能生活，這也是她融入美國社區文化的一種方式。

　　袁家楫是袁克文最小的兒子，排行老四，建國前夕是國民黨海軍的一名下級軍官，跟隨蔣介石的部隊去了臺灣，駐防馬祖島嶼。在部隊的一次行軍途中，袁家楫悄悄溜號了，他躲進蘆葦林中藏了一天一夜，四周完全沒有人了才敢跑出來。先是逃到了香港，然後搭乘飛機回到大陸。懷抱滿腔的愛國熱情，卻並沒有受到公正待遇。對冒著生命危險前來投誠的袁世凱的孫子，有人懷疑他是否臺灣派遣的間諜，也有人懷疑他投誠的動機，沒有人安排工作，袁家楫就在搬運大隊做臨時工，扛米包、抬油桶、挑磚⋯⋯什麼樣的重活髒活都幹。

　　「文革」爆發時，袁家楫在一個林場負責管理果樹。大家都去鬧革命了，園子裏的果樹無人管理，到處長滿了齊膝的野草，果樹也鬧起了蟲害，看著眼前荒蕪的景象，他的心幾乎要流血了。更糟糕的事情還在後頭，袁家楫的妻子在南開飲食公司工作，多次被單位革命群眾揪鬥，問她，世界上那麼多好人，為什麼偏要嫁給袁世凱的孫子。他妻子答不上來，單位造反派就安排革命群眾輪流和她摔跤，一個弱女子，哪裡是那些五大三粗革命群眾的對手！一次次

被摔在地上，跌得鼻青臉腫，那些人在一旁哈哈大笑。他妻子的腎就這麼壞了，不久開始便血，後來發生癌變，死在醫院的病床上。

袁家祉是袁克文的小女兒、袁家騮的三妹，建國後遭遇極其不幸。嫁了個丈夫過早去世，她獨自一人拖著四個子女，又沒有正式工作，靠做臨時工、給人當洗衣婦養家糊口，日子過得相當艱難。「文革」期間，處在社會最底層的她也不得不提心吊膽，聽見別人喊口號就會神經質地發抖，即使那間破爛不堪的房子，也被抄家抄過無數次。1973年的一天，她接到哥哥袁家騮要回國探親的電報，激動得嘴唇打顫，躲回自家低矮的房子裏，眼淚簌簌往下掉。袁家騮到北京後，政府有人上門來通知袁家祉，給她規定了幾條紀律：不准議論時事政治，不准把袁家騮帶進這間破爛的房子，到車站接站時全家人都要穿新衣服，見了面不准哭，要面帶笑容等等。袁家祉連連點頭，感謝政府給她這樣的兄妹見面的機會。那個時代走過來的人，誰都能理解她的卑微和忍讓。她果然很聽安排，找人借錢，給四個孩子扯布做了新衣服，和哥哥袁家騮見面的時候，一直忍著淚水不讓掉下來，臉上掛著微笑。然而陪哥哥袁家騮回到賓館裏，她再也忍不住了，撲到袁家騮身上叫了一聲：「哥哥，你知道我這麼多年過的是什麼樣的日子嗎？」說著淚水像開了閘似的嘩嘩流淌。

袁克良有二子三女，長子袁家增、次子袁家霖、長女袁家潛均定居天津市，現已去世。次女袁家詰定居臺灣，三女袁家芷定居美國。

袁家賓是袁克端的次子，建國後曾擔任過天津一輕局日用化工廠科研辦公室秘書。背負著袁氏家族這個沉重的歷史包袱，是沒有權利也沒有資格亂說亂動的，他太年輕，不懂得這套政治遊戲的規則，受到了強制管制的懲罰。每個週末，是別人逛公園看電影的時間，對他來說，則是到派出所彙報思想、檢討自我。即使低著頭，仍然常常被指責為態度不老實。政治鬥爭一個接一個，袁家賓的災難似乎遠沒有盡頭。直到「文革」後期，袁家騮、吳健雄夫婦回國

訪問，周恩來總理親自批示天津市革命委員會，用三天時間突擊落實袁家後裔各項政策，袁家賓的情況才稍微有所好轉。「文革」結束後，袁家賓擔任過天津市河東區政協委員、文史委員、天津市民建委員等職，撰寫了不少有價值的文史資料。

袁克權的長子袁家詡，原在天津市調料廠工作；次子袁家說，原在天津金融系統工作；三子袁家譽，原在鞍山市文化局工作；四子袁家謹，原在呼和浩特工作。四個女兒袁家訓、袁家說、袁家誼、袁家詒，除袁家詒在天津市第四十四中外，其餘三個姐姐均在海外（美國和臺灣）。如今大多數已去世。

袁克桓的長子袁家宸，1947 年曾赴美國留學，建國後回國從事教育工作。回國後不久，當時他所在的學校要擴建校舍，袁家宸主動提出將父親留下的一塊九畝的土地無償地獻給學校。1958年，當他們聽說北京天安門廣場建設需要一批風景樹時，又主動提出將北京香山四王府祖墳上的二百棵松樹獻給了國家。北京市人民政府當時給他們作價 50 元，但他們分文未取（秦炳南：〈銀絲兩鬢，一片丹心〉，《教工月刊》1984 年第 5 期）。袁家宸曾擔任天津市河西區政協委員，有二子，長子袁弘宇，在天津旅遊局工作；次子袁弘哲，曾任天津市船務公司、天津市對外經濟聯絡局、國際經濟技術合作公司派駐紐約辦事處主任；一女袁弘芬，現居天津市。袁克桓的次子袁家衛一直在上海。五個女兒中，袁家英、袁家仙、袁家藥、袁家菽都定居美國，最小的女兒袁家芯，一直居住在天津市。

袁克齊只有一個獨子，叫袁家藝，在天津大沽因輪船失事而喪生。

袁克軫有一子三女，長子袁家政的故事前邊第五章講述過，此人後定居美國。三個女兒袁家蘊、袁家芸、袁家淦分別定居美國和加拿大。

袁克安有二子：袁家華（律）、袁徽，均定居於美國。

袁克度只有一女，叫袁家敏，定居於澳門。

袁克和有一子一女：袁家戀、袁家洵，均定居天津。袁家戀曾在天津化工廠工作。

袁克有生二子一女，長子袁家典，定居湖南長沙，次子姓名不詳。女兒袁家譓定居河南安陽老家。

他們的身世經歷和人生故事，或精彩或平淡，都需要有人去採訪挖掘。

值得欣慰的是，現在，已經有人開始在這樣做了。

2.天行健，君子以自強不息

袁氏家族後裔的命運，隨著國家政治運動的波動而沉浮。這方面袁家倜的生活經歷頗有代表性，她是袁世凱四子袁克端的女兒，雖然出生前爺爺袁世凱已去世，但她從出生的那一刻起，身上就留下了罪惡的烙印。

小時候讀書，最怕的是上歷史課，老師講到清末的那幾個章節，全班同學的眼光自然就落到她身上，目光中有神秘好奇，更多的是嘲諷和鄙夷，甚至還有仇恨。沒有同學敢和她交往，上學回家都是孤零零的一個人。這個背負著紅字的女孩，不解地望著這個世界，不知道自己做錯了什麼。

隨著年齡增長，她已經習慣了屈辱，彷彿生下來就是末等公民似的，不再抱怨社會不公，而是學會了默默忍受，在社會的縫隙中努力尋找適合生存的方式。「文革」後期，袁家倜已經46歲，還是沒能逃脫全家下鄉的厄運，和老伴丁竹波以及三個兒子下放到天津市郊的西青區大寺鄉王莊子生產隊，女兒則上山下鄉去了甘肅祁連山建設兵團。袁家倜的丈夫丁竹波，家庭出身也是資本家，建國後

曾擔任過天津市工會主委，1957 年多說了幾句話，成了右派。這麼兩個苦命人，很快熟悉了農村生活，學會了養豬、割草、剖葦子等農活，還學會了用摻野菜做飯，可以節省糧食。回憶這些生活經歷時，袁家偁樂觀地說：「農村生活使我切身感受到了農民的勤勞、善良和堅忍，這對我的一生都有好處。」

生產隊實在太窮太苦了，一天累死累活幹下來，十個工分才掙一角五分錢，而十個工分的標準，是一個硬勞動力幹一天的工作量，一般婦女幹一天，只能計八個工分，折合人民幣一角二分錢。那時候袁家偁心中始終有個「念想」：一定要好好活下去，把幾個孩子帶回天津。所以想盡了一切辦法來維持最低生活標準。為了生計，袁家偁晚上收工後，就著油燈微弱的燈光為老鄉們織毛衣、毛褲，每織一件，鄉親們付給她一元五角錢手工費，拿不出錢也會用八到十個雞蛋抵。即使在如此艱苦的環境中，袁家偁夫婦仍然保持著樂觀向上的生活態度，堅持讀《馬恩選集》、《毛澤東選集》等政治書籍。

有點意思的是，王莊子生產隊的幹部很有經濟頭腦，聽說丁竹波以前在天津工會當過幹部，主動上門找他商量：「老丁，我們生產隊想辦個電鍍廠。」丁竹波一愣，現在不是到處都在割資本主義的尾巴嗎？你們還敢頂風上？生產隊長笑笑說：「沒辦法，實在太窮了，窮得卵子丁當響了，還怕個毬！」見生產隊的幹部態度這麼硬，老丁應承下來，幫助他們搞外交、搞技術，拼智慧，艱苦奮鬥 3 年幹下來，居然賺錢四十多萬。生產隊的工分由原來的十個工分一角五分變成了八角五分，還蓋了幾排大瓦屋。也給袁家偁夫婦分了兩間，搬進寬敞亮堂的瓦屋裏，袁家偁夫婦心裏忽然湧起一陣莫名的激動。

「文革」結束後，袁家騮夫婦回國訪問，袁家偁的生活也隨之出現轉機。深圳市原市委書記李浩、市長吳小楠邀請袁家騮夫婦去南方參觀訪問，有心想請袁老先生當高級顧問。袁家偁陪同前往，後應邀擔任深圳市經濟發展顧問，在深圳特區工作了 6 年。當時袁

家倜已經 62 歲，但是心中創業的熱情不亞於年輕人，曾參與了國內最大的度假村香密湖度假村的建設，吃在工地，住在工地，雖說吃了不少苦，卻開闊了眼界，學到了深圳人特區建設的那種執著、拼搏、奮鬥精神以及他們先進的管理理念。

有趣的是，當時深圳政府號召市民買股票，支持國家經濟改革試點，很多人將信將疑，不敢將人民幣變成花花綠綠的股票，袁家倜響應號召，買了一些「深發展」的原始股票，沒想到富貴逼人，財運來了門板也擋不住，股票上市後坐著火箭直往上升，等到袁家倜準備返回天津老家時，賣掉了賬上的股票一算賬，銀行存款折上竟有了七十多萬元。這是她從商海裏打撈的第一桶金，擔心放在身上不安全，跑到郵局去匯款，不知什麼原因，郵局工作人員嫌錢多了不讓彙，最後還是用一隻大口袋裝著帶回了天津。

這時袁家倜已經 69 歲，常言道，人生七十古來稀，操勞奔波了一輩子，現在是靜下心來享福的時候了。但是這位老人，認為她的人生之路這才剛剛開始。回到天津後，她想和幾個朋友合作搞房地產開發，正好遇到袁家騮夫婦又一次回國訪問，她去徵詢哥嫂的意見，袁老先生搖搖頭說：「不要搞公司，要搞就搞一家餐廳，收入穩當，而且持久。」吳健雄也認為辦餐廳好，民以食為天，人活在世上，誰也離不開「吃飯」二字，再說天津是中國最早開埠的城市之一，有愛吃西餐的傳統，建議辦一家高檔次的西餐廳。袁家倜聽從哥嫂的意見，利用自家原來的住房進行擴展，創辦了一家蘇易士西餐廳，並由袁家騮題寫了匾額。

創業初期環境是很辛苦的，只有 8 張餐桌，包括經理、會計、廚師、服務員在內僅 7 人，儘管如此，還是建立起了各項規章制度，其中為約束子女，還專門建立了一條：所有子女、親屬來進餐一律付現金，不許簽單。可見規矩之嚴格。十幾年來，靠著嚴格的管理、良好的服務、幽雅的環境和地道的西餐風味，蘇易士西餐廳越辦越

紅火，中央領導、天津市領導經常光顧，京津兩地的社會名流紛至遝來，如著名京劇表演藝術家梅葆玖、相聲表演藝術家馬季、姜昆等，只要到天津必定光顧。天津經濟技術開發區和保稅區的許多外賓也慕名而來，蘇易士西餐廳成了天津市的一個著名品牌。

創辦蘇易士西餐廳並取得了成功，袁家倜覺得現在應該回報社會了。她找到天津市民委，又與天津市統戰部商量，聯繫了天津市最困難的薊縣孫各莊滿族鄉第一小學結成了幫扶對子，對十個家庭的優秀生給予捐助每個孩子每年五百元的資助，從小學一年級一直到六年級畢業。打那以後，袁家倜每年都要去孫各莊鄉滿族小學看望這些孩子，給他們帶去衣物、書包以及學習用品。看著孩子們陽光般的笑臉，聽著甜甜的「袁奶奶」的叫喚，她的心不由得醉了。

袁家倜是社會公益事業中的熱心人，為報答周恩來總理對袁氏家族的關懷，她曾贊助天津市舉辦世界乒乓球錦標賽和世界體操錦標賽。長江流域等地抗洪救災，她前後捐款十萬餘元。袁家倜是天津市政協委員，積極為地方建設獻計獻策，發揮自己的餘熱。

對錢財袁家倜有她獨特的看法，她最佩服的是袁家騮、吳健雄哥嫂，儘管成就斐然，聲名顯赫，生活上卻異常節儉，去試驗室幾天往往只帶幾個麵包。他們的孩子滿了 18 歲，就趕回去讓其自立，不給他任何財產。後來袁家騮夫婦在中國捐贈美元幾百萬，硬是沒有將財產留給兒子。有一次袁家騮對表妹袁家倜推心置腹說了一番話：「我不能給子女錢財，也不能給親戚錢財，那樣是害你們。我給你知識，把你領進新的道路，這就是最好的財富。」對錢財的處事風格使人想起袁世凱。袁家倜說，爺爺袁世凱臨危之際，留下了不少財產，結果仍然被叔叔、大爺那輩人花光了，到了我們這一輩非常破落，與其留下家產萬貫養出幾個紈絝子弟，不如留下做人的優良品質。畢竟是大徹大悟的過來人，這樣的肺腑之言，在如今喧囂浮躁的世界上，足以讓很多人清醒。

3. 袁家後裔中的革命者

在袁氏家族史上，袁罕承也是一個另類人物。他的父親是袁克文的長子袁家嘏，母親是方地山的女兒方慶根。袁罕承出生於1926年，他依稀還記得天津地緯路老家袁宅的模樣，雖然家境開始衰敗，仍然比一般人家要強得多。高中還沒畢業，他就搞起了獨立，嚷著鬧著要去當兵，父母親袁家嘏、方慶根都是新派人士，思想很開明，送他去部隊報名，第三天來了消息：袁罕承被國民黨海軍部隊錄取了。

從天津塘沽港乘坐海輪，袁罕承到了山東威海劉公島，這是一座面積不足4平方公里的海島，但是戰略位置十分重要，汪偽海軍總部成立的威海要港司令部就設在這個小島上。為了加強對威海汪偽海軍的控制，日軍在要港司令部內設立了輔導部，輔導部主要人員均為日本人，他們是威海要港部的實際控制者。

隨著抗日戰爭形勢的發展，偽軍投誠、起義事件不斷發生，劉公島上的日軍加緊了對汪偽海軍的控制。他們把輔導部設在小島的一個制高點上，那裏是一幢豪華的英式別墅，居高臨下俯瞰，可以看清楚兵營、碼頭以及艦艇上的一切活動情況。此時島上的海軍士兵，已經意識到日軍即將失敗，決定發動一次大規模的起義。這次起義的領導者是山東煙臺人鄭道濟，經過一段時間的準備蘊釀，他們將起義時間定在1944年11月5日。這天是星期天，日偽軍官們像往常一樣三三兩兩乘船出島。下午1點30分，鄭道濟按原定計劃將起義骨幹和部分士兵集合於第二兵舍，分三個突擊隊行動，正式宣佈起義。

這支起義部隊登陸後，即被膠東半島中共地方黨組織獲悉，很快報告了八路軍東海軍分區，八路軍立即派人與他們聯繫，經過一

番工作後，這支隊伍整體加入了八路軍。劉公島汪偽海軍起義的消息在當時震動很大，膠東《大眾報》印發了號外，上面的大字標題格外醒目：「威海衛劉公島偽海軍六百人反正」。延安新華社、美國三藩市電臺都轉播了這則消息，《新華日報》還專門作了長篇報導，題目是〈我軍事政治攻勢下山東威海衛劉公島偽海軍反正〉。這支隊伍後來被改造成了陸軍部隊，補充了五百名新戰士後奉命開赴東北作戰，膾炙人口的小說《林海雪原》，其生活原形就是這支隊伍中一個小分隊的隊員。

　　袁罘承參加起義時才 18 歲，當年便加入了中國共產黨，此後一直跟隨這支隊伍南征北戰，先後在遼南縱隊二支隊一團、牡丹江軍區二團參加了吉林、長春戰役，在長達三年的戰鬥中俯冰臥雪，槍林彈雨中與敵人廝殺，屢建奇功。1948 年，袁罘承所在的四野在遼瀋戰役後，隨所屬四野十縱隊獨八師三團參加平津戰役。北京、天津解放後，進駐北京。後來他所在的部隊改編為公安部中央警衛師，袁罘承在中南海警衛一師任管理股長。

　　天津解放那天，地緯路袁宅忽然來了一個陌生的客人，身穿舊軍裝，頭戴一頂狗皮帽，腰間還別著一支小巧的手槍，身後跟著一個警衛員。他在附近街道上徘徊了一陣，來到袁宅門前，舉手敲門：「二姑，開門──」（二姑即袁家騴、袁家驪的胞妹袁家祉）家裏人打開門扇，看了他好一會，終於認出是袁罘承，遲疑地說道：「你還活著？不是有人捎信來說，你已經犧牲了嗎？」袁罘承笑了笑：「我參加了解放軍，怕家裏人受連累，故意傳回消息說我死了。」這一次袁罘承在家裏住了三天，又跟隨部隊出發了。

　　1949 年，新中國條一支海軍部隊誕生，23 歲的袁罘承調至華東軍區海軍。

　　1951 年，任中國人民解放軍海軍第六艦隊護衛艦「西安艦」副艦長。

1952 年任東海艦隊六支隊三大隊副大隊長兼「開封艦」艦長。

1955 年，29 歲的袁罕承調中國人民解放軍軍事學院學習，當時的院長是葉劍英元帥。在這所軍隊的最高學府裏，袁罕承刻苦勤奮，鑽研理論，成績優異。

1959 年，袁罕承 33 歲，從軍事學院畢業，分配到哈爾濱軍事工程學院任戰術教員，享受副教授待遇。1963 年，調中國人民解放軍海軍學院，繼續擔任戰術教員。

1966 年，袁罕承轉業到中共上海市委工業政治部工作，「文革」期間下放「五七幹校」，1972 年返回上海，分配到上海石化總廠任接待處處長、辦公室主任。

1979 年退休後，居住在上海虹口區。妻子名叫吳園，女兒袁虹，也在上海居住。

袁氏家族中，加入中國共產黨的不只是袁罕承一人，據不完全統計，在袁氏家族「家」「承」（啟）兩個輩分中，中共黨員人數達十多人，如袁世彤的孫女袁文輝，曾是河南開封某校退休幹部；袁世彤曾孫袁曉林，原為河南省項城市政協副主席；袁世彤外孫女付佩玉，原為山東某大學教授；袁克文孫女袁印承，原為上海某職大校長；袁克文另一位孫女袁符承，原為成都某單位負責人；袁克文外孫段夔。原為天津某企業負責人；袁克有之子袁家興，14 歲參加入伍，參加過抗美援朝，曾在廣州軍區文化部門工作等等。

4.百年跨不過這道坎

袁始原名叫袁緝燕，父親袁家融，是袁克定的獨生兒子。袁家融與袁克定的父子關係有點僵，但是孩子們感覺不出來，袁始幼時的印象中，那個想當「皇太子」的爺爺袁克定不怒自威，每天從外

邊散步回家，坐在書房裏，孫子們吃完早點還得進去給他請安。袁克定臉上沒有什麼表情，用鼻子哼一聲，仍然看他的書。有時候他也會放下手上正看的線裝書說一聲：「好，你們去玩吧。」

　　對於歷史中的袁世凱，袁始感到十分陌生，有人議論袁世凱這樣那樣，他彷彿覺得是在議論一個不相干的人。和袁氏家族所有留在大陸的孫子一樣，袁始也害怕上歷史課，講到晚清戊戌變法這一節，他低著頭手足無措，眼睛不知該往何處看。有一次放學回家，聽到爺爺袁克定似乎在自言自語：「袁世凱有些事也不像外界傳說的那樣子。」袁始用一種古怪的眼神看著爺爺，這才隱約感覺到那個遙遠不可及的歷史，和他的命運息息相關。

　　袁始的兄弟姐妹有七個（二男五女），他是二兒子，比哥哥小8歲。因為他父親那一輩子女特別多，因此表兄妹堂兄妹不少，僅在天津一地就有上百人之多。袁始說，生活在大家族中，兄弟姐妹的關係比較淡，就像巴金的《家》、《春》、《秋》中所描寫的那樣，體會不到多少手足之情，不像一般小家庭，家人之間彼此牽腸掛肚。

　　小時候袁始跟隨父親到處漂泊，先後在北京、武漢、天津等地讀書。1959 年，袁始考取了河北省美術學院專攻油畫，早期受前蘇聯畫風影響大，如蘇里科夫《近衛軍臨刑的早晨》、列賓《伏爾加河上的縴夫》等，都曾經是他的最愛。畢業後分配到中國科學技術協會展覽館，後來調到北京市第二輕工業局裝潢設計室，雖說工作性質和他所喜愛的油畫相去甚遠，但是那些產品的包裝設計，也還屬於創造性勞動，能從中找到樂趣。

　　「文革」時期，扭曲的政治達到了登峰造極的巔峰，以前填政審表，袁始謹慎地在家庭出身這一欄填上個「職員」，後來被人發現了，訓斥他說：「你這種臭名昭著的家庭，怎麼好意思填職員？」只好改填成「官僚資產階級」。到了「文革」後期，單位決定遣送「黑五類」家庭出身的袁始回原籍——實際上是他從未見過一面的

老祖宗袁世凱的原籍河南項城，袁始當時年輕氣盛，索性不再上班，從此算是自動辭職了。

後來袁始幹過很長一段時間的臨時工，燒過鍋爐，當過搬運，最讓他感到自我滿足的是發揮專長，在牆壁上寫紅字標語、畫巨幅油畫《毛主席去安源》等，既過了美術癮還有一筆收入，這個臨時工的技術含量足，他比較樂意幹，心中有成就感。袁始說，真得好好感謝一下他的太太，在他最困難的時候，那個名叫羅蘊華的女子悄然來到他的身邊，在一個冬天的早上，幫他繫好脖子上的圍巾，衝他點頭微笑，那一刻，袁始心中感覺特別溫暖。為了這份愛情，她放棄了中學教員的職位，降格當了小學老師。

家庭生活雖說過得寒磣，但是精神上卻感到快樂。小倆口靠羅蘊華百來塊錢工資生活，最大的開支是買顏料、畫布、調色油。逢到週末，一起騎上自行車，帶著畫板、乾糧和水壺出去寫生。1968年他們家庭添了個孩子，在要不要這個孩子的問題上，他們思想上曾鬥爭了很久，生活如此拮据，社會環境又是這樣受壓抑，生個孩子只不過又多了個「袁世凱的孝子賢孫」，何必讓新的生命到這個世界上來受罪呢？後來在羅蘊華母親的一再催促下，總算把孩子生了下來，取名叫袁仿吾。

袁始後來的經歷也和國家的政治走向有關。「文革」結束後，經朋友介紹，在國防工業系統主辦的《神劍》文學月刊當美術編輯。1982年，袁始與他太太辭職下海，成立了一家「原始裝潢設計室」，從這個時間起，他改名袁始，意思是要有個新的開始。旅美作家高伐林曾經對袁始進行過採訪，袁始說，他對錢財並不太看重，生在那樣一個大家族中，又見過了太多的世事無常，多少富麗堂皇轉眼成泡影的例子，使他對人生看得很透徹。袁始有個舅舅，以前是天津著名的實業家，過慣了錦衣玉食的生活，「文革」中獨自一人死在一個地下室裏，想到那個淒慘的景象，袁始說他有種刻骨銘心的痛。

　　上世紀 80 年代末，袁始夫婦倆到加拿大定居，與一個合夥人開了家公司，從事引進、外貿方面的業務。不過他最愛的還是畫畫，以前喜歡過印象主義的作品，現在畫風上更向中國古典潑墨寫意方面靠，他評價自己的油畫風格時說：「表面上看起來粗糙，但是把握從下筆到收筆的連貫性，精神始終飽滿，無論大幅小幅都力爭一氣呵成。」袁始的畫曾參加過北京、紐約、香港、日本、加拿大、新加坡等地的畫展，有較大的影響。他在接受採訪時再三表示：希望讀者更多關注他本人藝術追求歷史的山重水覆，創作造詣的優劣得失，而不是把他只當做袁氏家族餘脈中的一環。作家高伐林在採訪結束後感慨地說：「歷史上越著名的人物，光芒會越長久地投射於其後人身上，其陰影隨之也會越長久地籠罩於其後人身上。有志氣的後人，往往要用很長的歲月去掙脫這種光芒和陰影，開拓屬於自己的人生。」（參見高伐林：〈百年邁不出這一步〉）。

5.袁林・故宅・沒有完結的故事

　　中國歷史上最為臉譜化的人物之一是袁世凱。歷史學家唐德剛先生曾感歎：自民國有史以來，未曾見過一本、一篇甚至一頁對袁世凱有正面評價的書。在唐德剛的《袁氏當國》一書中，他也認為袁世凱一生善於政治投機，言行多變，關鍵時刻又開了倒車，逆歷史潮流而動，即使這樣，他仍然堅持對袁應抱以「同情之理解」。

　　極端醜化袁世凱並非史學界的幸事，也不利於正確認識歷史和歷史人物。中國人經常掛在嘴邊的有句話叫三七開，或者五五開，三分錯誤七分成績，五分錯誤五分成績，到了老袁名下是零十開，零分成績十分錯誤——豈止是錯誤，完全是十分罪惡。其實誰都知道，這是對歷史人物過於情緒化的表述，在這種表述方

式的語境下，動輒就是扣帽子、打棍子，怎麼能客觀公允去評價一個人？

　　如今，這個人離開人世已經快有一個世紀了。1916 年的北京火車站，段祺瑞站在瑟瑟秋風中，望著護送靈柩的隊伍隨著火車遠去。北京政府按照袁世凱遺願，特派陸軍部次長蔣作賓專程護送靈柩抵彰德，葬於洹上村東北的太平莊。又特派河南巡按使田文烈負責陵園建造，是年 6 月動工，歷時兩年，於 1918 年 6 月告竣。陵墓占地 139 畝，耗銀 150 萬兩，墓園四周種植樹木近五千棵，規模宏大，名為「袁公林」，又稱「袁林」。

　　袁林形制仿明清帝陵，墓塚則是西式建築，所有青獅白象、石人石馬，造型渾圓，簡約而又不失精細。墓前有碑亭一座，寫著「大總統袁世凱之墓」九個字，係老袁生前好友徐世昌的手筆。從外表看，墓塚是清一色的青白石，分三階壘成，墓臺上有石柱鐵門和祭祀用的石桌，據說整個墓台部分，都是比照美國總統格蘭特的盧墓形制建造的。

　　在陵墓修建工程中，田文烈盡忠職守，對每一筆支出都有詳細的賬目，一本幾百頁紙厚的《袁公林墓工報告》，很能說明他的認真態度。此人字煥亭，湖北漢陽人，原為北洋武備學堂畢業生，曾隨袁世凱赴朝鮮任軍中文案，是老袁的嫡系。他請來一流的德國工程師專門負責設計。國庫銀兩奇缺，便四處募捐化緣，在那本《袁公林墓工報告》中，附有一份捐款者清單，徐世昌、段祺瑞、馮國璋、王士珍、張作霖、曹汝霖等，都是捐款一萬元，其他五六千元不等，最少的也不低於兩三千元。

　　袁世凱的陵墓修建完畢後，舉行了隆重的落成儀式，到場的有民國政府官員和老袁的家屬親友上百人，官員一律穿制服，「文東武西」站立，北向脫帽肅立。讀完祭文後，樂隊奏起音樂，眾人焚香敬酒，在墓台前三鞠躬。其時南方革命黨對袁世凱已是

罵聲一片，但是並沒有影響北洋舊屬們對這位北洋始祖的公祭活動。

　　1922 年，素以作戰勇猛、治軍嚴格著稱的馮玉祥調任河南督軍，總攬河南軍政大權，此人曾對末代皇帝溥儀下令三小時內搬出皇宮，如今故伎重演，對老袁滿肚子怨憤終於有了發洩的機會，下令將占地二百多畝的洹上村袁林改做安陽高級中學，袁家的財產也被弄到開封博物館。這是老袁故居洹上村第一次遭毀，此後國共大決戰，戰火無情，把這座中西合璧的墓園炸成了一地殘磚碎片。

　　袁林的守墓人叫殷百儉，老家是外地人，從他爺爺那輩要飯到了彰德，落腳在太平村村北頭。袁家後人來找他爺爺商量，讓他幫助看墓園，那邊有空地可以耕種，兩邊互抵雙方都不用找錢了。那以後殷家就開始世代守墓。和殷家一樣的還有張家、劉家和李家。遇到有人前來祭拜，他們就到處走走看看，掃掃院落，給殿堂內的器皿撢撢灰塵，更多的時間耕種田地，自耕自收，小日子過得也還湊合。這些老實本分的農民，把看守袁林當做世家的基本職責，盡職盡責地常年堅守。日本人侵犯中國時，要在這一帶修建飛機場，毀掉了一些柏樹，他們和袁家後代一起去找日本人交涉，像對待自家的事情一樣。建國後，袁林收歸政府管理，那些看墓人各自有了去處，殷百儉被分配到當地一所滑翔學校當水電工，閒下來沒事幹時，他仍然經常愛到袁林轉悠，走走看看，彷彿是在追憶過去的一段歲月。

　　到了「文革」時期，老袁的故居洹上村和墓園袁林都難逃過一劫。紅衛兵和革命群眾提著紅油漆桶，在牌樓、碑亭、石柱和外牆上刷寫最高指示，塗抹時髦標語，至今仍能見到斑駁痕跡。不知道什麼原因，當時他們沒有用炸藥去炸開一米多厚的鋼筋水泥加固的墓穴。

　　在河南項城，同袁林遭受同樣命運的袁世凱故居就沒有這麼幸運了。據義務看管袁氏故居的候金亮說，袁氏故居原來廳堂成片，

十分壯觀，但是經過 1958 年、1962 年和 1976 年三次毀滅性破壞，現在僅存 50 多間房子，且很多建築成了危房。1958 年大煉鋼鐵，袁宅內的石磚被撬起運走，房子的木料成了大練鋼鐵的燃料；1962 年，袁宅內剩下的房子成了倉庫，當地糧食部門的糧食全部堆放在這裏；1976 年，村裏要修路，袁宅的磚石被敲碎成了鋪路石。如今袁宅剩下的建築群空空蕩蕩，昔日輝煌早已成了遙遠的夢。

對於袁世凱這麼一個複雜人物，蓋棺百年，定論難如上青天；然而對袁世凱的商業炒作，卻已悄然拉開了帷幕。

前些年，河南安陽市政府就開始著手袁林神道拆遷重建工作，投資二百餘萬元解決了附近居民搬遷問題。當地政府還有個旅遊規劃向全國招商，擬重修彰德洹上村袁世凱故居養壽園、謙益堂、五柳草堂等八大景觀二十七處建築群，預計投資總額高達一億五千萬元。

2006 年 11 月，河南項城市又爆新聞：政府計畫投資 6500 萬元對袁世凱舊居進行保護維修，因財政經費緊缺，號召動員全市各單位職工「自願捐款」，普通工作人員至少一百元，副科級二百元，正科級五百元，副處級一千元。消息一經發佈，引爆了一片轟動，有的支持，更多人反對，有人甚至將一股怨氣遷怒到已死去近百年的袁世凱頭上，將那個「竊國大盜」從墳墓裏拖出來鞭屍，提出這樣的質疑：賺錢就可以販賣歷史的恥辱嗎？

躺在墳墓裏的袁世凱如果見到百年以後的這一幕，一定會皺起眉頭大罵「混蛋加三級」！老袁當年是撈錢的一把好手，他不會想到家鄉的後人籌起錢來這麼缺少技術含量，毫無政治智慧可言。

當地政府也有難言苦衷，靠老百姓捐款，只是重修計畫中資金來源的一部分，其他兩條途徑是：一、項城市財政每年列入財政預算，三年內完成三千五百萬元的投資任務；二、採取社會募股份紅和成立袁氏宗親聯誼會的方法，廣泛動員社會各方面的力量共同參

與。據前去採訪的記者說，項城地方官員對重修老袁舊居一事諱莫如深，認為袁世凱是竊國大盜，是歷史的反面人物，擔心報導後會把工程搞砸了。「可以參觀，可以旅遊，就是不能報導。」說穿了，項城市政府重修袁世凱舊居，既不是對老袁情有獨鍾，也不是要翻什麼歷史舊案，更多考慮的恐怕是發展地方旅遊事業。其實重修袁世凱舊居本身並沒有錯，錯就錯在利用公民權利號召動員全市各單位「自願捐款」。

對於重修老袁舊居這件事，搜狐網做了一個調查，認為適當修補可以，但不應花太大代價的人占 62％；對於這種歷史人物堅決反對的占 21.37％；完全贊成這種做法的占 14.11％，說不清的占 2.02％。從這份調查中或許能夠看出，對歷史人物的評價和呼聲，終於不再是一邊倒了，一個尊重歷史多重記憶的歷史觀正在向今天款款走來。

附錄一　袁氏家族世系簡表

袁耀東：袁樹三、袁甲三、袁鳳三、袁重三。

袁樹三：袁保中、袁保慶。
袁甲三：袁保恒、袁保齡、袁保誠。
袁鳳三：袁保頤。
袁重三：袁保晉、袁保純、袁保恬、袁保皖。

袁保中：袁世昌、袁世敦、袁世廉、袁世凱（過繼袁保慶為嗣子）、袁世
　　　　輔、袁世彤。
袁保慶：袁世凱。
袁保恒：袁世勳。
袁保齡：袁世承、袁世顯、袁世揚、袁世榮、袁世同、袁世傳、袁世威。

袁世凱（十七子十五女）
子：袁克定、袁克文、袁克良、袁克端、袁克權、袁克桓、袁克齊、袁克
　　軫、袁克久、袁克堅、袁克安、袁克度、袁克相、袁克捷、袁克和、
　　袁克藩、袁克有。
女：袁伯禎、袁仲禎、袁叔禎、袁季禎、袁籙禎、袁複禎、袁福禎、袁思
　　禎、袁奇禎、袁瑞禎、袁經禎、袁祜禎。（另有第四女、第八女、第
　　十五女早夭，姓名不詳）。

袁克定（一子二女）
子：袁家融。
女：袁家錦、袁家第。

袁克文（四子三女）
子：袁家嘏、袁家璋、袁家騮、袁家楫。
女：袁家頤、袁家華、袁家祉。

袁克良（二子三女）
子：袁家增、袁家霖。
女：袁家潛、袁家佶、袁家芷。

袁克端（二子一女）
子：袁家禮、袁家賓。
女：袁家倜。

袁克權（四子四女）
子：袁家詡、袁家說、袁家譽、袁家謹。
女：袁家訓、袁家詵、袁家諨、袁家詒。

袁克桓（二子五女）
子：袁家宸（複）、袁家衛。
女：袁家英、袁家仙、袁家藁、袁家菽、袁家芯。

袁克齊（一子）
子：袁家藝。

袁克軫（一子三女）
子：袁家政。
女：袁家蘊、袁家芸、袁家淦。

袁克久（無子女）。

袁克堅（二子一女）
子：袁家熹、袁家誠（傑）。
女：袁家文。

袁克安（二子）：袁家華（律）、袁徽

袁克度（一女）：袁家敏。

袁克相（無子女）。

袁克捷（子女不詳）。

袁克和（一子一女）
子：袁家戀。
女：袁家詢。

袁克藩（早夭）。

袁克有（二子一女）
子：袁家興、（另一子不詳）。
女：袁家謓。

附錄二　袁氏家族年表簡編

1806 年　　袁甲三出生。

1835 年　　袁甲三中進士，授禮部主事。

1859 年　　袁世凱出生在河南項城。

1863 年　　袁甲三病故。

1864 年　　袁世凱過繼給袁保慶為嗣子。

1866 年　　袁保慶以知府發往山東補用，袁世凱隨往讀書。

1873 年　　袁保慶病逝。袁世凱隨繼母牛氏返回原籍，曾定居河南
　　　　　　陳州。

1875 年　　袁耀東之妻郭老太太去世，袁氏家族第一次分家。

1876 年　　袁世凱娶妻于氏。

1878 年　　袁世凱長子袁克定出生。

1881 年　　袁世凱赴山東投奔淮軍統領吳長慶，擔任慶軍營務處
　　　　　　幫辦。

1982 年　　袁世凱隨軍去朝鮮平息兵變，以同知補用，開始進入
　　　　　　仕途。

1885 年　　袁世凱任駐朝鮮總理交涉通商大臣。

1889 年　　袁保齡去世。

1890 年　　袁世凱次子袁克文出生。

1895 年　　袁世凱到督辦軍務處差委，12 月奉命到天津小站督練新
　　　　　　建陸軍，遂成為北洋軍閥始祖。

1898 年　　9 月 16 日，光緒皇帝召見袁世凱，命以侍郎候補。康有
　　　　　　為等密謀圍攻頤和園，譚嗣同夜訪法華寺與袁世凱交

涉。20 日，袁世凱向榮祿告密，戊戌政變失敗，譚嗣同等七君子在北京菜市口被殺戮。

1899 年　袁世凱升工部右侍郎，12 月置理山東巡撫，次年 3 月實授。

1901 年　11 月，袁世凱署理直隸總督兼北洋大臣，加太子少保銜。

1907 年　袁世凱調任外務部尚書、軍機大臣。袁克定任農工商部右參議。袁克文任法部員外郎。

1909 年　1 月，袁世凱開缺回河南，先居衛輝府，後遷居彰德洹上村。

1911 年　辛亥革命爆發，清廷起用袁世凱為湖廣總督，鎮壓起義，旋又任欽差大臣。11 月 16 日就任內閣總理大臣，12 月兼任議和全權大臣，派代表南下與民軍議和。

1912 年　清朝統治宣告結束。2 月 15 日，袁世凱被南京參議院選舉為中華民國臨時大總統。3 月 10 日袁世凱在北京宣誓就職。4 月 5 日，袁克文三子袁家騮出生於河南安陽。

1913 年　宋教仁應袁世凱之召赴北京時，在南京火車站被人刺殺。經偵查，幕後指使刺殺者為國務院總理趙秉鈞，人們認為趙秉鈞背後是袁世凱。是年，爆發「二次革命」，旋即失敗。10 月袁世凱當選為中華民國正式總統。11 月，袁世凱下令解散國民黨。

1915 年　袁世凱與日本簽訂「二十一條」，帝制風波漸起，籌安會成立。

1916 年　元旦，袁世凱稱帝，改用洪憲紀元，改中華民國為中華帝國。蔡鍔等在雲南發起護國運動，全國隨即回應。袁世凱當皇帝 83 天後宣佈取消帝制。次日廢止洪憲年號，仍以中華民國紀年。6 月 6 日，袁世凱在四面楚歌聲中病

逝。葬於河南彰德。是年底，袁世凱家族在袁克定主持下分家。

1917 年　袁世凱夫人于氏去世。

1920 年　袁世凱九子袁克久、十子袁克堅、十一子袁克安、十二子袁克度以及嫡孫袁家融赴美國留學。

1931 年　袁世凱次子袁克文病逝於天津。

1936 年　袁克文三子袁家騮赴美國留學，後娶江蘇太倉吳仲裔之女吳健雄為妻。

1958 年　袁世凱長子袁克定病逝於北京。

1973 年　袁家騮夫婦作為美國學者回國訪問，此時距離他出國已有 37 年。

1997 年　袁家騮之妻吳健雄去世。

2003 年　袁家騮病逝於北京協和醫院，享年 91 歲。

2005 年　年底，袁世凱第十四女袁祜禎在美國病逝，她是袁世凱 32 個子女中最後一個離開人世間的，至此，袁氏家族「克」字輩的子女全部謝世。

附錄三　主要參考書目

《中國近代史資料叢刊・北洋軍閥》，來新夏主編，上海人民出版社，1993年。
《北洋軍閥統治時期史話》，陶菊隱著，三聯書店，1957年。
《北洋軍閥史話》，丁中江著，中國友誼出版公司，1996年。
《北洋軍閥史料・袁世凱卷》，天津古籍出版社，1992年。
《古春風樓瑣記》，高拜石著，作家出版社，2003年。
《近代中國史事日誌》，郭廷以著，中華書局，1987年。
《文史資料選輯》（合訂本1-40輯），中國文史出版社，1986年。
《辛丙秘苑・寒雲日記》，袁克文著，山西古籍出版社，1999年。
《洹上私乘》，袁克文著，上海古籍出版社，1985年。
《古紅梅閣筆記》，張一麐著，上海書店出版社，1998年。
《北洋述聞》，張國淦著，上海書店出版社，1998年。
《袁世凱家書》，中央書店，民國二十五年。
《抑齋自述》，王錫彤著，鄭永福、呂美頤點注，河南大學出版社，1985年。
《袁氏當國》，唐德剛著，廣西師範大學出版社，2004年。
《張謇傳記》，劉厚生著，上海書店，1985年。
《世載堂雜憶》，劉成禺撰，錢實甫校，中華書局，1960年。
《洪憲紀事詩本事簿注》，劉成禺著，山西古籍出版社，1997年。
《新華秘記》，許指嚴著，山西古籍出版社，1999年。
《駱寶善評點袁世凱函牘》，駱寶善著，嶽麓書社，2005年。
《清末民初政情內幕——〈泰晤士報〉駐北京記者、袁世凱政治顧問莫理
　　循書信集》，【澳】駱惠敏編，劉桂梁等譯，知識出版社，1986年。
《八十三天皇帝夢》，袁靜雪等著，文史資料出版社，1983年。
《籌安會「六君子」傳》，陶菊隱著，中華書局，1981年。
《一個日本記者筆下的袁世凱》，【日】佐藤鐵治郎著，孔祥吉、【日】村
　　田雄二郎整理，天津古籍出版社，2005年。
《中國近代史上的關鍵人物》，〔臺灣〕蘇同炳著，百花文藝出版社，2000年。
《袁世凱幕僚》，張學繼著，中國廣播電視出版社，2005年。

《京華名士袁寒雲》，王曉華編著，中國社會科學出版社，2004 年。

《袁世凱家族》，周岩著，中國青年出版社 1991 年。

《百年家族袁世凱》，侯宜傑著，河北教育出版社，2002 年。

《魂斷紫禁城——袁世凱秘事》，吳長翼著，中國文史出版社，2001 年。

《甘簃隨筆》，陳瀅一著，中共中央黨校出版社，1998 年。

《往事並不如煙》，章詒和著，人民文學出版社，2004 年。

《春遊記夢》，張伯駒著，遼寧教育出版社，2006 年。

《許姬傳七十年見聞錄》，許姬傳著，中華書局，1985 年。

《吳健雄》，江才健著，復旦大學出版社，1997 年。

《追尋古代名人的後代》，吳東平著，湖北人民出版社，2006 年。

〈我所知道段祺瑞的一生〉，薛觀瀾，原載臺灣《春秋》雜誌總第 174 期，1964 年。

〈百年邁不出這一步〉，高伐林，原載《多維時報》2005 年。

〈最後的皇太子：袁世凱長子袁克定的晚年〉，張傳彩口述，李菁執筆，原載《三聯生活週刊》2006 年 12 期。

〈袁世凱的身後事〉，齊岸民，原載《厚重河南》（第一輯）。

《同愛共輝》，袁輯輝、王愛珠等著，臺灣秀威出版，2006 年增訂本。

百年尷尬袁世凱（代後記）

張永久

從一次不尋常的聯誼會說起

2009 年 9 月中旬，河南項城開了一個聯誼會。按照袁家一貫的作派，這個會議低調處理，事先沒有聲張，也沒有盛邀媒體（我因為《袁世凱家族》一書的寫作與出版，與袁氏後裔有聯繫，有幸忝列其中）。只安排了一場學術講座，主講人是袁世凱研究專家駱寶善，《南方人物週刊》記者從駱教授處聞知消息，也隨駱前往採訪，寫成文章刊發在該刊第 185 期。

這次聯誼會，可以說是在靜悄悄的氣氛中進行的，但卻具有特殊的意義。袁世凱生於 1859 年 9 月 16 日，聯誼會召開當天，是袁世凱 150 周年誕辰紀念日。自袁世凱稱帝失敗後，其後代不得不面對前輩聲名狼藉的處境，恍若掉進了歷史夾縫中，各自為生存掙扎沉浮。這樣的聯誼會以及稍後的祭祖活動，是袁世凱辭世後的頭一回。

毋庸諱言，袁世凱一直是國共兩大政治集團的共同敵人。長期以來，對袁的評說也始終清一色是批判和謾罵。因為如此，袁氏後裔也成了遭受打壓的對象，無論是留在大陸的，還是逃到臺灣的，都擺脫不了難堪的命運，有的甚至比普通百姓更淒慘，讓人有「不幸生在帝王家」的感歎。白雲蒼狗，歲月變遷，經歷了近百年的歷史演化，隨著人們對歷史人物的認識趨於深層，也隨著一些史料的逐漸公開，對袁世凱的評說開始多樣化。

　　那麼，袁世凱究竟是怎樣的一個人？他在歷史上到底做了些什麼？有幾分功？有幾分過？一系列問號擺在我們面前，是需要正視的時候了。

史學家評袁：漸趨冷靜

　　動筆寫本文時，忽聞大洋彼岸消息：著名史學家唐德剛先生去世。唐德剛，1920 年生於安徽，抗戰時期就讀於中央大學歷史學系，受教於柳詒徵、金毓黻、顧頡剛、郭廷以等名師，1948 年留美，獲哥倫比亞大學博士學位後留校任教，後半生著述等身，其中五卷本《晚清七十年》尤其為人稱道。該書第五卷《袁世凱、孫文與辛亥革命》，重點評述了袁世凱與中國近代史的關係，唐文稱袁是「最正式的正式大總統」，文中說：「袁世凱則是在『辛亥武昌起義』一周年時，經由中華民國正式國會，合法選出來的第一任正式大總統。其合法性，和當選的法律程式，和華盛頓所經歷的法律程式，幾乎（不，不是『幾乎』，是事實上）完全一樣的。」（唐德剛：《晚清七十年》（五），第 11 頁，遠流版）唐德剛說的是一個常識，但是多年以來，這個常識卻被人們忽略，甚至人為的抹殺掩蓋。唐氏並非是做翻案文章，而是針對歷史上的疑竇，為袁世凱作有罪辯護。

　　袁世凱最為後世詬病的有三件事：戊戌變法告密、與日本簽定二十一條以及洪憲稱帝。唐氏認為，光緒與幾位近臣搞政變，絕無成功可能，派譚嗣同到法華寺遊說袁世凱，試圖圍攻頤和園抓捕慈禧，更是視宮廷政治為兒戲。「袁世凱對這種情況，卻瞭若指掌，他怎能糊塗到與譚嗣同作一夕之談，就參加他們的幻想政變呢？他改變不了當時那個鐵定的局面，而這一局面發展到六君子被殺，變法流產。若要把這出悲劇怪到老袁頭上去，縱以春秋筆法，責備賢

者，亦稍嫌過分也。」（《晚清七十年》（五），第 103 頁）論及袁世凱與二十一條，唐氏認為，1914 年日本人利用歐戰爆發、列強無暇東顧之際，向中國提出二十一條，身為大總統的袁世凱既不能接受，又不敢貿然拒絕，只有一面拖延談判時間，一面讓外交官顧維鈞「洩密」，以引起國際關注和干涉，達到的效果是全國民心沸騰，主張對日作戰。而當時的革命黨為換取日本政府的援助，允諾出讓中國權益，比二十一條有過之而無不及。「其實袁世凱並未完全接受二十一條要求，原要求中的『五號七條』，也全部被袁政府拒絕了。吾人如把日本提出的二十一條要求原件和簽訂後的新約相比，可見二者有天壤之別。」（唐德剛：《袁氏當國》，第 146 頁，廣西師大版）關於洪憲稱帝，唐氏說那是「一失足成千古恨」，此間袁世凱翻來覆去，對皇帝的御座，又想，又怕，又默認，又否認，「這現象只是袁世凱的矛盾思想所反映出來的矛盾行為，不是單純的欺騙行為也。」（《袁氏當國》，第 171 頁）袁世凱稱帝，當然不是什麼值得稱道的行為，但袁世凱之後以其他名目為名的統治者，其專制獨裁並不比古代的皇帝差，袁世凱無非做了一回真小人，而沒有做偽君子罷了。相比之下，袁最為低調，口口聲聲只想做個君主立憲制度下的洪憲皇帝。除了為袁世凱作有罪辯護外，唐德剛還提到了袁氏的功勞，如在朝鮮監國時的英名，小站練兵，創建中國現代員警，呼籲廢除科舉，興鐵路辦教育等。

　　唐德剛身在海外，閒雲野鶴，下筆信馬由韁，嘻笑成文。而在國內，也有學者在袁世凱其人其事上作嚴肅認真的梳理和思考，上文中提到的駱寶善教授，就是其中重要的一位。駱教授是從上世紀 80 年代開始研究袁世凱的。人物研究得先從最基礎的史料工作抓起，20 多年來，他把大量時間耗費在圖書館，除大陸圖書館外，還遠赴日本、臺灣等地，搜集查閱，鉤沉梳理，目前，《袁世凱全集》已經編撰結束，共計二千五百萬字，分 30 冊，16 開本，預計

2011 年由河南一家出版社出版，作為辛亥革命 100 周年的獻禮成果。駱教授說，袁世凱是中國近代社會的主流人物，研究近代史，這個人無論如何是繞不過去的。袁世凱政壇生涯的最初十年，他進行了體制內的各種嘗試，從練兵、廢科舉到直隸省的工業、財政、教育改革，堪稱當之無愧的新政領袖。即使是在安陽養政治病期間，當時各種政治勢力關注的焦點仍在袁世凱身上。對洪憲稱帝，駱教授認為是袁的一個政治污點，但袁稱帝的背景太過複雜，袁的悲劇是全民族的悲劇。駱教授現在想做的有兩件事：一是編《袁世凱年譜長編》，二是寫《袁世凱正傳》。袁世凱研究，目前感到最饋乏的仍是史料殘缺不全，且其中有不少顛倒事實、歪曲真相的文字，駱教授能沉下心來做這個工作，善莫大焉。

重說袁世凱：仍是尷尬

　　袁世凱是個極其複雜的人物。早年英氣逼人，志向高遠，無論是朝鮮監國，還是山東巡撫任上推行新政，或者是天津小站練兵，在當時都具有不小影響，有口皆碑。他在仕途上得以平步青雲，與其個人修為和努力奮鬥均分不開。晚期失誤以及導致袁氏政權徹底垮臺的洪憲稱帝，使袁世凱背上千古罵名，遭受社會輿論一邊倒的譴責謾罵。唐德剛說：自民國有史以來，沒有一本書、一篇甚至一頁文字，正面評價袁世凱。說袁世凱複雜，還指他的個人品行和性格：一方面勇猛威武，知人善任，視財富若浮雲；一方面玩弄權術，變化多端，狡猾欺詐……多種元素集中體現在他身上，使他成為一個充滿矛盾的混合體。

　　複雜的還不僅僅是袁世凱那個人，還有他所處的那個時代。袁世凱的後半生，始終被等多種政治勢力糾纏撕扯，袁氏沉浮其間，

恍若沉浮於迷霧之中，在歷史迷宮中構成一幅模糊不清的圖景。而一切都隨洪憲帝制的失敗轟然倒塌，曾經籠罩在他身上的光環退去了，取而代之的是魔鬼面具。這之後無論哪個政治派別，都以罵袁為時尚，罵袁為革命。袁世凱從一個活生生的人，蛻變成了一個丑角符號，代表的是陰謀、欺騙、謊言、奸賊、獨裁、告密、竊國大盜以及全世界所有的罪惡。於是近百年來，中國人的印象中，袁世凱一直是卡通片中的大壞蛋，被千夫唾罵。

歷史上的反面人物，是個值得認真探索的話題。隨著時間推移，人們的認知能力和水平在不斷提高。脫離當時的話語體系評價歷史人物，不真實也不公允。有人曾經這樣評價過袁世凱：少年有才氣，中年有英氣，晚年暮氣重重，到他稱帝時則完全是「屍居餘氣」，所以一遇拂鬱，氣機窒塞，如怒馬陷入泥淖，氣息奄奄了。袁世凱復辟帝制有諸多原因，在彌留之際的最後一句話是「他害了我」，對於這個「他」，大多數人認定是長子袁克定。然而真正害袁世凱的只能是他自己，是他對中國社會的認知能力和歷史局限性。從這個意義上說，袁世凱的悲劇不僅是他個人的悲劇，對轉型時期的中國來說同樣是個悲劇，而且是更大的悲劇。這與袁世凱個人的歷史局限性有關，也與中國的封建專制土壤有關。正如唐德剛先生所說：「客觀歷史早已註定了他這個邊緣政客不論前進或後退，都必然是個失敗的悲劇人物。」（《袁氏當國》，第19頁）。

遺憾的是，即使進入了21世紀，對袁世凱的全面認識也還是不易，重說袁世凱，仍是尷尬。那種以謾罵方式評說歷史人物的習慣，有著根深蒂固的市場，棍子、帽子製造工廠，也並沒有絕跡。全民族像史學家那樣冷靜地面對歷史和歷史人物，還有相當的距離。「大國崛起」是當今最為常見的一個詞語，以什麼樣的心態面對中國的復興之路？是值得全民族思考的話題。而冷靜地評說國家過去的歷史，不正是一個大國的國民們應該做到的嗎？

原來歷史人物是可以歷歷在目的……

袁世凱幼年即過繼給袁保慶為嗣子，離開項城，四海漂泊，後又因與大哥的家族矛盾，再也沒有回到這塊土地。但是項城的父老鄉親，始終沒有忘記在外的遊子袁世凱。他們念念不忘袁世凱，認為袁老四是為家族掙了面子的大人物，然而袁世凱帶給這個家族的，只是短暫的榮耀，以及之後漫長的厄運。

2007 年歲末，筆者曾隨電視臺前往項城、安陽、天津、北京等地，拍攝專題片《袁世凱家族》，聽袁氏後裔講述了許多親歷的故事，縈繞心頭，揮之不去。記憶最深刻的有一句話：「那年月，如果能回爐脫胎，真的想改了這個『袁』姓。」這樣的話，但凡經歷過那些不正常歲月的中國人都能夠理解。昔日無休止的政治運動，帶給全民族無休止的災難，又何況黑帽子戴在頭上的袁氏後裔？

在天津，我曾隨 80 多歲的袁家楫老人，去他父親袁克文的墓地探望。袁克文是袁世凱的二兒子，也是民國四公子之一，然而這麼顯赫的一個歷史人物，其墓地的淒涼景象卻讓人唏噓不已。那天，我們開車沿著公路找了很久，總算找到了這塊墓地，在一望無涯的荒草叢中，豎立著一塊矮小的石碑，斷裂成了兩半，上頭鐫刻的「袁克文之墓」模糊不清，袁家楫告訴我們，石碑原是名家方地山（也是袁克文的兒女親家）寫的，文革中被砸了，現在這塊碑，是前些年花錢請當地石匠重打的。如果不是看見石碑上的幾個字，很難相信這裏是袁克文之墓。正在感歎，遠處湧來一群人，扛著鐵鍬鋤頭，走近一看，原來是附近村民，他們嚷嚷：長年看護這個墓地，聽說墓中葬著位大人物，要付一筆補償費！袁家楫老人息事寧

人，把自己的電話號碼告訴村民，讓村民以後去天津找他。村民們走後，袁家楫苦笑著說：攤上這樣的先人，好事沒有，麻煩事一大堆。面對老人的苦笑，我們無言以對。

前不久，筆者電子信箱收到了一位署名 Sam 的臺灣網友來信，向我打聽袁家誠老師的下落：「袁老師曾在課堂上敘述老家冬天時的童趣，這令我印象深刻。那時的她雙腳不便，而從未讓人背過一次，我們教室在二樓，我常在樓下等她上課，每每希望背她上樓，可她總是艱辛地一步步撐著扶梯上樓，這麼多年了，我仍記得她蹣跚的步履和堅定的眼神。……老師還在的話，也九十好幾了吧？袁家誠老師是我在臺灣第一次接觸到的大陸籍師長，也第一次知道，原來歷史人物是可以歷歷在目的。我不知道老師後來回到家鄉了沒？希望她的晚年是沒有鄉愁的……」

袁家誠是袁世凱五公子袁克權的二女兒，建國前去了臺灣，因是袁世凱的孫女，飽受摧殘和磨難，生平遭遇有說不盡的蒼涼。她晚年皈依佛教，在晨鐘暮鼓中尋求安寧。在袁家人饋贈筆者的《袁家誠詩集》中，有這樣一首：「盈衢緹騎避無力，四十年來逃罪忙；百代豪情光一瞬，三甌薄名淚千行。懸懸微命身如蟻，赫赫淫威勢若狼；回首江湖風暫歇，殘軀猶得近篇章。」詩前小序云：「追懷四十年，自（民國）三十七年八月離家以來，由無業至有業；由無家至有家，由隻身逃禍至攜手奮鬥，不覺已逾四十載矣。而今鬢星星，齒搖搖，精力就衰，豪情不再，追懷既往，尚喜殘生幸保。今後唯有所記，有所述，庶吉光片羽，得付我手足及後輩，籍吾家三代以來逃殺、逃難、逃禍之苦，因之有以自立，不負先人爾。時民國八十年七月也。」這樣的詩句和文字，正所謂「傷心人別有懷抱」。家國興衰，身世飄零，悄然化為淚水滴落紙上，世間有幾人知？又有幾人讀得懂？

　　政治人物的榮辱功過自有歷史評說，不能由後人買單，殃及城魚和株連九族是封建思想殘餘作祟，與國人想要的大國氣派相去甚遠。袁氏家族後裔的這種厄運，也應該劃上句點了。

　　　　　　　　　　　（原文刊於《時代週報》2009 年 11 月 12 日）

國家圖書館出版品預行編目

袁世凱家族 / 張永久著. -- 一版. -- 臺北市
：秀威資訊科技, 2010.06
　　面；　　公分. -- (史地傳記類；PC0115)
BOD 版
參考書目：面
ISBN 978-986-221-475-6(平裝)

1. 袁世凱　2. 袁氏　3. 傳記

782.882　　　　　　　　　　　99007918

 史地傳記類　PC0115

袁世凱家族

作　　　者 / 張永久
主　　　編 / 蔡登山
執行編輯 / 胡珮蘭
圖文排版 / 陳宛鈴
封面設計 / 蕭玉蘋
數位轉譯 / 徐真玉　沈裕閔
圖書銷售 / 林怡君
法律顧問 / 毛國樑　律師
出版印製 / 秀威資訊科技股份有限公司
　　　　　　台北市內湖區瑞光路 583 巷 25 號 1 樓
　　　　　　電話：02-2657-9211　　　傳真：02-2657-9106
　　　　　　E-mail：service@showwe.com.tw
經 銷 商 / 紅螞蟻圖書有限公司
　　　　　　台北市內湖區舊宗路二段 121 巷 28、32 號 4 樓
　　　　　　電話：02-2795-3656　　　傳真：02-2795-4100
　　　　　　http://www.e-redant.com

2010 年 7 月 BOD 一版
定價：400 元

讀　者　回　函　卡

感謝您購買本書，為提升服務品質，煩請填寫以下問卷，收到您的寶貴意見後，我們會仔細收藏記錄並回贈紀念品，謝謝！

1.您購買的書名：＿＿＿＿＿＿＿＿＿＿＿＿＿＿＿＿＿＿

2.您從何得知本書的消息？

　□網路書店　□部落格　□資料庫搜尋　□書訊　□電子報　□書店
　□平面媒體　□ 朋友推薦　□網站推薦 □其他＿＿＿＿＿＿

3.您對本書的評價：(請填代號　1.非常滿意 2.滿意 3.尚可 4.再改進)

　封面設計＿＿＿　版面編排＿＿＿　內容＿＿＿　文/譯筆＿＿＿　價格＿＿＿

4.讀完書後您覺得：

　□很有收獲　□有收獲　□收獲不多　□沒收獲

5.您會推薦本書給朋友嗎？

　□會　□不會，為什麼？＿＿＿＿＿＿＿＿＿＿＿＿＿＿＿＿＿

6.其他寶貴的意見：＿＿＿＿＿＿＿＿＿＿＿＿＿＿＿＿＿＿＿

＿＿＿＿＿＿＿＿＿＿＿＿＿＿＿＿＿＿＿＿＿＿＿＿＿＿＿＿＿

＿＿＿＿＿＿＿＿＿＿＿＿＿＿＿＿＿＿＿＿＿＿＿＿＿＿＿＿＿

＿＿＿＿＿＿＿＿＿＿＿＿＿＿＿＿＿＿＿＿＿＿＿＿＿＿＿＿＿

讀者基本資料

姓名：＿＿＿＿＿＿＿＿＿＿　年齡：＿＿＿＿　性別：□女 □男

聯絡電話：＿＿＿＿＿＿＿＿　E-mail：＿＿＿＿＿＿＿＿＿＿

地址：＿＿＿＿＿＿＿＿＿＿＿＿＿＿＿＿＿＿＿＿＿＿＿＿＿＿

學歷：□高中(含)以下　　□高中　　□專科學校　　□大學
　　　□研究所(含)以上　□其他＿＿＿＿＿＿＿＿＿＿

職業：□製造業 □金融業 □資訊業 □軍警 □傳播業 □自由業
　　　□服務業 □公務員 □教職　□學生 □其他＿＿＿＿＿＿

To：114

　台北市內湖區瑞光路 583 巷 25 號 1 樓

　秀威資訊科技股份有限公司　　　收

寄件人姓名：

寄件人地址：□□□

(請沿線對摺寄回,謝謝!)

秀威與 BOD

BOD（Books On Demand）是數位出版的大趨勢，秀威資訊率先運用 POD 數位印刷設備來生產書籍，並提供作者全程數位出版服務，致使書籍產銷零庫存，知識傳承不絕版，目前已開闢以下書系：

一、BOD　學術著作—專業論述的閱讀延伸
二、BOD　個人著作—分享生命的心路歷程
三、BOD　旅遊著作—個人深度旅遊文學創作
四、BOD　大陸學者—大陸專業學者學術出版
五、POD　獨家經銷—數位產製的代發行書籍

BOD 秀威網路書店：www.showwe.com.tw
政府出版品網路書店：www.govbooks.com.tw

　　永不絕版的故事・自己寫・永不休止的音符・自己唱